आज के प्रश्न

हिन्दुत्व की राजनीति

गीता पुरी सच्चिदानंद सिन्हा राजकिशोर प्रभा दीक्षित
कुँवर प्रसून प्रेम सिंह प्रमोद कुमार कृष्ण कुमार
यदुनाथ मुखर्जी कँवल भारती मुरली मनोहर प्रसाद सिंह
शंभुनाथ मस्तराम कपूर धर्मवीर अरुण कुमार त्रिपाठी
किशन पटनायक

आज के प्रश्न

इस पुस्तक शृंखला का लक्ष्य है समकालीन राजनीतिक, आर्थिक और सामाजिक दृश्यपट की प्रखर, विस्तृत और वस्तुपरक पड़ताल। कम मूल्य पर विचारपूर्ण सामग्री देने की इस योजना के तहत चार महीने के अन्तराल पर दो ऐसी पुस्तकें प्रकाशित की जा रही हैं, जो किसी महत्वपूर्ण घटना, मुद्दे या समस्या से सीधे जुड़ी हों। शृंखला संपादक हैं प्रसिद्ध लेखक और पत्रकार राजकिशोर।

'आज के प्रश्न' शृंखला में अब तक प्रकाशित पुस्तकें :

1. अयोध्या और उससे आगे
2. भारतीय मुसलमान : मिथक और यर्थाथ
3. हिन्दू होने का मतलब
4. विनाश को निमंत्रण : भारत की नयी अर्थनीति
5. कश्मीर का भविष्य
6. हरिजन से दलित
7. स्त्री के लिए जगह
8. भारत का राजनीतिक संकट
9. भ्रष्टाचार की चुनौती
10. मानव-अधिकारों का सघर्ष
11. हिन्दुत्व की राजनीति
12. अश्लीलता का हमला
13. जाति का जहर
14. स्त्री परंपरा और आधुनिकता
15. बच्चे और हम
16. हिंसा की सभ्यता
17. मुस्लिम आतंकवाद बनाम अमेरिका
18. दलित राजनीति की समस्याएँ
19. नैतिकता के नये सवाल

हिन्दुत्व की राजनीति

संपादक

राजकिशोर

वाणी प्रकाशन

वाणी प्रकाशन का 'लोगो'
विख्यात चित्रकार मक़बूल फ़िदा हुसेन की
कूची से

ISBN : 81-7055-406-3

वाणी प्रकाशन
21-ए, दरियागंज, नयी दिल्ली-110002
द्वारा प्रकाशित
फोन : 0091#11#23273167, 23275710
फैक्स : 0091#11#23275710
ई-मेलः vaniprakashan@gmail.com
vani_prakashan@yahoo.com
वेबसाइट : www.vaniprakashan.com
संस्करण : 2007

मूल्य : 150.00
आवरण : वाणी प्रकाशन
शुभम ऑफसेट, शाहदरा, दिल्ली-110032
द्वारा मुद्रित

HINDUTVA KI RAJNEETI
Edited by : Raj Kishore

सम्पादक की बात

भाजपा को ऐसे समझें

एक राजनीतिक दल के रूप में भी भारतीय जनता पार्टी का अंध्ययन दिलचस्प और उपयोगी होगा, लेकिन वह यहाँ अभिप्रेत नहीं है। यहाँ हम भाजपा का अध्ययन एक विशेष सांस्कृतिक धारा के प्रतिनिधि के रूप में करना चाहते हैं। वैसे तो राष्ट्रीय स्वयंसेवक संघ को इस सांस्कृतिक धारा का स्रोत-बिन्दु माना जाता है, लेकिन जैसा कि इस पुस्तक के कई लेखकों ने स्पष्ट किया है, मामला इससे कहीं ज्यादा व्यापक है। अन्यथा सर्वोच्च न्यायालय के एक महत्त्वपूर्ण खण्डपीठ को 'हिन्दुत्व' से इस कदर सहानुभूति न होती। वस्तुतः भाजपा को जो भी राजनीतिक सफलता हासिल हुई है, उसका कारण यह नहीं है कि वह अपनी विचारधारा को लोकप्रिय बनाने में सफल हुई है। उसका वास्तविक कारण यह है कि भाजपा की ओर आकृष्ट होने की मानसिकता भारत में पहले से मौजूद है। हमारे युग के सर्वश्रेष्ठ नायक महात्मा गांधी की हत्या के लिए यही मानसिकता जिम्मेदार है। भाजपा ने अपने को इस मानसिकता के संगठित राजनीतिक औजार के रूप में पेश किया है। बेशक यह मानसिकता अपने आपमें खतरनाक है, लेकिन यदि उसे राजनीतिक सफलता भी मिलती है, तो खतरे के आयाम कई गुना बढ़ जाते हैं। आधुनिक राज्य एक परम शक्तिशाली संस्था है। अतः उसका सहारा ले कर सांस्कृतिक और सामाजिक द्वेष तथा संकीर्णता का दर्शन भयानक उत्पात मचा सकता है। भाजपा को समझने की कोशिश का महत्त्व इसी बात में है।

गीतां पुरी ने भाजपावादी राजनीति के उद्भव और विकास का विधिवत अकादमिक अध्ययन किया है। इसलिए उनसे यह जानना उपयोगी होगा कि भाजपा और जन संघ के बीच कितना फर्क है और कितनी धारावाहिकता और जन संघ स्थापित करने की प्रेरणा कहाँ से आयी थी। ध्यान देने की बात है कि गीता जी ने शुरू में ही यह संकेत दे कर कि 'हिन्दुत्व की विचारधारा ने, जो बौद्धिक रूप से ब्राह्मणवादी ढाँचे में परिस्थित है, उन हिन्दू सामाजिक विचारों, ऊँच-नीचों और

व्यवहारों को दृढ़ता और परिवर्तनकामिता के साथ खारिज नहीं किया है, जिन्होंने एक असह्य रूप से असमानतावादी तथा ऊर्जाहीन सामाजिक व्यवस्था को जन्म दिया था।' भाजपा की मूल प्रेरणाओं का खुलासा कर दिया है। उनके लेख में उद्धृत वक्तव्य यह भी बताते हैं कि राष्ट्रीय स्वयंसेवक संघ की विचारधारा पश्चिमीकरण के विरुद्ध रही है। लेकिन क्या यह वास्तव में पूरब और पश्चिम का द्वन्द्व था ? सच्चिदानन्द सिन्हा ने ऐतिहासिक साक्ष्यों के आधार पर इसका जो परीक्षण किया है, वह पूरब और पश्चिम में समान रूप से काम कर रही एक विशेष प्रवृत्ति को सामने लाता है। सच्चिदानन्द जी बताते हैं कि 'असल में 'हिन्दुत्व' के नारे का आविष्कार इसके साथ जुड़े एकात्मक राष्ट्र की अवधारणा की जरूरत की पूर्ति के लिए हुआ। एकात्मक राष्ट्र की अवधारणा का जन्म यूरोप में हुआ, जहाँ राष्ट्र की भावना कबीलों के साथ जुड़ी थी।' नस्लवाद के सिद्धान्त का जन्म ऐसे ही माहौल में सम्भव था। प्रश्न यह है कि नस्लवाद के सिद्धान्त पर चल कर क्या भारत में राष्ट्र निर्माण का काम किया जा सकता है ? विविधता की जगह एकात्मकता को राष्ट्र का आधार बनाने की जिद विघटन और अलगाव को निश्चित निमन्त्रण है, जिसका सामना करने के नाम पर तानाशाही का ही सहारा लिया जा सकता है।

वस्तुतः भाजपा एक मायने में आधुनिकता की कुछ प्रवृत्तियों का प्रतिनिधित्व करती है और एक मायने में वह भारतीय समाज की भी प्रतिनिधि है। दुख की बात यह है कि दोनों ही स्तरों पर उसने दो बड़ी सभ्यताओं से ज्यादातर कूड़ा ही चुना है। भारत में जो कुछ भी अच्छा है, उसे आगे बढ़ाने का संकल्प वह प्रकट करती, तो एक महत्वपूर्ण काम हो सकता था। लेकिन भाजपा के लिए भारतीयता का अर्थ है हिन्दू समाज की कुछ विकृतियों का पोषण तथा आधुनिकता के साथ एक सतही मुठभेड़। इस प्रक्रिया में वह राष्ट्र निर्माण में सहायक बनने की बजाय बाधक ही बनती है और साथ ही भारतीय व्यक्तित्व के तेजस्वी प्रस्फुटन को रोकती है। आशा है, मेरा लेख भाजपा के इस केन्द्रीय पहलू के साथ न्याय करता है। भाजपा के इस अधकचरेपन के कारण ही प्रभा दीक्षित को लगता है कि वह चाहे जितनी तात्कालिक राजनीतिक सफलता हासिल कर ले, दिल्ली उससे दूर ही रहेगी। बेशक इस समय देश में राजनीतिक शून्य बढ़ रहा है और हो सकता है कि सर्वाधिक संगठित और सक्रिय राजनीतिक शक्ति होने के कारण भाजपा कभी दिल्ली को अपने कब्जे में ले ले, लेकिन क्या यह कब्जा बना भी रह सकेगा ? संदेह है, क्योंकि जैसा कि प्रभा जी ने दिखाया है, इसके लिएँ भाजपा को एक खुला, लोकतांत्रिक तथा निष्ठावान दल बनना पड़ेगा। फिलहाल तो यह असम्भव ही दिखता है, क्योंकि इसके लिए अपनी मातृ संस्था राष्ट्रीय स्वयंसेवक संघ के वैचारिक और सांगठनिक बन्धन से मुक्त होना पड़ेगा तथा राजनीतिक गत्यात्मकता

का परिचय देना होगा। सर्वाधिक शोचनीय बात यह है कि राष्ट्रीय विकल्प होने के सतत दावों के बावजूद भाजपा अपनी कोई अलग राजनीतिक संस्कृति विकसित नहीं कर पायी है। निस्संदेह जिस हिन्दूवाद के बल पर भाजपा अभी तक बढ़ती रही है, वही उसकी सबसे बड़ी सीमा बनने जा रही है। हिन्दूवाद के बल पर कुछ लोगों को कुछ समय के लिए उत्तेजित किया जा सकता है, लेकिन इससे न तो हिन्दू समाज की समस्याएँ कम होती हैं और न ही एक खुशहाल और शालीन राष्ट्र की रचना होती है। विडम्बना यह है कि भाजपा के लोग अखंड भारत की बात करते रहे हैं, लेकिन उनकी मानसिकता मुहम्मद अली जिन्ना द्वारा प्रतिपादित द्विराष्ट्रवाद को सही सिद्ध करने की है। जो अखंड भारत चाहता है, उसे अविभाजित भारत के सभी सम्प्रदायों से प्रेम करना सीखना होगा। लेकिन जैसा कि कुँवर प्रसून प्रतिपादित करते हैं, भाजपा का वैचारिक आधार ही मुसलमानों, ईसाइयों आदि से द्वेष पर टिका हुआ है और साथ ही वह दलितों और पिछड़ों की शुभेच्छु भी प्रतीत नहीं होती।

प्रेम सिंह का मानना है कि यह भारतीय समाज की तीन बड़ी संकीर्णताओं–बाजारवाद, संप्रदायवाद और आरक्षणवाद–में एक है। इस संकीर्णता के कारण भाजपा जिस मानसिकता को प्रोत्साहित करती है, उसमें सहज मानवीय सरोकारों के लिए भी कोई स्थान नहीं रह जाता। इसीलिए उनका आरोप है कि यह भावनाओं की राजनीति नहीं, बल्कि भावनाओं की धुंध की राजनीति है। यह धुंध स्वयं भाजपा में भी है, जिस पर टिप्पणी करते हुए प्रमोद कुमार लिखते हैं कि उसने अपने दर्शन व व्यवहार के मध्य इतनी गहरी खाई बना रखी है कि सत्ता में आने के बाद उसे या तो अपना दर्शन त्यागना होगा या सत्ता का मोह। यह अकारण नहीं है कि जब-जब उसने अपने दर्शन के साथ समझौता किया है और मुख्य धारा से जुड़ने का उत्साह दिखाया है, उसे ज्यादा वोट मिले हैं। यही 1967 में हुआ, यही 1977 में और यही 1979 में। भाजपा के लिए एक मौका था कि वह अपने आर्थिक राष्ट्रवाद यानी स्वदेशी के माध्यम से उस विशाल वर्ग के साथ तादात्म्य स्थापित करती जो नयी अर्थनीति का शिकार बननेवाला है। लेकिन एनरॉन प्रकरण ने स्पष्ट कर दिया कि भाजपा अपने सांस्कृतिक दर्शन से समझौता नहीं कर सकती, पर अपने आर्थिक दर्शन से कर सकती है। कृष्ण कुमार ठीक कहते हैं कि 'आर्थिक उदारीकरण की चपेट में आ कर अपनी शक्ति खो बैठनेवाली संस्थाओं की लम्बी सूची में आखिरी यानी सबसे ताजा नाम भाजपा का है।' सम्भवतः यही उसके राजनीतिक आत्मघात का कारण भी बनेगा, क्योंकि नयी अर्थनीति की सेवा तो दूसरे राजनीतिक दल भी अच्छी तरह कर सकते हैं और कर रहे हैं। इसका दूसरा पहलू यह है कि उदार अर्थव्यवस्था का दर्शन हथियारों के व्यवहार के सहारे ही फलता-फूलता रहा है : 'सचाई बड़ी साफ और सीमित है : उदारीकृत अर्थव्यवस्था

में दक्षिण एशिया के देशों में परस्पर और इन देशों के भीतर विषमताएँ और शत्रुताएँ बढ़ेंगी। बहुराष्ट्रीय कम्पनियाँ इन देशों की भीतरी संरचनाओं में बेरोकटोक अपने मारक सींग धँसायेंगी और इस स्तर पर असुरक्षा व कलुष पैदा करते हुए अपनी धाक और बन्दूकों की जरूरत बढ़ाती चली जायेंगी। इस परिदृश्य में हिन्दू और मुसलमान के बीच, भारत और पाकिस्तान के बीच वैमनस्य का निरन्तर पोषण और दोहन करनेवाली विचारधारा, जो भाजपा को उसकी पहचान देती चली आ रही है अनिवार्यतः बड़ा महत्वपूर्ण योगदान देगी।' लेकिन इसमें नया क्या है ? भापजा और उसके पूर्व रूप जन संघ की अर्थनीति शुरू से ही मजदूरों, किसानों और वंचित तबकों के हितों के खिलाफ रही है। सरकारी आँकड़ों के अनुसार भारतीय मजदूर संघ 1980 में देश का सबसे बड़ा मजदूर संगठन हो गया था, लेकिन मजदूरों के कितने सवाल उसने उठाये ? अपने को पूँजीवाद और साम्यवाद, दोनों के विरुद्ध बतानेवाले भाजपाई नेता अन्ततः पूँजीवाद के साथ ही खड़े होते दिखायी देते हैं। भाजपा की अर्थनीति का गम्भीर परीक्षण किया है यदुनाथ मुखर्जी ने।

किसी भी दल की अर्थनीति, एक तरह से, उसकी सामाजिक नीति का ही प्रतिफलन होती है। भाजपा की सामाजिक नीति क्या है ? वह हिन्दू एकता की बात करती है, किन्तु इस एकता में प्रेम और बराबरी के लिए कोई जगह नहीं है। कँवल भारती ने दलितों के साथ भाजपा के रिश्तों की तथ्य-सम्मत पड़ताल की है। वे याद दिलाते हैं कि 'भाजपा सिर्फ इसलिए दलित समर्थक पार्टी नहीं हो जाती कि उसने आरक्षण का समर्थन किया है या अपने यहाँ दलित प्रकोष्ठ खोल दिया है या एकाध दलित को सांसद बनवा दिया है। यह काम तो कांग्रेस ने काफी अच्छे ढंग से किया है–इतने अच्छे ढंग से कि सारे दलित कांग्रेस का वोट बैंक माने जाते थे। लेकिन आज स्थिति क्या है ?' महत्वपूर्ण प्रश्न यह है कि 'भाजपा ने अपनी राष्ट्रीय कार्य समिति में सामान्य पदों पर कोई जिम्मेदारी किसी दलित को क्यों नहीं सौंपी ? क्योंकि उसका सवर्णवादी नेतृत्व अपने को राम मानता है और दलितों से हनुमान की तरह सेवा लेना चाहता है। वस्तुतः यह खोट सिर्फ भाजपा में नहीं, बल्कि पूरे सवर्णवादी चिन्तन में है। यही कारण है कि अपनी बहुसंख्य आबादी के प्रति हजारों साल से अनुदारता दिखाने के बावजूद हिन्दुत्व सर्वोच्च न्यायालय के खंडपीठ को सहिष्णु और उदार नजर आता है। अपरिभाषित, बल्कि अपरिभाषेय माने जानेवाले हिन्दुत्व को परिभाषित करने की कोशिश करते हुए धर्मवीर हिन्दुत्व की चौंतीसवीं पहेली का आविष्कार करते हैं, जिसका नाम पाखंड है।

वस्तुतः भाजपा की मुश्किल यही है कि वह अपने को हिन्दुत्व की इसी फरेबी परंपरा से जोड़ती है। वह हिन्दुत्व को एक धर्म के रूप में स्वीकार नहीं करती, बल्कि एक संकीर्ण राजनीतिक विचारधारा बनाना चाहती है। उसने राजनीतिशास्त्र

को एक नया पद दिया है : सांस्कृतिक राष्ट्रवाद। लेकिन इस राष्ट्रवाद में संस्कृति का तत्व कितना है ? मुरली मनोहर प्रसाद सिंह ने इसकी विस्तृत पड़ताल की है। इस पड़ताल के आईने में हम भाजपा का द्वेष, संकीर्णता, संवेदनशून्यता तथा हिंसकता से भरा चेहरा बहुत सफाई से देख सकते हैं। उसका जिहाद अपसंस्कृति के विभिन्न रूपों से नहीं, बल्कि हर प्रकार की सृजनशीलता और उदारवादिता से है। क्या यही भारतीयता है ? क्या यही हिन्दू समाज का असली रूप है ? शंभुनाथ का दृढ़ उत्तर है, नहीं। वे स्वीकार करते हैं कि 'हमारे समाज में पहली बार संकीर्णता पुरस्कृत और उदारता पहली बार तिरस्कृत नहीं हुई है।' पिछले ढाई हजार वर्षों की भारतीय द्वन्द्वात्मकता को स्पष्ट करते हुए शंभुनाथ मौजूदा स्थिति से बेहद निराश हैं : 'यह संभव है कि राजसत्ता के सुख के लिए कुछ विशिष्टवर्णी नेता निराश जनता के एक बड़े हिस्से को थोड़े समय के लिए सांप्रदायिकता की आँधी में बहा ले जाये। यह भी संभव है कि हिन्दू धर्म की परंपरागत स्वायत्तता, बहुलता तथा मिश्रणशीलता को बरकरार रखने के नजरिये को आज संरक्षणवाद कहा जाये और उसके मजहबीकरण को ही नया विकास या क्रांति।' लेकिन वे यह सुखद आश्वासन भी देते हैं कि 'भारतीयता पर अक्सर हमले हुए हैं, पर हर हमले के बाद इसका अर्थ विस्तृत हुआ।' और इसीलिए उन्हें यकीन है कि 'लोक संस्कृति, विज्ञान और मानव विवेक ही अन्ततः मजहबी बेड़ियों पर भारी पड़ेंगे।'

भारतीय इतिहास की इस द्वन्द्वात्मकता को मस्तराम कपूर ने स्वामी धर्मतीर्थ की पुस्तक 'हिस्टरी ऑफ हिन्दू इंपीरियलिज्म' के हवाले से एक दूसरी दृष्टि से देखा है। डॉ. लोहिया ने हिन्दू बनाम हिन्दू की चर्चा की थी। धर्मतीर्थ इसे भारतीय राष्ट्रीयता और ब्राह्मणवाद का द्वन्द्व मानते हैं। निश्चय ही विश्लेषण की यह दृष्टि, जो भारत की हर बुराई के लिए कपटी ब्राह्मणों को जिम्मेदार ठहराती है, एक तरह का विचलन है, जो जाति संघर्ष की कटुता से पैदा हुआ है। लेकिन इस धारा को सहानुभूति की दृष्टि से देखने की जरूरत है। यह वस्तुतः धर्म की तानाशाही के विरुद्ध एक चीत्कार है। जाति प्रथा से कोई भी संघर्ष ब्राह्मणवाद के सफाये के वगैर अधूरा रहेगा। भाजपा चूँकि सामाजिक यथास्थिति की समर्थक पार्टी है, इसलिए वह लोकतांत्रिक भारत में आनेवाले सामाजिक बदलावों को कुछ हद तक स्वीकार करते हुए भी अपने को ब्राह्मणवाद से अलग नहीं कर पाती। इस समस्या को अरुण कुमार त्रिपाठी ने हिन्दुत्व की छलिया मनोवृत्ति के रूप में निरूपित किया है। जैसे ब्राह्मणों ने मानवीय गुणों से वंचित होते हुए भी धर्म और शास्त्र के बल पर राज किया है, वैसे ही हिन्दुत्व की यह राजनीति भी परंपरा, आधुनिकता, गांधीवाद और उदारीकरण सबसे शक्ति प्राप्त करने का प्रयत्न करती है, किन्तु ऐन मौके पर वह अपनी बुनियादी जमीन पर लौट आती है। इस तरह समझौतावाद उसकी एक चतुर राजनीति है, जिससे एक प्रकार की गत्यात्मकता का भ्रम होता

है। लेकिन इसी कारण वह अन्तर्विरोधों का शिकार भी होती है और अपनी अपील खोती जाती है। अरुण याद दिलाते हैं कि हिन्दुत्व की राजनीति और हिन्दू धर्म को हमें अलग-अलग करके देखना चाहिए और हमारे दायित्व दोनों स्तरों पर हैं यानी सिर्फ तथाकथित हिन्दुत्व का विरोध काफी नहीं है–'आज हिन्दू धर्म को अगर किसी अभियान, रथयात्रा या तीर्थ यात्रा की जरूरत है, तो वह है कथनी और करनी का भेद मिटाने की आध्यात्मिक और सामाजिक यात्रा।'

इस दृष्टि से किशन पटनायक का लेख बहुत गौर से पढ़ा जाना चाहिए। किशन जी की यह स्थापना बहुत ही सटीक प्रतीत होती है कि भाजपा जिस प्रकार की वैचारिकता, राजनीति तथा अर्थव्यवस्था का समर्थन करती है, उसका वास्तविक विरोध नहीं हो रहा है। सिर्फ यह राजनीतिक कोशिश की जा रही है कि किसी भी प्रकार से भाजपा को सत्ता नहीं मिलनी चाहिए। क्या इससे भाजपावाद के बढ़ते हुए प्रभाव को रोका जा सकेगा ? क्या सिर्फ धर्मनिरपेक्षता की रक्षा करने से ही देश की बाकी समस्याओं का भी समाधान हो जायेगा ? साम्प्रदायिकता से टकराना निश्चय ही जरूरी और मूल्यवान है, लेकिन यह काम वही लोग कर सकते हैं, जो समाज में दूसरे अच्छे मूल्यों की भी स्थापना कर सकें। समानता, संपन्नता, लोकतन्त्र, न्याय, स्वाभिमान, स्वच्छता आदि ऐसे ही मूल्य हैं। जो राजनीतिक शक्तियाँ इन मूल्यों के लिए संघर्ष नहीं कर सकतीं, वे भाजपा का सक्षम और दीर्घकालीन विरोध कैसे कर पायेंगी ?

भाजपा यदि सिर्फ एक सामान्य राजनीतिक दल नहीं है, बल्कि एक विशेष सांस्कृतिक धारा का राजनीतिक औजार है, तो भाजपा को रोकने के लिए उतना ही व्यापक और उग्र सांस्कृतिक आन्दोलन चलाना होगा। यह आन्दोलन ब्राह्मणवाद के खिलाफ होगा, जाति प्रथा के खिलाफ होगा, राष्ट्रीयता की परिभाषा को संकुचित करने के खिलाफ होगा तथा उन सैकड़ों बुराइयों के खिलाफ होगा जिनके कारण आज का भारतीय जीवन छिन्न-भिन्न और यंत्रणाग्रस्त है। साथ ही, यह अनिवार्य रूप से राजनीतिक नवीकरण का आन्दोलन भी होगा। आज के राजनीतिक संगठन भाजपा का पूरा मुकाबला करने में असमर्थ हैं, क्योंकि उनके पास आदर्श भारतीय समाज का कोई मानचित्र नहीं है। वस्तुतः इस अध्ययन की उपयोगिता ही इस बात में है कि वर्तमान घटाटोप से कोई स्वच्छ रास्ता निकाला जा सके। मामला यदि सिर्फ भाजपा की बुराई करने तक सीमित रह जाता है, तो इससे सामाजिक कलह ही बढ़ेगा। भाजपा बुरी है, इसलिए शेष लोग अनिवार्य रूप से अच्छे नहीं हो जाते। उन्हें अच्छाई की सर्वतोमुखी साधना करनी पड़ेगी, ताकि इतिहास और वर्तमान की जिन धाराओं से भाजपावाद को शक्ति मिलती है, उन्हें नष्ट किया जा सके।

–राजकिशोर

अनुक्रम

जन संघ की विरासत

गीता पुरी

एक

भारतीय जनता पार्टी के तीन दिवसीय (10-12 नवंबर 1995) पूर्ण अधिवेशन में पुराने नरमपंथी अटलबिहारी वाजपेयी को प्रधानमंत्री पद के अपने उम्मीदवार के रूप में उभारने को भाजपा पर नजर रखनेवालों द्वारा इस बात के अकाट्य संकेत के रूप में देखा जा रहा था कि पार्टी ने अपनी हिन्दुत्व की विचारधारा के आक्रामक प्रतिपादन की निरर्थकता को समझ लिया है।

यह दिलचस्प है कि उदारवादी वाजपेयी को, जो एक कट्टरपंथी जोश के साथ हिन्दुत्व का उत्सव मनाने में कभी आगे नहीं आये, सामने लाने का प्रस्ताव किसी और के द्वारा नहीं, बल्कि पार्टी के सर्वसम्मति से निर्वाचित अध्यक्ष लालकृष्ण आडवाणी द्वारा किया गया, जो हिन्दुत्व के उग्र तथा असंदिग्ध प्रतिपादक माने जाते हैं। आडवाणी की इस निःशर्त घोषणा से अटलबिहारी वाजपेयी चकित तो हुए, लेकिन देश के इस सर्वोच्च राजनीतिक पद के प्रति उन्होंने कोई निर्णायक अरुचि नहीं दिखायी। संघ परिवार तथा उसके पितृ-पुरुष आर. एस. एस. ने, ऐसा प्रतीत होता है, कि पार्टी के अन्दरूनी झगड़ों को सुलझाने तथा पार्टी में उपस्थित तीव्र गुटबाजी एवं चुनाव के बाद संभावित अनिश्चित तथा जटिल स्थिति के सन्दर्भ में विभिन्न समूहों के बीच संवाद की क्षमता की दृष्टि से वाजपेयी के व्यवहारवादी नेतृत्व की राजनीतिक संभावनाओं को स्वीकार किया था। वाजपेयी ने गुजरात में भयानक गुटबाजी, बल्कि खुले विद्रोह से निपटने में रूढ़ अनुशासन की संस्कृति से परे जाने की क्षमता और अपनी निष्ठा को प्रभावशाली ढंग से व्यक्त किया था। गुजरात में गुटबाजी की आग को विलक्षण ढंग से शान्त करनेवाले तथा बुद्धिमान शान्ति स्थापक की वाजपेयी की भूमिका ने भी, जिसके कारण वहाँ की सरकार बच गयी और पार्टी भी टूटने से रह गयी, वह स्थिति पैदा की, जिसमें वह स्वीकार किया जाना ही था कि चुनाव-वर्ष में वही पार्टी का नेतृत्व कर सकते हैं।

यह सच है कि 1989 के बाद के भाजपा के हिन्दुत्ववादी जिहाद के, जो वस्तुतः हिन्दुओं को धार्मिक आधार पर बड़े पैमाने पर संचालित करने का ही दूसरा नाम था, पार्टी को अच्छा चुनावी लाभ पहुँचाया था। हिन्दुत्व 1991 के संसदीय चुनावों में अपने शिखर पर पहुँच गया, जब उसने 1989 में 88 सीटों से बढ़ कर 119 सीटें हासिल कर लीं और उत्तर प्रदेश में भी अपनी सरकार बना ली।

हिन्दुत्ववादी अभियान ने बाबरी मजिस्द को महज एक धार्मिक या कानूनी भूमि विवाद के बजाय राष्ट्रीय 'अपमान' के प्रतीक के रूप में पेश किया। हिन्दुत्व के एक आवयविक अंग के रूप में अयोध्या में एक मन्दिर के पुनर्निर्माण का अभियान वस्तुतः आधुनिक भारत, खासकर उसके साम्राज्यवाद-विरोधी स्वतंत्रता संघर्ष की घटनापूर्ण अवधि की सेक्युलर विरासत को नष्ट करने का शक्तिशाली प्रयास था। हिन्दुत्व का स्वभाव गुह्य, अराजनीतिक और अनैतिहासिक है, फिर भी भाजपा के विचारधारात्मक प्रतीक चिह्न के रूप में इसे पार्टी के जन सदस्यों द्वारा और पार्टी के वाहर के एक बड़े समर्थक वर्ग द्वारा हिन्दू एकता तथा संहति के एक ऐसे प्रामाणिक प्रयास के रूप में देखा गया, जिसका लक्ष्य न केवल एक सुदृढ़ हिन्दू राष्ट्रीय अस्मिता का निर्माण करना था, बल्कि हिन्दुओं को सामाजिक-राजनीतिक विभाजनों से मुक्त कराना भी था। हिन्दुत्व की परियोजना का एक लक्ष्य भारत के मध्यकालीन इतिहास में मुस्लिम शासकों द्वारा हिन्दुओं के साथ किये गये ऐतिहासिक अन्यायों का प्रतिकार भी समझा गया।

अपने उच्च प्रतीत होनेवाले सांस्कृतिक वितर्कों के बावजूद हिन्दुत्व ने हिन्दू साम्प्रदायिकता के साथ गड्डमड्ड हो जाने की हठी प्रवृत्ति भी दिखायी। साथ ही, हिन्दुत्व की विचारधारा ने, जो बौद्धिक रूप से ब्राह्मणवादी ढाँचे में परिस्थित है, उन हिन्दू सामाजिक विचारों, ऊँच-नीचों और व्यवहारों को दृढ़ता और परिवर्तनकामिता के साथ खारिज नहीं किया है, जिन्होंने एक असह्य रूप से असमानतावादी तथा ऊर्जाहीन सामाजिक व्यवस्था को जन्म दिया था।

लेकिन भारतीय राजनीति के 1989 के बाद के चरण में भाजपा के पुनरुत्थान को ठीक से समझने के लिए हमें भारतीय जन संघ के, 1950-51 में उसके गठन के समय से, विकास का परीक्षण करना होगा। भाजपा की सांगठनिक तथा विचारधारात्मक जड़ें ऐतिहासिक रूप से जन संघ में ही स्थित हैं। कार्यक्रम के स्तर पर भाजपा में दिखायी पड़नेवाले गहरे बदलावों और उस राजनीतिक परिदृश्य में बुनियादी परिवर्तन के बावजूद जो भारतीय जन संघ का सन्दर्भ-फ्रेम था, जन संघ की विचारधारा, सांगठनिक ढाँचा और सामाजिक आधार की समझ भाजपा की कार्यपद्धति तथा भूमिका को समझने के लिए बेहद जरूरी है।

दो

भारतीय राजनीति, राजनीतिक दलों तथा पार्टी प्रणाली पर लिखे गये साहित्य में भारतीय जन संघ के विचारधारात्मक स्रोत और सांगठनिक व्यवहार को जिन कई शब्दावलियों में वर्णित किया गया था, वे हैं प्रतिक्रियावादी, साम्प्रदायिक, हिन्दू पुनरुत्थानवादी, धुर दक्षिणपंथी तथा उग्र राष्ट्रवादी। इन तमाम विस्तृत वर्ग और चरित्र निरूपणों का खंडन भारतीय जन संघ के सिद्धान्तकारों और नेताओं द्वारा किया गया। उनका कहना था कि इन वर्ग निरूपणों के पीछे पश्चिमी राजनीतिक चिन्तन तथा विश्लेषण का कुटिल प्रभाव है। जन संघ के एक प्रमुख विचारधारात्मक प्रतिपादक का यह उद्धरण पार्टी की विचारधारात्मक स्थिति को बहुत साफ ढंग से पेश करता है :

'पश्चिम में राजनीतिक दलों को आम तौर पर 'दक्षिणपंथी' या 'वामपंथी' कहा जाता है। भारत में भी विभिन्न राजनीतिक दलों के चरित्र तथा उद्देश्यों को स्पष्ट करने के लिए इस शब्दावली का प्रयोग बढ़ रहा है। लेकिन यह वर्गीकरण भारतीय राजनीति की सच्ची स्थिति पर प्रकाश नहीं डालता। हम ऐसा सिर्फ इसलिए नहीं कहते कि ऐसी भी पार्टियाँ हैं जो अति दक्षिणपंथ और अति वामपंथ के बीच मौजूद विभिन्न रंगतों का प्रतिनिधित्व करती हैं, बल्कि इसलिए कि इन पार्टियों के अनेक कार्यक्रम रूढ़िवादी आधार पर किये गये किसी भी वर्गीकरण का अतिक्रमण करते हैं। कांग्रेस वामपंथी पार्टी हो सकती है—जहाँ तक वह समाजवादी पैटर्न के समाज की पक्षधर है, लेकिन वह जिस तरह न्यस्त स्वार्थों को समर्थन देती है और उनसे समर्थन प्राप्त करती है, वह उसे संरक्षणवादी रंगत प्रदान करता है। जन संघ को 'दक्षिणपंथी' कहा जा सकता है, क्योंकि 'मतवाद-आधारित समाजवाद' में उसका विश्वास नहीं है, लेकिन उसका कार्यक्रम और कार्यकर्ता समुदाय निश्चित रूप से उसे देश की कई तथाकथित रेडिकल पार्टियों से ज्यादा 'रेडिकल' बनाते हैं। यदि हम इस पश्चिमी पदावली को छोड़ दें तो भारत के राजनीतिक दलों को उनकी प्रेरणा के स्रोत के आधार पर वर्गीकृत किया जा सकता है। अधिकांश दल भारत की राजनीति को किसी न किसी विदेशी पैटर्न पर ढालना चाहते हैं। उनका विचारधारात्मक आधार पश्चिमी राजनीतिक चिन्तन से बना है। वे सभी विदेशी राजनीति को भारतीय परिदृश्य में प्रक्षेपित करना चाहते हैं। वे मौलिक रूप से सोचना नहीं चाहते न ही हमारे राष्ट्र के बुनियादी वैचारिक मूल्यों को अपने विचार जगत में स्थान देना चाहते हैं। उनका अधिकतम स्वीकार्य बिन्दु है पश्चिमी विचारों और भारतीय संस्कृति का समन्वय । वे पश्चिम की राजनीतिक तस्वीर को भारतीय फ्रेम में जड़ना चाहते हैं। भारतीय स्थिति का विश्लेषण करते हुए वे तत्परता के साथ और बिना ना-नुकच के विदेशी विश्लेषण के परिणाम को

स्वीकार कर लेते हैं।'[1]

भारतीय जन संघ का आदर्श था भारतीय संस्कृति और मर्यादा के आधार पर भारत का पुनर्निर्माण। वह भारतीय संस्कृति के सिद्धान्तों के अनुसार राजनीतिक, सामाजिक और आर्थिक लोकतंत्र की रचना करना चाहता था। जन संघ भारतीय जीवन के परंपरागत मूल्यों को बचाये रखना चाहता था, लेकिन संगठन के पूर्व अध्यक्ष दीनदयाल उपाध्याय के अनुसार, 'यह उन रीति-रिवाजों और परंपराओं से चिपके रहना नहीं चाहता जो निरर्थक या रुग्ण हो चुके हैं। इस दृष्टि से इसे रामराज्य परिषद से भिन्न माना जाना चाहिए। हम अपने समाज को सुधारने की जरूरत महसूस करते हैं, ताकि वह आधुनिक समय की चुनौतियों का सामना कर सके। लेकिन आधुनिक बनने का प्रयास करते समय हमें सावधान रहना है, ताकि आधुनिकता के वेश में पश्चिमीकरण प्रवेश न कर जाये। यहीं जन संघ कांग्रेस, पी. एस. पी., सी. पी. आइ. और स्वतंत्र पार्टी जैसी अन्य सभी राजनीतिक पार्टियों से भिन्न है जो विभिन्न रूपों में और भिन्न-भिन्न हदों तक पश्चिम के राजनीतिक और आर्थिक विकास को भारतीय परिदृश्य में प्रक्षेपित करना चाहते हैं। अतः हम 'दक्षिण' और 'वाम' अथवा 'समाजवाद' और 'पूँजीवाद' की सभी अवधारणाओं को अस्वीकार करते हैं। हमारे जैसे विस्तृत एवं समृद्ध विरासतवाले देश के जीवन को विदेश से आयातित सुनिश्चित साँचों में नहीं ढाला ज़ा सकता।'[2]

जन संघ के प्रवक्ता के अनुसार राजनीतिक दलों को उनके बौद्धिक तथा दार्शनिक प्रेरणा-स्रोत के अनुसार वर्गीकृत किया जाना चाहिए—'जन संघ दयानन्द और तिलक की सुधारवादी परंपरा का अनुकरण करता है—सिर्फ सामाजिक क्षेत्र में नहीं, बल्कि आर्थिक मुद्दों तक भी उसका विस्तार करने का प्रयास करता है। भारतीय संस्कृति और मर्यादा भारतीय जन संघ का आधार हैं। भारतीय संस्कृति का अर्थ सिर्फ वे तत्व नहीं हैं जो किसी विशेष जन की सांस्कृतिक विशेषताओं का निर्धारण करते हैं, बल्कि एक विश्व दर्शन भी है। यही दर्शन न केवल विभाजित विश्व को एक कर सकता है, बल्कि उसे शान्ति प्रदान कर सकता है। सह-अस्तित्व और विश्व ऐक्य के आदर्श तब तक सिर्फ रणनीतिक नारे रहेंगे जब तक वे इस जीवन्त दर्शन से अनुप्राणित नहीं होते। हमारा मिशन यही है। भारतीय संस्कृति जड़ नहीं, गतिशील है। हम पाते हैं कि समाज में दो तरह की प्रवृत्तियाँ कार्यशील हैं। एक प्रवृत्ति प्राचीन को स्वीकार करती है, जिसका निहितार्थ यह है कि मौजूदा स्थिति मानो किसी धर्मविधान से जुड़ी हुई है, जिसके बारे में प्रश्न नहीं किया जा सकता और जिसे कभी बदला नहीं जा सकता। दूसरी प्रवृत्ति जो कुछ भी पुराना है, उसकी भर्त्सना करती है और दिशा तथा रूपाकार की परवाह किये बगैर परिवर्तन के लिए व्याकुल है। जन संघ इन दोनों प्रवृत्तियों के विरुद्ध है। अतीत हमारे लिए प्रेरणा की वस्तु है। लेकिन हमें भविष्योन्मुख होना है। जन संघ को हमारी जनता

के पुनर्जागरण का सक्षम औजार बनना है। हमें एक आन्दोलन का नेतृत्व करना है, न कि सिर्फ एक पार्टी बनानी है।'[3]

अतएव जन संघ ने हमेशा अपने आपको उन्नीसवीं शताब्दी के बहुत-से महापुरुषों द्वारा चलाये गये सामाजिक तथा बौद्धिक आन्दोलनों का वाहक माना–'यह कोई नया आन्दोलन नहीं है। पिछली शताब्दी के दौरान स्वामी दयानन्द, स्वामी विवेकानन्द, लोकमान्य तिलक, डॉ. हेडगेवार, मदनमोहन मालवीय और महात्मा गांधी इस क्षेत्र में अग्रणी रहे हैं। इसी परंपरा को हमें आगे बढ़ाना है।'[4] 'वाम' और 'दक्षिण' के विवाद की चर्चा करते हुए लालकृष्ण आडवाणी ने इन पंक्तियों के लेखक से कहा था, 'हमारे गाजियाबाद सम्मेलन के बाद से ही प्रेस और राजनीतिक क्षेत्रों में ढेर सारी टिप्पणी की गयी है कि जन संघ वामपंथ की ओर मुड़ रहा है। जन संघ किसी भी आर्थिक वाद के प्रति प्रतिबद्ध नहीं है और 'दक्षिण' तथा 'वाम' जैसे शब्द भारतीय सन्दर्भ में बिल्कुल ही प्रासंगिक नहीं हैं। पश्चिम की लोकतांत्रिक राजनीति में 'वामपंथ' का अर्थ मोटे तौर पर हो गया है राज्य द्वारा नियंत्रण की ओर झुकाव। जिस दूसरी महत्वपूर्ण कसौटी पर पश्चिम में वाम-दक्षिण का भेद आधारित है, वह है समानता के प्रति रुख, परिवर्तन के प्रति रुख। पहली कसौटी के आधार पर जन संघ को दक्षिणपंथी पार्टी कहा जा सकता है। लेकिन दूसरी कसौटी पर जन संघ को वामपंथी पार्टी कहा जा सकता है। सचाई यह है कि यह न तो वामपंथी है और न दक्षिणपंथी। यह भविष्योन्मुख पार्टी है।'[5]

अटलबिहारी वाजपेयी ने 1972 में भागलपुर के अपने अध्यक्षीय भाषण में इस वाम-दक्षिण विवाद के सन्दर्भ में घोषणा की थी, 'हम न तो बायें जा रहे और न दायें जा रहे हैं; हम सीधे जा रहे हैं और राष्ट्र को उचित विकल्प देने की अपनी नियति को पूरा करने के लिए आगे ही बढ़ते जायेंगे।'[6] भारतीय परंपरा का हवाला देते हुए उन्होंने आगे कहा, 'जन संघ वह पार्टी है जो आगे बढ़ने की अपनी कोशिश में पीछे देखने में विश्वास करती है।'[7]

पार्टी के प्रमुख नीति-निर्माताओं के उपर्युक्त उद्धरणों के यह स्पष्ट है कि पाटी का बुनियादी दर्शन पार्टी की अपनी परिभाषा के अनुसार भारतीय संस्कृति के सिद्धान्तों और मूल्यों के साँचे में ढला है, यद्यपि वह गत्यात्मक परिवर्तनों को अंगीकार करने के खिलाफ नहीं है। पार्टी की विचारधारा में एक देश, एक जनता, एक संस्कृति और एक राष्ट्र जैसे विचार शामिल हैं। इस विचारधारा के अनुसार, भारत एक और अविभाज्य है, एक आवयविक सम्पूर्णता-भौगोलिक रूप से भी और ऐतिहासिक रूप से भी। इस भूमि के कण-कण के प्रति प्रेम और आदर की भावना को व्यक्त करने के लिए लोगों ने भारत की कल्पना भारत माता के रूप में की है और उसकी पूजा की है। भारतीय संविधान की ओर संकेत करते हुए दीनदयाल

उपाध्याय ने कहा, 'यह भारत की एकता और अविभाज्यता की विपरीत दिशा में जाता है। (इसमें) भारत माता, हमारी पवित्र मातृभूमि, जो हमारे लोगों के हृदय में स्थापित है, के विचार को कोई स्वीकृति नहीं है। संविधान के पहले परिच्छेद के अनुसार इंडिया अर्थात भारत राज्यों का संघ होगा। यानी बिहार माता, बंग माता, पंजाब माता, कन्नड़ माता, तमिल माता आदि को मिला कर भारत माता की रचना होगी। यह हास्यास्पद है। हमने प्रान्तों को भारत माता के अंगों के रूप में देखा है, अलग-अलग माताओं के रूप में नहीं। अतः हमारा संविधान संघीय के बजाय एकात्मक होना चाहिए।'[8]

जन संघ की मान्यता थी कि भारतीय संस्कृति भारतवर्ष की ही तरह एक और अविभाज्य है–'अतः साझा संस्कृति की कोई भी चर्चा न केवल गलत, बल्कि खतरनाक है; क्योंकि यह राष्ट्रीय एकता को कमजोर करती है और विघटनकारी प्रवृत्तियों को प्रोत्साहित करती है।'[9] जन संघ के अनुसार अविभाजित निष्ठा ही वह मुख्य आधार है, जिस पर भारतीय राष्ट्रवाद टिका होना चाहिए। भारत के एकीकरण और अखण्ड भारत अर्थात भारत और पाकिस्तान के पुनर्मिलन की स्थापना के लिए 'जन संघ बिना थके प्रयास करता रहेगा। अखण्ड भारत की स्थापना के द्वारा ही इस प्राचीन भूमि के लोग अपनी शाश्वत नियति को हासिल कर सकते हैं, जो जन संघ का सर्वोच्च लक्ष्य है।'[10]

हिन्दुत्व के मूल्यों पर आधारित भारतीय संस्कृति पर जन संघ का आग्रह तथा उन्नीसवीं शताब्दी के अन्तिम दौर और शुरुआती बीसवीं शताब्दी के धार्मिक-सांस्कृतिक राष्ट्रवादियों के उसके द्वारा गौरवान्वयन ने उसे भारतीय राजनीति में उग्र हिन्दू एवं रेडिकल दक्षिणपंथी तत्वों का मुख्य राजनीतिक औजार बना दिया। 'उग्र हिन्दू' झुकाव से 'साम्प्रदायिक हिन्दू' राजनीति की ओर जाना अगला तार्किक और अनिवार्य कदम था। इसने भारतीय जन संघ को न केवल भारत के विभिन्न धार्मिक तथा भाषाई अल्पसंख्यकों से काट दिया, बल्कि इसे एक 'संकीर्ण राष्ट्रवादी' छवि भी प्रदान की, जिसे हिन्दू साम्प्रदायिकता से अलग नहीं किया जा सकता।

महात्मा गांधी की हत्या के बाद भारत सरकार ने राष्ट्रीय स्वयंसेवक संघ पर प्रतिबन्ध लगा दिया। बहरहाल, अपने को बचाने के उसके प्रयास सफल रहे और एक साल बाद प्रतिबन्ध हटा दिया गया। बलराज मधोक बताते हैं, 'आर. एस. एस. पर प्रतिबन्ध की अवधि में उसके अधिकांश नेताओं का विचार था कि आर. एस. एस. को उसके सांगठनिक तंत्र तथा विचारधारात्मक औजारों के साथ एक राजनीतिक दल में बदल दिया जाये। उन्हें लगता था कि यह तरीका अख्तियार करने पर ही उन कठिनाइयों और दुर्घटनाओं से बचा जा सकता है जो एक प्रतिबद्ध रूप से सामाजिक और सांस्कृतिक संगठन द्वारा एक राजनीतिक दल को, जो

अन्ततः पृथक रूप से विकसित हो सकता है, बाहर से चलाने और नियंत्रित करने के प्रयास में निहित है।'[11] लेकिन सरकार को दिये गये गोलवलकर के इस आश्वासन ने कि आर. एस. एस. का चरित्र गैर-राजनीतिक रहेगा, इस परिवर्तन के लिए गुंजाइश रहने नहीं दी थी।[12] फिर भी भविष्य में इस तरह के संकट (प्रतिबन्ध) से बचने के लिए यह निर्णय किया गया कि आर. एस. एस. किसी राजनीतिक दल का सक्रिय समर्थन करेगा। इस लक्ष्य को ध्यान में रख कर संघ के सर संघ चालक गुरु गोलवलकर ने कांग्रेस से बातचीत शुरू की। वह कांग्रेस एक राजनीतिक संगठन, और संघ, एक सांस्कृतिक संगठन, के बीच पवित्र गठबन्धन कायम करना चाहते थे।[13] ऐसा माना जाता है कि सरदार पटेल का अनौपचारिक झुकाव इस तरफ था। जब पण्डित नेहरू देश से बाहर थे, पटेल ने अ. भा. कांग्रेस समिति की कार्य समिति से यह प्रस्ताव पारित करवा दिया कि राष्ट्रीय स्वयंसेवक संघ के सदस्य कांग्रेस के सदस्य बन सकते हैं।[14] बाद में नेहरू के कड़े विरोध के कारण इसे हटा दिया गया। अब कांग्रेस के विकल्प की खोज शुरू हुई। श्यामाप्रसाद मुखर्जी, जिन्होंने इन्हीं दिनों केन्द्रीय मंत्रिमंडल से त्यागपत्र दिया था, कांग्रेस के अधिनायकवादी शासन का मुकाबला करने के लिए एक विरोधी दल स्थापित करने की कोशिश कर रहे थे। उन्हें आर. एस. एस. सहज ही अपना साझीदार जान पड़ा। एक नयी पार्टी बनाने पर मुखर्जी और गोलवलकर के बीच पूर्ण सहमति थी। गोलवलकर ने अपने 'निष्ठावान और परीक्षित कार्यकर्ताओं को' चुना, जो 'सम्मानजनक रूप से और बिना विचलित हुए नयी स्थानीय पार्टी की स्थापना करने का दायित्व निभा सकें और जिनमें इसे एक लोकप्रिय, सम्मानजनक अखिल भारतीय, राजनीतिक दल की हैसियत तक ले जाने की विस्तृत, अकंपनीय नींव डालने की योग्यता' थी।[15] मुखर्जी और गोलवलकर के बीच बातचीत के परिणास्वरूप भारतीय जन संघ की इकाइयाँ पंजाब, पेप्सू (जिसका बाद में पंजाब में विलय हो गया), हिमाचल प्रदेश और दिल्ली में गठित की गयीं। 21 अक्टूबर 1951 को अखिल भारतीय पार्टी भारतीय जन संघ का उद्घाटन संस्थापक अध्यक्ष श्यामाप्रसाद मुखर्जी ने किया।

'21 अक्टूबर भारतीय जन संघ के जीवन में एक महान् दिन है। 1951 में इसी पवित्र दिन भारतीय जन संघ ने एक अखिल भारतीय पार्टी के रूप में, जिसकी प्रतिबद्धता भारत की युगों पुरानी संस्कृति और मर्यादा के आधार पर एक आधुनिक, प्रगतिशील तथा लोकतांत्रिक राज्य के रूप में उसका पुनर्निर्माण करने के प्रति थी, भारत की राजनीतिक रंगभूमि में प्रवेश किया।

'उसके संस्थापक-अध्यक्ष डॉ. श्यामाप्रसाद मुखर्जी द्वारा उसके लिए निर्धारित लक्ष्य था कि उसे देश में रचनात्मक और लोकतांत्रिक विपक्षी दल के रूप में काम करना चाहिए जो लोगों का रक्षक और उनके लोकतांत्रिक अधिकारों तथा

स्वाधीनताओं का प्रहरी तथा सत्तारूढ़ दल का विकल्प बन सके। उसने अपना उद्देश्य बनाया अँधेरे और हताशा के उन बादलों को छाँटना, जो आजादी के शीघ्र बाद ही देश के सामने मौजूद विभिन्न समस्याओं की बाबत सत्तारूढ़ लोगों द्वारा अपनायी गयी यथार्थ विमुख, अभारतीय और विभ्रान्त नीतियों के कारण क्षितिज पर घिरने लगे थे। इसी उद्देश्य को प्रतीक रूप से व्यक्त करने के लिए जन संघ ने दीपक को, जो कुटियों और झोंपड़ियों को आलोकित करता है, जहाँ असली भारत का निवास है, अपना पार्टी चिह्न चुना और उसे प्राचीन भगवा ध्वज पर स्थान दिया।'[16]

दिल्ली में 21 अक्टूबर 1951 को अखिल भारतीय जन संघ के पहले सम्मेलन की अध्यक्षता करते हुए डॉ. श्यामाप्रसाद मुखर्जी ने कांग्रेस की और खास तौर से देश के प्रथम प्रधानमंत्री जवाहरलाल नेहरू की नीतियों पर प्रहार किया। उन्होंने कांग्रेस पार्टी के धर्मनिरपेक्ष कार्यक्रम को 'मुसलमानों का तुष्टीकरण' करार दिया और भारतीय संस्कृति और मर्यादा पर पार्टी की नींव का बचाव किया। उन्होंने घोषणा की, 'अतएव जहाँ हम धर्म राज्य अर्थात विधिसम्मत शासन की स्थापना करने का लक्ष्य रखते हैं, वहीं हम भारतीय संस्कृति की उच्चतम परंपरा के प्रति, जो सभी लोगों को वास्तविक मैत्री तथा बन्धुत्व के धागे में बाँधती है, निष्ठावान हैं।'[17]

प्रखर दक्षिणपंथी छविवाला अखिल भारतीय जन संघ स्वातंत्र्योत्तर भारत की उपज था। उसने 1913 में स्थापित हिन्दू महासभा और 1948 में गठित रामराज्य परिषद के बहुत-से पूर्व सदस्यों को अपनी ओर आकर्षित किया। जन संघ को उसके राजनीतिक पहलू में और धर्म, भाषा तथा शिक्षा जैसे सांस्कृतिक मामलों की चिन्ता के स्तर पर सर्वोत्तम ढंग से समझने का उपक्रम होगा पश्चिमी प्रभाव के प्रति हिन्दू प्रतिक्रिया के इतिहास को समझना।[18] यह प्रतिक्रिया सामान्यतः हिन्दू महासभा और रामराज्य परिषद की विचारधाराओं द्वारा गढ़ी गयी थी। हिन्दू महासभा विशेषतः हिन्दुओं तक सीमित थी। उसने न केवल पाकिस्तान की, बल्कि शिक्षा, धार्मिक संस्थाओं और पूर्व-हिन्दुओं, जिनमें पूर्व-अस्पृश्य भी शामिल थे, के धर्मान्तरण के प्रयासों को समर्थन आदि के द्वारा 'हिन्दू हित' का संरक्षण करने में कांग्रेस पार्टी की विफलता की भर्त्सना की। एच. एल. एर्डमैन लिखते हैं, 'अपने आधिकारिक कार्यक्रम में महासभा ने उग्र हिन्दुत्व के प्रमुख तत्वों को स्वीकार किया है। स्वाधीनता के बाद महासभा को क्षति पहुँची, क्योंकि गांधी के हत्यारों का उससे और आर. एस. एस. से सम्बन्ध था और इसलिए भी कि नेहरू ने साम्प्रदायिक पार्टियों की सख्त भर्त्सना की। वैसे कुल मिला कर चुनावों में उसका असर बहुत ही क्षीण रहा है। 1951-52 से 1957 तक वह लगातार पीछे हटती रही और उसके बहुत-से पूर्व अनुयायी जन संघ के झंडे तले आ गये।'[19] स्वामी

करपात्री द्वारा 1948 में स्थापित रामराज्य परिषद उन सभी दक्षिणपंथी पार्टियों में सबसे ज्यादा रूढ़िवादी थी, जिन्हें कुछ प्रसिद्धि हासिल हुई थी। रामराज्य परिषद राम के युग के गुण गाती थी और वस्तु विनिमय पर आधारित मुख्यतः ग्रामीण अर्थव्यवस्था, गोवध, मदिरा पर प्रतिबन्ध आदि की वकालत करती थी।

हिन्दू महासभा और रामराज्य परिषद भारत के राजनीतिक जीवन से काफी हद तक विलुप्त हो चुके थे। जन संघ ने सामाजिक, सांस्कृतिक और धार्मिक क्षेत्रों में उनके कुछ मूल्यों और झुकावों को अपना लिया था। जन संघ का सामाजिक विचारधारा में मौजूद स्पष्टतः यथास्थितिवादी झुकावों और राष्ट्रवाद की उसकी उग्र और घृणाधारित विचारधारा का स्रोत हिन्दू महासभा और रामराज्य परिषद के प्रभावों में खोजा जा सकता है। लेकिन जन संघ पर, विचारधारा और संगठन दोनों ही स्तरों पर, सबसे प्रत्यक्ष और शक्तिशाली प्रभाव पड़ा राष्ट्रीय स्वयंसेवक संघ का, जिसकी स्थापना डॉ. केशव बलिराम हेडगेवार ने 1925 में की थी। डॉ. हेडगेवार मानते थे कि भारत की आजादी हिन्दुओं द्वारा ही हासिल की जा सकती है और इसके लिए आवश्यक है कि हिन्दू सांस्कृतिक और शारीरिक रूप से शक्तिशाली हों—'यह स्पष्ट हो गया कि हिन्दू ही भारत में राष्ट्र हैं और कि हिन्दुत्व ही राष्ट्रीयत्व है...सिर्फ हिन्दू ही हिन्दुस्तान को स्वतन्त्र कर सकते हैं और हिन्दू संस्कृति की रक्षा कर सकते हैं। हिन्दू युवा को व्यक्तिगत चरित्र और मातृभूमि के प्रति परम प्रेम के आधार पर संगठित किया जाना चाहिए।'[20] आर. एस. एस. ने शिक्षित युवाओं को अपनी ओर आकर्षित किया और इनमें से ज्यादातर ब्राह्मण थे। गैर-ब्राह्मणों तथा हरिजनों की सदस्यता बहुत कम थी। आर. एस. एस. के अपने अध्ययन में जीन ए. कुर्रन कहते हैं, 'आज की आर. एस. एस. की अनुशासित और वफादार सदस्य मंडली इस बात का प्रमाण है कि डॉ. हेडगेवार ने आर. एस. एस. के शैशव में उसके पालन-पोषण में कितना कष्ट उठाया।'[21] आर. एस. एस. को उत्तर प्रदेश, दिल्ली, बिहार, मध्य भारत की रियासतों और पंजाब में उल्लेखनीय सफलता मिली। 1938 तक उसकी सदस्यता का अनुमान 40,000 था। 1940 में आर. एस. एस. का दावा एक लाख सदस्यों का था।[22] अपनी मृत्युशय्या पर आर. एस. एस. के नेतृत्व की उपस्थिति में हेडगेवार ने गोलवलकर को अपना उत्तराधिकारी बनाया। गोलवलकर ने 5 जुलाई 1940 को सरसंघचालक का पद सँभाला। 1974 में उनकी मृत्यु हुई और उनके उत्तराधिकारी के रूप में आये बाला साहब देवरस।

आर. एस. एस. ने ब्रिटिश शासन का पक्ष नहीं लिया, लेकिन उसका कड़ा विरोध भी नहीं किया। एक संगठन के तौर पर उसने 1942 के भारत छोड़ो आन्दोलन का समर्थन नहीं किया—'उस आन्दोलन के प्रति संघ की सहानुभूति थी, लेकिन संघ ने संगठन के स्तर पर उसमें भाग नहीं लिया। यह अनुभव किया गया कि यह समय लोगों को संगठित और मजबूत करने का है—जेल जाने और वर्षों

तक निष्क्रिय रहने का नहीं।...इसके बावजूद आर. एस. एस. के कुछ कार्यकर्ताओं ने व्यक्तिगत स्तर पर 1942 के आन्दोलन में हिस्सा लिया।'[23] आजादी के कुछ ही पहले आर. एस. एस. ने एक अंग्रेजी साप्ताहिक हासिल किया–'द ऑर्गनाइजर', जिसका पहला अंक दिल्ली से 3 जुलाई 1947 को प्रकाशित हुआ। उसमें श्यामाप्रसाद मुखर्जी का लेख था–'हिन्दू कभी भी भारत विभाजन स्वीकार नहीं करेंगे।'[24]

वस्तुतः भारतीय जन संघ के बहुत-से नेताओं, कार्यकर्ताओं और समर्थकों की राष्ट्रवाद की विचारधारा आर. एस. एस. और खासतौर से एम. एस. गोलवलकर, जिन्हें गुरु जी कहा जाता था, से प्रभावित थी–हिन्दुस्तान की गैर-हिन्दू आबादी को या तो हिन्दू संस्कृति और भाषा अपनानी होगी, हिन्दू धर्म के प्रति श्रद्धा और आदर करना सीखना होगा, हिन्दू जाति और संस्कृति के गौरवगान के अलावा दूसरे सभी विचारों को त्याग देना होगा...एक शब्द में उन्हें विदेशी होना छोड़ना होगा। अन्यथा इस देश में वे हिन्दू राष्ट्र के अधीन हो कर ही रह सकते हैं–बिना किसी दावे के, बिना किसी विशेषाधिकार के, किसी विशेष व्यवहार का तो सवाल ही नहीं उठता, नागरिक अधिकारों का भी नहीं।[25] अल्पसंख्यकों, खासकर मुसलमानों के प्रति जन संघ का रुख गुरु जी द्वारा प्रतिपादित आर. एस. एस. की इस स्थापना पर आधारित था।

आर. एस. एस. ने जन संघ को एक उल्लेखनीय रूप से दृढ़ संगठन भी मुहैया किया है। जन संघ की स्थापना 1951 में कांग्रेस तथा तत्कालीन विरोधी दलों के विकल्प के रूप में की गयी थी, जो मोटे तौर पर वामपंथी रुझानवाले थे–'कांग्रेस समाजवादियों, कृपलानीवादियों और ऐसे ही अन्य दूसरों से हमारा मतभेद सिद्धान्त का है, नीति का नहीं और यही जन संघ के अस्तित्व की शर्त है। जब समाजवादी या कृपलानीवादी सरकार की आलोचना करते हैं, कांग्रेस से उनका झगड़ा सिद्धान्त का नहीं होता, बल्कि नेहरू से होता है, जो उनका आरोप होता है कि उन सिद्धान्तों को व्यवहार में नहीं उतार पाये। यहाँ हमारा बुनियादी मतभेद है, क्योंकि हम मानते हैं कि कांग्रेस के सिद्धान्त ही गलत हैं और यही देश की बीमारी के मूल में हैं।'[26] जन संघ के संस्थापकों की नजर में कांग्रेस तथा हिन्दू महासभा और रामराज्य परिषद को छोड़ कर अन्य विरोधी दल भारत को पश्चिम की 'कार्बन कॉपी' बना रहे थे और भारतीय संस्कृति की उपेक्षा कर रहे थे।

यह जन संघ पर राष्ट्रीय स्वयंसेवक संघ का प्रत्यक्ष प्रभाव था। बलराज मधोक के अनुसार, जो अखिल भारतीय जन संघ के अध्यक्ष रह चुके हैं, आर. एस. एस. के सदस्य, कम से कम व्यक्तिगत स्तर पर, जन संघ के गठन से सम्बद्ध थे–'इस तरह के किसी संगठन की स्थापना की पहल आर. एस. एस. नेताओं

की ओर से आयी थी।'[27] जन संघ के संस्थापक अध्यक्ष श्यामाप्रसाद मुखर्जी के बारे में बलराज मधोक ने लिखा है–'उनकी निगाहें आर. एस. एस. पर पड़ीं, जो देश में एकमात्र संगठित, यद्यपि गैर-राजनीतिक शक्ति थी। अपने सुगठित सांगठनिक ढाँचे और सुप्रशिक्षित तथा अनुशासित कार्यकर्ताओं के साथ आर. एस. एस. को राजनीति में आते और ऐसा मंच बनाते देख कर उन्हें अच्छा लगता। लेकिन आर. एस. एस. का नेतृत्व अपने संगठन का चरित्र बदलने के लिए तैयार नहीं था। लेकिन उसने अपने कार्यकर्ताओं को अनुमति दे दी कि राष्ट्रीय प्रश्नों पर उसके दृष्टिकोण को अभिव्यक्त करनेवाली पार्टी के गठन में वे डॉ. मुखर्जी के साथ सहयोग और भागीदारी करें।'[28] 'ऑर्गनाइजर' में प्रकाशित एक लेख में गोलवलकर से आर. एस. एस. और डॉ. मुखर्जी के सम्बन्धों का वर्णन किया है। डॉ. मुखर्जी ने गोलवलकर ने कहा कि वे आर. एस. एस. को नयी पार्टी में ले आयें, लेकिन गोलवलकर ने इस अनुरोध को ठुकरा दिया। उन्होंने अपने कुछ साथियों को इस पार्टी के लिए काम करने की अनुमति जरूर दे दी। 6 सितंबर 1949 के 'ऑर्गनाइजर' ने आर. एस. एस. के ऐसे अनेक नेताओं के नाम प्रकाशित किये हैं। इनमें दीनदयाल उपाध्याय (जन संघ के अध्यक्ष और 1949 में उत्तर प्रदेश में आर. एस. एस. के सहायक प्रचारक), बच्छराज व्यास (1965 में जन संघ के अध्यक्ष और 1949 में आर. एस. एस. के नागपुर नगर सचिव), बापू साहब सोहनी (कार्यवाहक जन संघ अध्यक्ष और बरार के संघचालक) तथा वसन्त कृष्ण ओक (जन संघ के शुरुआती नेता, जो 1949 में दिल्ली में आर. एस. एस. के संगठक थे) शामिल थे। यह सूची बताती है कि किस तरह आर. एस. एस. के नेतृत्व ने जन संघ नेताओं के प्रशिक्षण की पीठिका तैयार की और संगठन का उत्तरदायित्व भी सँभाला।

तीन

भारतीय राष्ट्रीयता को धार्मिक तथा सांस्कृतिक हिन्दुत्व से समीकृत करने का भाजपा का मौजूदा अभियान वस्तुतः पहचान के उस संकट से पैदा हुआ है जिसने पार्टी को 1980 से 1984 तक ग्रस्त किये रखा। 1980 का पार्टी का दर्शन और सामाजिक विचारधारा उसके बहुत-से कार्यकर्ताओं और समर्थकों की राजनीतिक और बौद्धिक दिशा का स्पष्ट रूप से निषेध करती थी। उनकी राजनीतिक शिक्षा-दीक्षा भारतीय जन संघ की राजनीतिक संस्कृति में हुई थी। जन संघ का राजनीतिक सोच-विचार मुख्य धारा से बुनियादी रूप से अलग था। मुख्य धारा की राजनीति में गांधीवादी सर्वोदयी थे, सर्वसहमति के आधार पर चलनेवाले नेहरूवादी उदारपंथी समाजवादी थे, उदारपंथी रेडिकल संविधानवादी थे, समाजवादी थे और

विभिन्न प्रकार के वामपंथी-साम्यवादी थे। इन सबके बीच विभिन्न मसलों पर खासे और यहाँ तक कि कटु मतभेद थे, लेकिन धर्मनिरपेक्षता के प्रति निष्ठा के मामले में सभी एकमत थे, जो सामन्तवाद विरोधी और साम्राज्यवाद विरोधी संघर्ष के साझा अनुभवों से विकसित हुई थी। लेकिन आर. एस. एस. ने सामन्तवाद और साम्राज्यवाद विरोधी संघर्ष से अपने को अलग रखा था। इसलिए राष्ट्रीय आन्दोलन की धर्मनिरपेक्ष और साझा सांस्कृतिक विरासत के तत्व उसकी विचारधारा का अंग नहीं बन सके।

वाजपेयी के नेतृत्ववाली 1980-84 की भाजपा जेपी आन्दोलन और इमरजेंसी विरोधी संघर्ष की गर्वीली उत्तराधिकारी ज्यादा थी—आर. एस. एस. के हिन्दू मंच की वारिस कम। उस भाजपा ने अपने पूर्व-अवतार की धार्मिक, सांस्कृतिक नीतियों का त्याग नहीं किया तो उन्हें पनीला जरूर कर दिया। यह मुख्य धारा की केन्द्रिकता की दिशा में प्रयाण करने का एक रचनात्मक प्रयास था। लेकिन वाजपेयी के नेतृत्ववाली भाजपा आर. एस. एस.-जन संघ की परंपरा में दीक्षित कार्यकर्ताओं और जन समर्थकों को अपने साथ नहीं ले जा सकी। यह पार्टी के पहचान के संकट की शुरुआत थी, जो 1984 के संसदीय चुनाव में पार्टी की करारी हार से और गम्भीर हो गया। उसके बाद पार्टी में विचार मंथन का जो दौर चला, उसका असंदिग्ध निष्कर्ष यही था कि भाजपा को पूर्व-जन संघ की हिन्दूवादी नीति ही अख्तियार करनी चाहिए। 1985 में आडवाणी के नेतृत्व का आविर्भाव 'ऑपरेशन पुनरुत्थान' का निर्णायक परिणाम था।

1980 के बाद इन्दिरा गांधी ने जो मुलायम हिन्दूवाद के प्रयोग किये, जिसकी परिणति 1988 में राम जन्म भूमि-बाबरी मस्जिद परिसर के दरवाजे के ताले खुलने में हुई, जिसने भाजपा को राजनीतिक प्रक्रियाओं और चुनावी नीतियों का घोर हिन्दूकरण करने के लिए बाध्य कर दिया; शाहबानो मामले में उच्चतम न्यायालय के फैसले को रद्द करते हुए मुस्लिम महिला विधेयक जिस तरह लाया गया, जिससे भाजपा का यह आरोप पुष्ट हुआ कि कांग्रेस मुसलमानों का तुष्टीकरण कर रही है; आर. एस. एस. ने जिस तरह साधु-संतों के साथ राजनीतिक रिश्ते बनाये, जिसकी परिणति विश्व हिन्दू परिषद के गठन में हुई, जो विभिन्न प्रकार के संगठनों का एकीकृत हिन्दू फ्रंट था; बूर्जुआ वर्ग का बढ़ता हुआ राजनीतिक समर्थन और गैर-कांग्रेस मध्य मार्ग की टूट-फूट तथा बिखराव, जिसने कांग्रेस के लोकतांत्रिक समाजवादी विकल्प को नष्ट कर दिया; यह समझने में वामपंथी दलों की असमर्थता और अनिच्छा कि भारत में वर्ग और राज्य के ढाँचों और उनके अन्तःसम्बन्धों पर जाति-आधारित सोपानवादी सामाजिक व्यवस्था का गहरा असर है और अन्ततः सोवियत संघ का बिखराव तथा नौकरशाही पर आधारित साम्यवाद का निश्चित पतन, जो उसके बदसूरत अलोकतांत्रिक राजनीतिक ढाँचे को व्यक्त करता था

आदि ऐसी घटनाएँ हैं जिन्होंने संघ परिवार को विचारधारात्मक स्तर पर मुखर तथा राजनीतिक स्तर पर दृढ़ किया है।

1984 के बाद का भाजपा का अभियान भारतीय राष्ट्रवाद की साम्राज्यवाद विरोधी, बहुलतावादी और लोकतांत्रिक विरासत को संकीर्ण हिन्दू राष्ट्रवाद में परिणति करने का अभियान है। पार्टी पुराने मिथकों और प्राचीन भारतीय पुरातत्व को जाग्रत करना चाहती है। वह मध्य युग के उन अध्यायों को गौरवान्वित करती है जिन्हें हिन्दुओं पर किये गये अत्याचारों का प्रतिशोध लेने के रूप में देखा जाता है। मन्दिरों का पुनर्निर्माण, गोरक्षा, कश्मीर, समान नागरिक संहिता, एटम बम का निर्माण, तथाकथित छद्म-धर्मनिरपेक्षता, अल्पसंख्यकवाद आदि का उपहास, बाँग्लादेश के शरणार्थियों को वापस भेजना आदि वे मुद्दें हैं, जो भाजपा को आकर्षित करते हैं। इन सभी मामलों में स्पष्टतः यह भारतीय जन संघ की विरासत है, जिसका भाजपा अनन्य भाव से पालन कर रही है। यह निश्चय ही पार्टी का एक जटिल चरण है, क्योंकि एक ओर तो पार्टी के भीतर धड़ेबाजी बढ़ रही है और दूसरी ओर पार्टी को उन दबावों का भी सामना करना है, जो सामाजिक और आर्थिक न्याय, धर्मनिरपेक्ष राष्ट्रीयता, वंचित तबकों के शक्तीकरण तथा आदिवासियों और स्त्रियों को न्याय तथा समानता प्रदान करने की स्थानीय पहलों से जुड़े आन्दोलनों से पैदा हुए हैं।

सन्दर्भ

1. दीनदयाल उपाध्याय, 'वामपंथ और दक्षिणपंथ भारत के राजनीतिक सन्दर्भ में गलत शब्द हैं', द ऑर्गनाइजर, नयी दिल्ली, 8 दिसम्बर 1961, पृष्ठ 3
2. 'जन संघ', सेमिनार, नयी दिल्ली, जनवरी 1962, पृष्ठ 20
3. दीनदयाल उपाध्याय, द ऑर्गनाइज़र, नयी दिल्ली, दीपावली अंक, 1964, पृष्ठ 11
4. उपर्युक्त
5. भारतीय जन संघ के अध्यक्ष एल. के. आडवाणी से बातचीत, 8 जनवरी 1975
6. द मदरलैंड, नयी दिल्ली, 8 मई 1972
7. द हिन्दू, मद्रास, 9 अगस्त 1972
8. दीनदयाल उपाध्याय, इंटेग्रल ह्यूमनिज्म, नयी दिल्ली
9. भारतीय जन संघ, प्रिंसिपुल्स ऐंड पॉलिसी, विजयवाड़ा, भारतीय प्रतिनिधि

. सभा, 25 जनवरी 1965, पृष्ठ 16
10. डी. पी. घोष, अध्यक्षीय भाषण, नयी दिल्ली, भारतीय जन संघ, केन्द्रीय कार्यालय, 1958
11. बलराज मधोक, पोट्रैट ऑफ ए मार्टियर : बायोग्राफी ऑफ डॉ. श्यामाप्रसाद मुखर्जी, दिल्ली, जैको पब्लिशिंग हाउस 1969, पृष्ठ 98
12. गोलवलकर ने आश्वस्त किया, 'शुरू में ही मुझे यह स्पष्ट कर देना दीजिए कि आर. एस. एस. कोई राजनीतिक दल नहीं है, जिसकी आकांक्षा देश में राजनीतिक सत्ता हासिल करना हो।' 22 नवम्बर 1948 को प्रेस को जारी वक्तव्य। जस्टिस ऑन ट्रायल : ए कलेक्शन ऑफ द हिस्टॉरिक लेटर्स बिट्वीन श्री गुरुजी ऐंड गवर्नमेंट (1948-49), बंगलूर, प्रकाशन विभाग, राष्ट्रीय स्वयंसेवक संघ, 1958
13. गंगाधर इंदुकर, गुरुजी : जीवनी, सरसंघचालक, राष्ट्रीय स्वयंसेवक संघ, दिल्ली
14. प्रस्ताव कहता है : 'आर. एस. एस. के सदस्य कांग्रेस के संविधान के अनुसार कांग्रेस के सदस्य बन सकते हैं, लेकिन किसी भी अन्य संगठन के स्वयंसेवक कांग्रेस स्वयंसेवक नहीं बन सकते।' देखिए समरी ऑफ प्रोसीडिंग्स ऑफ द वर्किंग कमिटी, 4-5 अक्टूबर 1949, कांग्रेस बुलेटिन, दिल्ली, ए. आइ. सी., सितंबर 1949, पृष्ठ 15
15. एम. एस. गोलवलकर, हाउ जन संघ वाज फाउंडेड, द ऑर्गनाइजर दिल्ली, 25 जून 1956, पृष्ठ 6
16. आफिस फाइल, दिल्ली, प्रदेश जन संघ, 21 अक्टूबर 1956
17. श्यामाप्रसाद मुखर्जी, द जन संघ एप्रोच, नयी दिल्ली, भारतीय जन संघ, नंवबर 1968, पृष्ठ 7
18. माइरॉन वेनर, पार्टी पॉलिटिक्स इन इंडिया, प्रिंसटन, प्रिंसटन यूनिवर्सिटी प्रेस, 1957, पृष्ठ 156
19. एच. एल. एर्डमैन, द स्वतंत्र पार्टी ऐंड इंडियन कंजरवेटिज्म, कैम्ब्रिज, कैम्ब्रिज यूनिवर्सिटी प्रेस, 1967, पृष्ठ 51
20. 'श्री गुरुजी : द मैन ऐंड हिज मिशन' में उद्धृत, दिल्ली, भारत प्रकाशन, 1957, पृष्ठ 25
21. जीन ए. कुर्रन, जूनियर, मिलिटेंट हिन्दूइज्म इन इंडियन पॉलिटिक्स : ए स्टडी ऑफ द आर. एस. एस., न्यूयॉर्क, इंस्टीट्यूट ऑफ पेसिफिक रिलेशन्स, 1951, पृष्ठ 21
22. उपर्युक्त, पृष्ठ 14
23. श्री गुरुजी, पृष्ठ 33

24. द ऑर्गनाइजर दिल्ली, 3 जुलाई 1947
25. एम. एस. गोलवलकर, वी. ऑर वार नेशनहुड डिफाइंड, नागपुर, भारत प्रकाशन, (चतुर्थ संस्करण), 1947, पृष्ठ 55-56
26. द ऑर्गनाइजर, दिल्ली, 18 जून 1951 (कृपलानीवादियों से अभिप्राय पूर्व कांग्रेस अध्यक्ष आचार्य जे. बी. कृपलानी द्वारा नीत किसान मजदूर प्रजा पार्टी से है।)
27. बलराज मधोक, एस. पी. मुखर्जी : ए बायोग्राफी, दिल्ली, दीपक प्रकाशन, 1954, पृष्ठ 54
28. बलराज मधोक, पॉलिटिकल ट्रेंड्स इन इंडिया, दिल्ली, एस. चाँद ऐंड कम्पनी, 1959, पृष्ठ 45

राष्ट्रीय विघटन का नुस्खा

सच्चिदानन्द सिन्हा

रणनीति में, चाहे वह युद्ध की हो चाहे राजनीति की, छद्म आवरणों और मुखौटों का खास महत्व होता है। राजनीति जितनी ही आक्रामक होगी, उसमें खुलापन उतना ही कम होगा और इसलिए छद्म आवरणों की आवश्यकता उसमें उतनी ही अधिक होगी। 'हिन्दुत्व' की राजनीति चूँकि आक्रामक राष्ट्रवाद की राजनीति है, इसलिए यह विविध आवरणों के पीछे से ही अपने असली उद्देश्यों की ओर बढ़ने की कोशिश करती है। स्वयं इसका 'हिन्दुत्व' का नारा भी एक मुखौटा ही है, जिसका धार्मिक अर्थ में हिन्दुत्व की मूल भावनाओं से कुछ लेना-देना नहीं है। जो बात हिन्दू धर्म को अन्य महान धर्मों, जैसे यहूदी धर्म, ईसाई धर्म या इस्लाम, से अलग करती है, वह है विविधा को धारण करने की इसकी असीम क्षमता। इसका न कोई एक पैगम्बर है और न इसकी कोई एक किताब, न ही कोई एक दर्शन या पूजन विधि। इसका वक्ष इतना विशाल है कि आदिवासी समूहों के वृक्ष और नाग के पूजन से ले कर अनीश्वरवादी दर्शनों तक के लिए इसमें जगह है। ऐसे धर्म के लिए न तो कोई धार्मिक विश्वास बहिष्कार के योग्य है न निष्कासन के योग्य। महात्मा गांधी जब अपने को एक सनातनी हिन्दू कहते थे तो इसी अर्थ में। इसीलिए उनकी प्रार्थना सभा में पारसी, ईसाई, इस्लाम और हिन्दू संत कवियों सबों की प्रार्थनाएँ सम्मिलित होती थीं। कोई अचरज नहीं कि उनकी हत्या एक 'हिन्दुत्ववादी' ने उनके प्रार्थना स्थल के पास ही की। इसी से यह बात साफ तरह से समझी जा सकती है कि हिन्दू धर्म और 'हिन्दुत्व' की राजनीति का सम्बन्ध विष और अमृत का है : एक में दूसरे का निषेध है।

असल में 'हिन्दुत्व' के नारे का आविष्कार इसके साथ जुड़े 'एकात्मक राष्ट्र' की आवधारणा की जरूरत की पूर्ति के लिए हुआ। एकात्मक राष्ट्र की अवधारणा का जन्म यूरोप में हुआ, जहाँ राष्ट्र की भावना कबीलों के साथ जुड़ी थी। इसकी नींव चौथी से लेकर सातवीं शताब्दी तक हुए कबीलों के बृहत स्थानांतरण, जिसे

इतिहास में 'फोल्केर वांडरुंग' के नाम से जाना जाता है, में पड़ी। कालान्तर में, यूरोप के विभिन्न भागों में बसे शक्तिशाली कबीलों के इर्द-गिर्द पन्द्रहवीं से अठारहवीं सदी और कहीं-कहीं तो बीसवीं शताब्दी तक में राष्ट्र-राज्यों का निर्माण हुआ। यह एक लम्बी प्रक्रिया थी, जिसमें अनेक कारक शामिल हुए—जैसे सामंती व्यवस्था की जगह राजाओं की शक्ति का उदय शहरी मध्यम वर्ग और पूँजीवादी समाज का विकास एवं साम्राज्यों का उदय आदि। लेकिन कुल मिला कर इसके केन्द्र में एक मूल का होने की भावना जमी थी। ऐसा नहीं कि इन राष्ट्र-राज्यों में एक से अधिक मूलों के लोग नहीं थे। यूरोपीय सभ्यता के व्यापारीकरण के कारण ऐसा होना संभव नहीं था, क्योंकि वस्तुओं के निर्माण और विनिमय के क्रम में कुछ लोगों का एक जगह से दूसरी जगह जा कर रहना और बस जाना अपरिहार्य था। लेकिन जर्मनी जर्मनों का, फ्रांस फ्रांसीसियों का या इंग्लैण्ड अंग्रेजों का, यह भावना सर्वोपरि रही। 'हिन्दुत्व' के नारे के पीछे भी भारत की राष्ट्रीयता को अपने को हिन्दू कहनेवाले एक समूह के साथ जोड़ने का आग्रह है।

मूल आधारित राष्ट्रीय धारा के विकास के क्रम में ही उन्नीसवीं शताब्दी से यूरोप में मानव समूहों को नस्लों के आधार पर बाँटने और इनमें कुछ नस्लों को श्रेष्ठ मानने का सिद्धान्त प्रचलित हो गया। इसका आधार तो यह था कि यूरोप की विभिन्न भाषाओं और फारसी एवं संस्कृत में बनावट एवं अर्थ की कुछ समानताएँ पायी गयीं और इससे एक आदि भाषा, जिसे 'इन्डो-यूरोपियन' कहा गया की मान्यता फैली। साथ ही भाषाशास्त्रियों में यह मान्यता भी फैली कि इसी एक भाषा से भारत, ईरान और यूरोप की अनेक भाषाओं का जन्म हुआ। लेकिन इससे भी आगे यह मान्यता फैली कि इस भाषा को बोलनेवाले आर्य नस्ल के थे और उन्हीं की अनेक शाखाएँ फैल कर भारत, यूरोप और ईरान में जा कर बसीं। यह विचार भी फैला कि कुछ मूलों के लोग शुद्ध आर्य हैं और बाकी मिले-जुले या अनार्य हैं। भाषा को मूल से जोड़ने की बात तो हास्यास्पद ही है। अगर इस सिद्धान्त को मान लिया जाये, तो अमेरिका के अफ्रीकी मूल के काले लोग और गोरे अंग्रेज सभी एक नस्ल के माने जायेंगे। नृशास्त्र के सिद्धांत के अनुसार तो शुद्ध नस्लों की मान्यता ही बेबुनियाद है। अब यह लगभग माना जाने लगा है कि वर्तमान समय में संसार भर में जितने भी मानव वंश के लोग हैं, वे उन प्राग्मानवों के वंशज हैं जो औस्ट्रालोपिथेकस कहे जाते हैं और लगभग तीस लाख वर्ष पहले अफ्रीका में विद्यमान थे। आगे उन्हीं के वंश में वह मानव समूह, जो बच गया था और जिसे क्रो-मैगनन कहा जाता है, वर्तमान काल के सफेद, काले और पीत तथा इनके मेल से बने सभी मानवों का पूर्वज था। इन सबकी आनुवंशिकी को निर्धारित करनेवाले लगभग ढाई लाख जोड़ी जीन्स समान हैं। हालाँकि व्यक्तियों के स्तर पर इनके हेरफेर या मिलन से थोड़ी विविधता हो सकती

है जो बनावट या रंगों का फर्क है, वह शुद्ध रूप से वातावरण के अनुरूप जीवन की आवश्यकताओं के चलते। इससे उनकी बौद्धिक क्षमता या क्रियाशीलता में कोई फर्क नहीं पड़ता। विख्यात कीटशास्त्री (इंटोमोलोजिस्ट) और सोशियो-बायलॉजी के सिद्धान्तकार एडवर्ड ओ. ओविल्सन का नस्लों के सम्बन्ध में यह कहना है–'कुछ हजार वर्ष और पीछे जायें जो विकास की दृष्टि से घड़ी की एक टिक मात्र है–तो वह जीन की निधि, जिससे एक आधुनिक ब्रिटेनवासी बना है, यूरोप, उत्तरी अफ्रीका, मध्यपूर्व और उससे और आगे तक फैला दिखेगा। कोई भी व्यक्ति इस जीन निधि के तत्वों के क्षणभंगुर मिलन मात्र से निर्मित हुआ है।'

इन वैज्ञानिक तथ्यों के बावजूद नस्ल का सिद्धान्त यूरोप में फैला और जर्मनी में हिटलर की नात्सी पार्टी ने इस सिद्धान्त को अपनी राजनीति का आधार बनाया। उसने यह भी सिद्धान्त दिया कि उत्तर-पश्चिम यूरोप के नॉर्डिक लोग, जिनका बाहुल्य जर्मनी में है, शुद्ध आर्य हैं–लम्बे, गोरे, चौड़े ललाटवाले आदि। दिलचस्प बात यह है कि जर्मनों की बनावट के हिसाब से स्वयं हिटलर ठिगना और साँवले रंग का था। भीड़तंत्र की मानसिकता ऐसी होती है कि लोगों को वे तथ्य दिखाई नहीं देते जो भावना के अनुकूल नहीं होते। इस तरह इस नस्ल को हिटलर ने सभी ऊँची संस्कृतियों का जनक और यहूदियों को संस्कृतियों को अपवित्र करनेवाला, राष्ट्रघाती और सभ्यता के पतन का कारण माना। इस नीति की परिणति जर्मनी के शुद्धीकरण की उस नीति में हुई जिसके तहत साठ लाख यहूदियों की सामूहिक हत्या करायी गयी।

भारत में भी यूरोपीय विद्वानों के विचार के प्रभाव से पढ़े-लिखे लोगों विशेषकर 'उच्च वर्णों' में यह विचार फैला कि भारत के उच्च वर्ण के लोग आर्य हैं और बाकी लोग अनार्य तथा भारत की संस्कृत भाषा एवं संस्कृति आर्यों की देन हैं। हालाँकि यहाँ की आबादियों के इस वर्गीकरण के पीछे कोई वैज्ञानिक या ऐतिहासिक आधार नहीं था, फिर भी यह विचार खूब फैला। अक्सर यही होता है कि जिस विचार का वैज्ञानिक आधार जितना ही कमजोर होता है, उस विचार की भावनात्मक अपील उतनी ही जबरदस्त होती है। नतीजा यह हुआ कि यह विचार भारतीय मानस में गहराई से बैठ गया। इसी पृष्ठभूमि में राष्ट्रीय स्वयंसेवक संघ के सब से बड़े सर संघ चालक गुरु गोलवलकर ने हिटलर को अपना आराध्यदेव मान लिया और उसकी राष्ट्रीय शुद्धीकरण की नीति को भारत के लिए अनुकरणीय। 1940 के आसपास जब हिटलर अपनी शक्ति की पराकाष्ठा पर था, तब गोलवलकर ने लिखा, 'जर्मनी उदाहरण पेश करता है राष्ट्रीय गौरव की अभिव्यक्ति के उच्चतम नमूने का।' गोलवलकर के लिए भी आर्य संस्कृति, संस्कृत भाषा आदि हिन्दू राष्ट्र के आधार थे। राष्ट्रीय स्वयंसेवक संघ की शाखाओं में ध्वजा गान भी संस्कृत भाषा में ही चलता था, जिसका अर्थ कुछ संस्कृतज्ञों को छोड़

किसी के पल्ले नहीं पड़ता था। इन्हीं कारणों से इसके प्रारम्भिक समर्थक और प्रचारक विशेषकर ब्राह्मण थे, 'प्रायः महाराष्ट्रीय ब्राह्मण।

1945 में जर्मनी की पराजय के बाद राष्ट्रीय स्वयंसेवक संघ का सैद्धान्तिक पक्ष कुछ समय के लिए गौण हो गया। लेकिन 1946 के बाद सांप्रदायिक तनाव और दंगों से जब देश लहू-लुहान हो रहा था, तो राष्ट्रीय स्वयंसेवक संघ को अपना सांगठनिक ढाँचा फैलाने का सुअवसर प्राप्त हुआ। विशेषकर दंगाग्रस्त क्षेत्रों और पाकिस्तान से आये शरणार्थियों के बीच, जिनमें अपने हादसे के कारण मुसलमानों के विरुद्ध कटुता का भाव भरा था, राष्ट्रीय स्वयंसेवक संघ को अपना आधार फैलाने का विशेष मौका मिला। दिल्ली तथा उत्तर प्रदेश के वे शहरी क्षेत्र, जहाँ शरणार्थियों की संख्या अधिक थी, बाद में हिन्दुत्व की राजनीति के केन्द्र बन गये। इस दौर में इसके समर्थन का आधार ब्राह्मणों के बाहर भी फैला—खासकर शरणार्थी बनियों में। महात्मा गांधी की हत्या के बाद जो वितृष्णा देश में इसके प्रति पैदा हुई, उसके कारण कुछ समय के लिए राष्ट्रीय स्वयंसेवक संघ ने अपनी गतिविधियों को लोगों की निगाहों से ओझल कर दिया। लेकिन लोगों की याददाश्त छोटी होती है और जैसे-जैसे इस घटना के ऊपर विस्मृति की परत पड़ने लगी, राष्ट्रीय स्वयंसेवक संघ फिर सक्रिय होने लगा और बाद में भारतीय जन संघ की स्थापना कर खुल कर राजनीति में हस्तक्षेप करने लगा। हिटलर की पराजय और आम तौर से संसार भर में नस्लवाद के खिलाफ पैदा माहौल में राष्ट्रीय स्वयंसेवक संघ के लिए खुल कर पुरानी नस्लवादी नीति ले कर चलना संभव नहीं था। लेकिन फ्रायड के मनोवैज्ञानिक सिद्धान्त के 'इड' की तरह इसकी प्रेरक शक्ति यही रही और प्रतिकूल माहौल के दबाव में मुखौटा बदल-बदल कर विभिन्न रूपों में अभिव्यक्त होती रही है।

राजनीति, विशेषकर संसदीय राजनीति के अपने दबाव होते हैं। जैसे-जैसे भारतीय जन संघ को और बाद में इसके नये अवतार भारतीय जनता पार्टी, को ब्राह्मण, बनिया समूह के बाहर निकल पिछड़ों, दलित और कुछ अंचलों में मुसलमानों के मतों की अनिवार्यता महसूस होने लगी, इसे अपने राष्ट्र की अवधारणा को नये सिरे से परिभाषित करना पड़ा। 'हिन्दुत्व' का नारा कायम रहा, लेकिन इसके दायरे को फैलाने की कोशिश हुई, ताकि हिन्दू धर्म से विमुख समूहों को भी अपने वोट बैंक में शामिल किया जा सके। अब भाजपा के नेताओं द्वारा यह कहा जाने लगा कि हिन्दू का वही अर्थ होता है जो विदेशियों ने कभी दिया था—यानी वे सभी लोग, जो सिन्धु के इलाके और इसके दक्षिण में बसते हैं। यह अर्थ जरूर भारत राष्ट्र के प्राचीन अर्थ के समीप है : वह अर्थ जिसकी अभिव्यक्ति विष्णु पुराण में है। यानी 'वह राष्ट्र जो उत्तर में हिमालय और दक्षिण में सागर के बीच फैला है'। लेकिन अगर भाजपा का हिन्दू राष्ट्र का यही अर्थ है, तो बार-बार मुस्लिम

विरोध क्यों इसकी नीतियों में फूट पड़ता है ? अगर यही बात है, तो बाबरी मस्जिद को ध्वस्त करना क्यों जरूरी हो गया ? क्यों बार-बार काशी और मथुरा के मस्जिदों की बात उठायी जाती है ? विष्णु पुराण ने तो, जिसका काल लगभग छठी शताब्दी माना जाता है, हिमालय और सागर के बीच के भूभाग में बसे सभी लोगों को भारतीय माना। उस समय तो इस भूभाग में अनेको हमलावरों के वंशज—जैसे शक, हूण, यवन आदि—आ कर बस गये थे। इस काल में दक्षिण-पश्चिम तट पर केरल में दूसरी शताब्दी से ही ईसाई धर्म का प्रचार हो चुका था; इंग्लैण्ड तथा अधिकांश पश्चिमी देशों से पहले। फिर भाजपा को ईसाई मिशनरियों के काम से इतनी खीझ क्यों होती है ? उस समय तो भारत में बसनेवाले बहुसंख्य लोग तथाकथित आर्यों की सन्तान नहीं थे। स्वयं राजपूतों के कई समूह (जिन्हें क्षत्रिय माना जाता है) शक, हूण, कुषाण आदि कभी के बाहरी हमलावरों के वंशज थे। अगर बाबरी मस्जिद का ढाहा जाना इसलिए जरूरी था क्योंकि जैसा कि हिन्दुत्ववादी इतिहासकारों का कहना है—यह हमलावर बाबर के किसी फौजी अफसर ने बनवाया था और इस तरह बाहरी हमलावरों की विजय का प्रतीक था, तो फिर इस तर्क से विक्टोरिया मेमोरियल, संसद भवन और राष्ट्रपति भवन सबको ध्वस्त करना चाहिए, क्योंकि इन्हें तो निर्विवाद रूप से अंग्रेजों ने अपनी सल्तनत की महानता साबित करने के लिए बनवाया था।

अगर हिन्दुत्ववादियों को मुसलमानों से वैर नहीं, तो फिर मुम्बई के दंगों के अपराधियों को बचाने के लिए दो हिन्दुत्ववादी दलों भाजपा और शिव सेना की साझा सरकार ने इसकी जाँच करनेवाले आयोग को उसके कार्यकाल के समाप्त होने के पहले ही क्यों भंग कर दिया ? हकीकत यह है कि भाजपा की मनीषा में नस्लवादी राष्ट्र (आर्य, संस्कृत भाषा, शंकराचार्यी हिन्दुत्व का परिपाक) की पुरानी भावना इतने गहरी बैठी है कि वह इसके हिन्दुत्व के नये मुखौटों के पीछे से हमेशा अपना चेहरा दिखा देती है।

दूसरी हिन्दुत्ववादी पार्टी और भाजपा की हमजोली शिव सेना की कहानी अलग ही है। बाल ठाकरे ने अपनी राजनीतिक जिन्दगी महाराष्ट्र के मध्य वर्ग में बेरोजगारी के कारण फैले असंतोष को महाराष्ट्र और विशेषकर मुम्बई में काम करनेवाले गैर-महाराष्ट्रीय लोगों के खिलाफ मोड़ने से शुरू की थी। पहले उसने अपने हमले का शिकार दक्षिण भारतीयों को बनाया। फिर गुजराती और उत्तर भारतीयों को। प्रारम्भ में यह शुद्ध रूप से लंपट (लुम्पेन) तत्वों की राजनीति थी। बाद में इसे 'हिन्दुत्व' का जामा पहना कर प्रतिष्ठा प्रदान करने की कोशिश हुई, जब भाजपा ने आक्रामक हिन्दुत्व का नारा दे कर देश के एक बड़े समूह को उन्मादी भीड़ तंत्र की ओर अग्रसर किया। अभी भी इसके हिन्दुत्व के मुखौटे के पीछे से शिव सेना का गैर-महाराष्ट्रियों के प्रति आक्रोश जब-तब बाहर आ जाता है। इससे

भाजपा को अपनी राष्ट्रीय छवि बनाने में कभी-कभी बाधा का भी सामना करना पड़ता है। लेकिन फिलहाल केन्द्र की सत्ता हथियाने के अपने गणित में भाजपा के लिए शिव सेना अपरिहार्य है।

भाजपा और शिव सेना दोनों ही की राजनीति का केन्द्रीय तत्व एकात्मवादी राष्ट्रीयता है—यानी राष्ट्रीयता की वह कबायली दृष्टि, जिसमें कबीला मूल, भाषाई समूह या धर्म कोई भी एक या दो तत्व, जो किसी समूह को दूसरों से अलग चिह्नित करते हैं, राष्ट्रीयता के पर्याय बन जाते हैं और जो भी इस दायरे के बाहर होते हैं, वे पूरी तरह राष्ट्रीय होने के हकदार नहीं माने जाते। विडम्बना यह है कि भारतीयता का दम भरनेवाली भाजपा द्वारा अपनायी गयी राष्ट्रीयता की यह दृष्टि, जैसा कि पहले बतलाया गया है, अपने उत्स में यूरोपीय है और भारतीय राष्ट्र की पारम्परिक अवधारणा के बिलकुल प्रतिकूल। हाल के वर्षों में इस एकात्मक राष्ट्र की भावना के प्रस्फुटन से स्वयं यूरोप के उन राष्ट्रों में विखंडन की प्रक्रिया शुरू हो गयी है, जहाँ राष्ट्र-राज्य में एक से अधिक मूलों या भाषा समूहों का समावेश विभिन्न ऐतिहासिक कारणों से हो गया था। ऐसे विघटन में साम्राज्य विस्तार की प्रक्रिया से (जारशाही के समय से ही) अस्तित्व में आये सोवियत संघ का विघटन सबसे महत्वपूर्ण है। इसी तरह का विघटन यूगोस्लाविया का हुआ, जिसमें सर्ब, क्रोएट एवं स्लोवेनो के अलग-अलग राष्ट्र-राज्य बन गये। बोस्निया-हर्जेगोविना, जिसमें एक से अधिक मूल और धर्म के लोग मिले-जुले रूप में थे, भयंकर गृह युद्ध में उलझ गया, जिसका अन्तिम परिणाम अभी आना बाकी है। इस क्रम में जो सबसे दहलानेवाली बात हुई, वह है सर्बों द्वारा मूलशुद्धि का अभियान, जिसमें बोस्नियाई मुसलमानों के अलग अस्तित्व को अन्य ज्यादतियों के अलावा सामूहिक बलात्कार के जरिये मिटाने की कोशिश हुई। यह छोटे पैमाने पर हिटलर के यहूदियों, जिप्सियों तथा अन्य 'नीच' नस्लों का अस्तित्व मिटा राष्ट्रीय शुद्धता हासिल करने के रोंगटे खड़े करनेवाले प्रयासों की पुनरावृत्ति लगती है।

यूरोप के अन्दर जो त्रासद घटनाएँ राष्ट्र-राज्य के नाम पर हुई हैं और जो विघटन की प्रक्रिया सामने आयी है, उससे बचने का एकमात्र उपाय विभिन्न मूलों और विश्वासों को समाहित करनेवाली भारतीय राष्ट्र की परंपरा को फिर से अपनी राष्ट्रीय भावना का आधार बनाना ही हो सकता है। यह राष्ट्रीयता एकात्मक नहीं थी और न राज्य की सीमा से जोड़नेवाली। अगर हम राष्ट्र-राज्य की पश्चिमी अवधारणा को मान लें तो फिर जैसा कि बहुत-से यूरोपीय लोगों का मानना है, भारत अंग्रेजों के आने के पहले कोई राष्ट्र था ही नहीं, क्योंकि कभी भी इस भारतीय राष्ट्र को एक राजकीय सत्ता में बाँध कर रखनेवाली कोई राजकीय शक्ति इतिहास में दिखाई नहीं देती। कभी-कभी इसमें विशाल साम्राज्य फैले और उन्होंने भारतीय भूखण्ड के बड़े हिस्से को अपने अन्दर शामिल किया। लेकिन न तो ये

अपने अन्दर सम्पूर्ण भारत को समेट पाये और न टिकाऊ हुए। इससे भी महत्वपूर्ण बात यह रही कि अपनी सामाजिक और सांस्कृतिक जिन्दगी में इस देश की जनता ने इन्हें नजरअंदाज किया। ये साम्राज्य कभी भी उनके जीवन की नियामक शक्ति नहीं बना पाये। बाढ़ के पानी की तरह एवं विदेशी आक्रमणों की तरह ही, ये देशी साम्राज्य भी समाज के ऊपर से घहराते, फैलते और बहते हुए आये और चले गये, पर देश का जनजीवन अविराम अपने स्थान पर अविचलित रहा। विक्रमादित्य और अशोक की नैतिकता, न्यायबुद्धि और त्याग की कथाएँ तो लोक मानस पर अंकित हैं, लेकिन उनके युद्धों और विजयाभियानों की कोई लौकिक परंपरा नहीं है। लोगों को यह त्रासद लग सकता है कि सैन्य शक्ति के प्रति यह लापरवाही कई बार हमारी पराजय का कारण भी बनी। लेकिन यह सभी सभ्य समाजों की त्रासदी रही है और इतिहास में बार-बार सभ्य समाज बर्बरों के आक्रमण के सामने पराजित हुए हैं। लेकिन इस दबाव के सामने स्वयं बर्बर नहीं बन जाने की दृढ़ता से ही समाज में कुछ मानवीय मूल्यों का कायम रहना भी संभव हुआ है। तत्काल या छोटी अवधि में ऐसी सैनिक असफलता विचलित करनेवाली हो सकती है। लेकिन एक प्राचीन राष्ट्र के लिए (और शायद प्राचीन राष्ट्रों में भारत ही अपनी निरंतरता को किसी रूप में बनाये हुए है), जो अपने अतीत को सदियों और सहस्राब्दियों के परिप्रेक्ष्य में देखता है, यह संतोष की बात हो सकती है कि इसने अब भी जीवन के कुछ उदात्त मूल्य बचा रखे हैं।

वर्तमान साम्राज्यवादी औद्योगिक व्यवस्था ने, जिसका एक आयाम आक्रामक सैनिकवाद भी है, पहली बार भारतीय मूल्यबोध की जड़ पर प्रहार किया है और हमारे शाश्वत मूल्यों को आहत किया है। 'हिन्दुत्व' की एकात्मक प्रवृत्ति भी गौर से देखने पर इसी प्रहार का एक रूप दिखाई देता है। इस एकात्मता से हमारी राष्ट्रीय एकता सुदृढ़ नहीं होती, बल्कि बिखराव का खतरा पैदा होता है। कारण यह है कि हमारी राष्ट्रीयता मूलतः सांस्कृतिक थी, जो पूरे देश के लोगों में एक राष्ट्र का होने का बोध पैदा करती थी। लोग पूछ सकते हैं कि यह भाव तो एक वायवीय वस्तु है—इससे राष्ट्र कहाँ बनता है ? ऐसा सोचना एक भ्रम है। हम अगर ध्यान से देखेंगे तो पायेंगे कि आज भी कोई राष्ट्र राष्ट्र है या नहीं, इस बात का निर्णय अंततोगत्वा इसी बात से होता है कि सम्बद्ध समूह में एक राष्ट्र होने का बोध है या नहीं। इसे छोड़ दें तो कोई दूसरा आधार नहीं, जिससे निश्चित रूप से यह कहा जा सके कि कोई समूह राष्ट्र है। अब हम राष्ट्रीयता से जुड़े विविध तत्वों पर विचार करें। यह आधार मूल नहीं हो सकता, क्योंकि एक मूल के कई राष्ट्र बतलाये जा सकते हैं—जैसे अरब मूल के पश्चिम एशिया के विभिन्न राष्ट्र, जैसे सऊदी अरब, यमन, मिस्र आदि। इसके विपरीत अमेरिका ऐसा राष्ट्र है जिसमें आज अनेक मूल के लोग हैं। इसी तरह हमारे पड़ोस में श्रीलंका है, जहाँ सिंहली

और तमिल दो प्रमुख मूल के लोग हैं, जिनमें हाल तक एक राष्ट्र होने का भाव था। अब यह भाव तिरोहित हो रहा है, जिससे सम्भव है भविष्य में श्रीलंका एक राष्ट्र न रहे। इसी तरह एक भाषा बोलनेवाले लोग भी एक राष्ट्र नहीं बनाते। उदाहरण हैं दुनिया के अंग्रेजी बोलनेवाले अनेक राष्ट्र—जैसे ब्रिटेन, अमेरिका, ऑस्ट्रेलिया आदि। दूसरी ओर स्विट्जरलैंड एक ऐसा राष्ट्र है जहाँ चार भाषाएँ न सिर्फ बोली जाती हैं, बल्कि राष्ट्रीय भाषाओं के रूप में प्रतिष्ठित हैं। एक धर्म का होने से भी एक राष्ट्र नहीं बनता। उदाहरण में इराक और ईरान को लिया जा सकता है जो दोनों ही इस्लामी राष्ट्र हैं, या इराक और कुवैत को, जो दोनों न सिर्फ इस्लाम को कबूल करते हैं, बल्कि अरब मूल के भी हैं। एक राज्य का हिस्सा होना भी राष्ट्र बनने के लिए पर्याप्त नहीं है, जैसा कि पूर्व के कई राज्यों के अलग-अलग राष्ट्रों में बिखर जाने के उदाहरण से ज्ञात होता है। इसलिए जो एक मात्र विश्वसनीय आधार किसी राष्ट्र के अस्तित्व का हो सकता है और जिसे कायम रखने के लिए खून-खराबी या हथियारी शक्ति की जरूरत नहीं होती, वह है किसी क्षेत्र के लोगों में एक राष्ट्र का होने का गहरा एहसास। इस कसौटी को अपनाने पर प्राचीन भारत को एक राष्ट्र मानने के पर्याप्त कारण हैं, क्योंकि इस बात के प्रमाण हैं कि कम से कम डेढ़ हजार साल से या उससे भी पहले से इस देश के अधिकांश भागों में यह मान्यता व्याप्त थी कि वे एक राष्ट्र के अंग हैं। इस मान्यता के पीछे एक व्यापक सांस्कृतिक एकता रही है। इस संस्कृति में अन्य संस्कृतियों की तरह ही कुछ गुणात्मक और कुछ ऋणात्मक पहलू थे, लेकिन इसकी सार्वजनीन स्वीकृति थी। भारत के कुछ हलकों में जहाँ इस मान्यता का आधार कमजोर अलगाववादी प्रवृत्तियाँ हैं।

ये अलगाव की प्रवृत्तियाँ बढ़ेंगी, अगर विविधता की जगह एकात्मता को राष्ट्र का आधार बनाया जाये। इससे धीरे-धीरे नये-नये समूह, जो इस एकात्मक दर्शन के भीतर अपने लिए स्थान नहीं देखते, राष्ट्र के दायरे से बाहर जाना चाहेंगे। फिर राष्ट्रीय एकता का एकमात्र आधार फौजी ताकत दिखाई देगी और राष्ट्र एक विशाल कारागार बन जायेगा। जैसे-जैसे राष्ट्र की परिधि पर अलगाव पर उतारू लोगों के नागरिक अधिकारों का अपहरण होगा, वैसे-वैसे सारा राष्ट्र नागरिक अधिकारों से वंचित हो जायेगा। टाडा कानून इसका उदाहरण है। जब हिटलर ने यहूदियों के दमन की नीति अपनायी तो इस उन्माद को बनाये रखने के लिए सभी जर्मनों को भी बन्दी की जिन्दगी में रखना इसके लिए अपरिहार्य हो गया। हिटलर को आदर्श माननेवाले हिन्दुत्ववादी शायद इस स्थिति को कबूल करने को तैयार हैं।

भाजपा का यह कहना कि जब वह हिन्दुत्व की बात करती है तो इसके व्यापक अर्थ में ही, बिलकुल धोखाधड़ी है। अगर नहीं, तो उसका नारा 'गर्व से

कहो हम हिन्दू हैं' की जगह 'गर्व से कहो हम भारतीय हैं' या 'हम हिन्दुस्तानी हैं' क्यों नहीं होता ? भाजपा के नेता इतने भोले-भाले नहीं हैं कि वे यह नहीं समझते कि दूसरे धर्मों के लोग, स्वयं हिन्दू और इस देश के अनेक जनजातीय समूह, जो अपने को हिन्दू नहीं मानते, हिन्दू शब्द को इसके संकीर्ण धार्मिक अर्थ में ही लेते हैं। शब्दों का असली अर्थ क्या संप्रेषित करता है—इसका निर्णय व्यापक मान्यता से ही हो सकता है, किसी छोटे समूह द्वारा आरोपित इसके गूढ़ अर्थ के आधार पर नहीं। इस अर्थ में हिन्दुत्व की राजनीति उन समूहों में, जो अपने को हिन्दू नहीं मानते, बेगानेपन का भाव, भय और एक हिन्दू-बहुल राज्य में असहाय होने का भाव पैदा करता है। इसमें राष्ट्रीय विघटन के बीज हैं। मणिपुर में अलगाववाद का उदय और इसके साथ वहाँ के परंपरागत धर्म माइताइ को जोड़ने का आग्रह इसी तरह का संकेत है। जैसे-जैसे हिन्दुत्ववादी उन्माद उभरेगा, ऐसी अलगाववादी शक्तियाँ पनपेंगी। अगर भाजपाई हथियार के बल पर इस स्थिति से निपटने का मनसूबा रखते हैं, तो उन्होंने इतिहास और अपने पड़ोस में नित्य हो रही घटनाओं से कुछ नहीं सीखा है। सच तो यह है कि 'हिन्दुत्व' के आक्रामक तेवर के कारण मित्रता के आधार पर भारत के पारम्परिक सांस्कृतिक क्षेत्र में दक्षिण एशियाई महासंघ या कोई अन्य सहयोगी सम्बन्ध कायम होने की सम्भावना भी नष्ट हो जायेगी।

भारतीयता और आधुनिकता का भदेस

राजकिशोर

भारतीय जनता पार्टी के बारे में अनेक टिप्पणियाँ पढ़ कर यह छाप पड़ती है जैसे भाजपा कोई पुनरुत्थानवादी पार्टी है तथा वह केन्द्रीय सत्ता में आ गयी तो हम लोग मध्य युग में पहुँच जायेंगे—बल्कि मध्य युग में भी नहीं, उसके और पहले जब मनु और याज्ञवल्क्य की संहिताओं के आधार पर जीवन का नियमन होता था। पता नहीं ऐसा कोई दौर सचमुच था या नहीं, लेकिन अगर हम प्राचीन भारत की सभी दमनमूलक व्यवस्थाओं को एक जगह संगृहीत कर दें, तो भाजपा शासन की एक संभावित तस्वीर बनायी जा सकती है, ऐसा अनेक लेखकों का आग्रह है। उसी तस्वीर के जो कुछ पहलू अक्सर दिखाये जाते हैं, वे इस प्रकार हैं : सख्त वर्ण व्यवस्था, शूद्रों और स्त्रियों का दमन, गैर-हिन्दू समुदायों के साथ नस्लवादी दुर्व्यवहार, जीवन के सभी क्षेत्रों में पंडों-पुजारियों-पुरोहितों का राज तथा इतिहास का ऐसा पुनर्लेखन, जिसमें हिन्दू अतीत को गौरवशाली रूप में प्रस्तुत किया जाये। संक्षेप में यही वह हिन्दू राष्ट्र है जिसका आरोप भाजपा पर लगाया जाता है। इसकी गुंजाइश इसलिए पैदा होती है, क्योंकि भाजपा हिन्दू राष्ट्र की बात से पूरी तरह मुकरती तो नहीं, किन्तु यह भी नहीं बताती कि उसका हिन्दू राष्ट्र होगा कैसा।

दरअसल, भाजपा के लिए यह बताना संभव ही नहीं है, क्योंकि वह उस तरह हिन्दूवाद के उछाल की पार्टी नहीं है जिस तरह आयतुल्लाह खुमैनी ईरान में इस्लामी उभार के प्रतीक थे या जनरल जिया पाकिस्तान का इस्लामीकरण करना चाहते थे। भाजपा और इनमें कुछ साम्य है, तो यही कि उसका झुकाव भी सामाजिक फासिज्म की तरफ है और वह भी आधुनिकता के प्रति एक किस्म का विद्रोह है। लेकिन इस्लामी पुनरुद्धारवाद आधुनिकता के लगभग सभी प्रतीकों को पूरी तरह नकारता है, क्योंकि ऐसा करके ही वह अपने को स्थापित कर सकता है, जबकि भाजपा आधुनिकता के कुछ रूपों को बनाये रखना चाहती है, क्योंकि

वह आधुनिक के प्रति प्राचीन का नहीं, बल्कि आधुनिक के प्रति आधुनिक का ही विद्रोह है। भाजपा का वास्तविक चरित्र निरूपित करने के लिए हम चाहें तो कह सकते हैं कि वह आधुनिक नहीं, आधुनिकतावादी पार्टी है और उसके जीवन मूल्य आम तौर पर वही हैं जो आधुनिक जीवन जीनेवाले एक औसत मध्यवर्गीय व्यक्ति के होते हैं। यह आधुनिकता का भदेस है, क्योंकि इसके पीछे आधुनिकता के गहरे आग्रह नहीं हैं—सिर्फ उसके कुछ बाह्य रूप हैं, जो इसलिए स्वीकार कर लिये गये हैं क्योंकि वे पश्चिमी सभ्यता से जुड़े हुए हैं। चूँकि इस स्वीकार के पीछे कोई आत्म-मंथन नहीं है, इसलिए यह उस भारतीय दर्प को आहत भी करता है जो अपने को बराबर इस्लाम और ईसाइयत की तुलना में रखता है। यह वही भारतीय दर्प है, जो स्वाधीनता संघर्ष के दिनों में भारत को जगद्‌गुरु सिद्ध करने के लिए मरा जा रहा था। यह दर्प अब भी अतृप्त है, अतः अजीब-अजीब ढंग से प्रतिशोध ले रहा है। लेकिन इसके पीछे भारतीयता का कोई तात्त्विक आग्रह नहीं है, न हिन्दू चेतना का उन्मेष है। इस अर्थ में यह भारतीयता का भी भदेस है। वस्तुतः एक भदेस भारतीय ही भदेस आधुनिक हो सकता है।

भाजपा का नस्लवाद मुख्यतः मुसलमानों के विरुद्ध है। ईसाई भी उसके रोष की परिधि में आते हैं, लेकिन चूँकि ईसाई भारतीय समाज का कोई प्रमुख हिस्सा नहीं हैं, अतः उनके खिलाफ लगातार विष-वमन जरूरी नहीं जान पड़ता। हाँ, जहाँ-जहाँ ईसाई मिशनरियाँ आदिवासियों के बीच काम करती हैं और उनका धर्मान्तरण प्रोत्साहित करती हैं, वहाँ भाजपा के कार्यकर्ता हस्तक्षेप करना अपना कर्तव्य समझते हैं। यह हिन्दू प्रेम नहीं, ईसाई द्वेष है। भापजा का मुस्लिम द्वेष और भी सघन है। निश्चय ही भारतीय समाज में इस मुस्लिम द्वेष की ऐतिहासिक जड़ें हैं। यह द्वेष आज भी भारतीय समाज में उपस्थित है। भाजपा ने इसे पैदा नहीं किया है। वह इसे मजबूत जरूर करना चाहती है और राजनीतिक रूप देना चाहती है। क़ह सकते हैं कि यह हिन्दू समाज की मुस्लिम ग्रंथि ही है जो प्रबल और संगठित हो कर भाजपा के रूप में प्रकट हुई है। वस्तुतः जब तक हिन्दू समाज की इस मुस्लिम ग्रंथि का विमोचन नहीं होगा, भाजपा और शिव सेना जैसी पार्टियों को राजनीतिक अवसर मिलता रहेगा। एक सहज भारतीय या आधुनिक दृष्टि ही इस ग्रंथि का विमोचन कर सकती है, अतः भाजपा को दोनों से वैर है। वह इस ग्रंथि का आंतरिक नहीं, बाहरी विमोचन चाहती है। शोध के बजाय प्रतिशोध में विश्वास रखती है। यही उसके फासिज्म का स्रोत है।

यही कारण है कि भाजपा के पास मुस्लिम एजेंडा तो है, लेकिन हिन्दू एजेंडा नहीं। दरअसल, उसने अभी फैसला ही नहीं किया है कि उसे हिन्दुओं के साथ करना क्या है। उसे कुछ हिन्दू प्रतीकों से प्रेम है (उसी तरह जैसे देश के सभी हिन्दुओं को है), वह हिन्दू कर्म-कांड का भी सम्मान करती है (जैसे लगभग सभी

हिन्दू करते हैं) तथा हिन्दू गौरव की भी फिक्र है (जैसे प्रायः सभी हिन्दुओं को है, लेकिन वे समझ नहीं पाते कि इसका करें तो क्या करें), लेकिन कोई खास हिन्दू व्यवस्था वह भारत में स्थापित नहीं करना चाहती है, क्योंकि ऐसी कोई खास व्यवस्था है ही नहीं, जिसे स्थापित करना चाहा जा सके। यही कारण है कि भाजपा की राज्य सरकारों ने अभी तक कोई ऐसा काम नहीं किया है जिसका सम्बन्ध हिन्दू समाज से हो। हाँ, ऐसे काम जरूर किये हैं, जिनका सम्बन्ध मुस्लिम समाज से है। जैसे मध्य प्रदेश, राजस्थान और महाराष्ट्र में अल्पसंख्यक आयोग को मानवाधिकार आयोग में बदल देना और उत्तर प्रदेश में सरकारी कर्मचारियों पर एक से अधिक विवाह करने पर प्रतिबन्ध लगाना तथा बाबरी मस्जिद का विध्वंस। भाजपा हिन्दू समाज से मुख्य अपेक्षा यही करती है कि वह ऐक्यबद्ध और संगठित हो, ताकि मुसलमानों को मजा चखाया जा सके। इस हिन्दू एकता का कुछ और भी प्रयोजन हो सकता है—जैसे समाज सुधार, इसका भाजपा को खयाल भी नहीं आता। यानी वह हिन्दू पार्टी सिर्फ मुसलमानों के बरअक्स है।

भाजपा स्त्रियों और शूद्रों के प्रति अलग से अनुदार हो, ऐसा नहीं है। वह इस मामले में उतनी ही अनुदार है, जितनी देश की अन्य पार्टियाँ। फर्क सिर्फ यह है कि दूसरी पार्टियाँ स्त्रियों, शूद्रों तथा अन्य पीड़ित समुदायों से प्रेम का पाखंड करती हैं, भाजपा यह पाखंड नहीं करती। यह भी भारतीय समाज को अच्छा लगता है, क्योंकि जहाँ वह निजी जीवन के कुछ पाखंड बनाये रखना चाहता है, वहीं सार्वजनिक जीवन की कुछ छद्म प्रतिबद्धताओं से छुटकारा चाहता है। राजस्थान के रूपकँवर सती कांड के बचाव में कुछ भाजपाई नेता काफी सक्रिय थे, लेकिन इससे यह निष्कर्ष निकालना उचित नहीं होगा कि वे सती प्रथा का पुनरोदय भी चाहते हैं। दरअसल, रूपकँवर कांड की आलोचना में हिन्दू धर्म की धज्जियाँ उड़ायी जा रही थीं—बिना इस बात की चिन्ता किये कि समस्त हिन्दू धर्म स्त्री-विरोधी नहीं है। अतः भाजपा को हिन्दुत्व के बचाव के लिए आगे आना पड़ा। इसका कारण यह है कि भाजपा के पास हिन्दुत्व के प्रति कोई आलोचनात्मक विवेक नहीं है। वह पूरे हिन्दुत्व को एक ऐसी इकाई मान कर चलती है, जिसमें कोई अंतर्विरोध या अंतर्द्वन्द्व नहीं है। ऐसा कोई अनपढ़ हिन्दू ही कर सकता है। भाजपा का हिन्दू ऐसा ही अनपढ़ हिन्दू है। वह संस्कृत श्लोकों को गलदश्रु भावुकता के साथ उद्धृत करता है और यह देखना नहीं चाहता कि उनमें कितना सोना है और कितना पीतल। दरअसल, हिन्दू धर्म और हिन्दू परंपरा की अच्छाई-बुराई समझने से अधिक उसे इस बात की चिन्ता है कि पूरे हिन्दुत्व को यानी हिन्दू जाति को कैसे एक गौरवशाली इकाई के रूप में चित्रित किया जाये (बनाया नहीं, सिर्फ चित्रित किया जाये), ताकि ईसाइयत और इस्लाम का मान-मर्दन किया जा सके। यह एक मध्ययुगीन दृष्टि है। आज का कोई भी

जागरूक आदमी इस तरह नहीं सोचना चाहेगा। लेकिन इसका मतलब यह नहीं कि भाजपा स्त्रियों और शूद्रों के साथ भी मध्ययुगीन सलूक करना चाहेगी। वह उनके साथ उतनी ही निर्ममता और उदासीनता बरतेगी, जितनी औसत भारतीय आज बरत रहा है। हाँ, भाजपा यह जरूर नहीं चाहेगी कि हिन्दू स्त्रियाँ बहुत ज्यादा मॉड या फेमिनिस्ट बनें। लेकिन यह तो औसत भारतीय भी नहीं चाहता। इसी तरह शूद्र अपने अधिकारों के लिए लड़ेंगे, तो भाजपा कोई खास बाधा नहीं देगी। पर वह उनका समर्थन भी नहीं करेगी। यहाँ यह दुहराने की जरूरत है कि भाजपा को हिन्दू समाज के अंतर्द्वन्द्वों से कोई खास मतलब नहीं है। यथास्थितिवादी होने के कारण वह सामान्यतः नहीं चाहती कि उन अंतर्द्वन्द्वों को छेड़ा जाये। पर समय के अनुसार कुछ बदलाव आयेगा तो वह उस बदलाव को भी नहीं छेड़ेगी। दरअसल, यह वह हिन्दू दिमाग है, जो जटिलताएँ बरदाश्त नहीं कर सकता। वह एक सीधी-सादी दुनिया चाहता है। अफसोस की बात है कि दुनिया ऐसी है नहीं।

विदेशी या पश्चिमी सभ्यता से चिढ़ भाजपाई मानसिकता का एक लगभग स्थायी भाव है। लेकिन इसे भी (1) हिन्दुत्व की आत्ममुग्धता और (2) जटिलता से घबराहट की अभिव्यक्ति के रूप में ही देखना उचित होगा। अंग्रेजों के जमाने में भारतीयों का एक बहुत बड़ा वर्ग भारत को विश्व की सर्वश्रेष्ठ सभ्यता सिद्ध करने पर तुला हुआ था। यह राजनीतिक गुलामी की एक स्वाभाविक प्रतिक्रिया थी। राजनीतिक रूप से गुलाम अपनी सांस्कृतिक श्रेष्ठता के बल पर ही अपना मनोबल बनाये रख सकता है। लेकिन उस दौरान आत्म-परीक्षण की एक और धारा थी, जो सिर्फ आत्मश्रेष्ठता के प्रमाण नहीं ढूँढ़ती थी, बल्कि अपनी कमजोरियों को भी पहचानने की कोशिश कर रही थी। विवेकानन्द, दयानन्द और महात्मा गांधी ऐसे ही हिन्दू थे। इस दूसरी परंपरा का विस्तार करने की तो बात ही छोड़िए, भाजपा उसकी इज्जत भी नहीं करती। लेकिन यह इज्जत औरों ने भी कितनी की है ? यही कारण है कि यह पूरी परंपरा ही आजादी के बाद सूख गयी। हमने अचानक एक नयी शब्दावली अपना ली, जो हिन्दू समाज के आत्मसंघर्ष से स्वाभाविक रूप से नहीं पैदा हुई थी, बल्कि जिसे हमने आधुनिकता के आकर्षण में अपनी सामाजिक चेतना पर प्रतिरोपित कर लिया था। लेकिन आत्ममुग्धता की पहली परंपरा बनी रही और कुढ़ती रही। जो नयी शब्दावली हमने अपनायी थी, उसका शास्त्र चूँकि हमने पूरी तरह अपनाया नहीं था, न उसका सामाजिक विस्तार ही किया था और न उसके प्रति कोई गहरी ईमानदारी दिखायी थी, अतः वह हमारी सामाजिक अंतश्चेतना का अंग नहीं बन सकी। संघात्मक शासन, धर्मनिरपेक्षता, बुद्धिवाद, उद्योगीकरण, आधुनिकता सब हमारे लिए वैचारिक रूढ़ि या खानगी कार्यक्रम बने रहे। इससे उस हिन्दू के

जीवन में कोई बड़ा परिवर्तन नहीं आया जो मानता था कि 'सारे जहाँ से अच्छा हिन्दोस्ताँ हमारा'। फिर इस आधुनिक जीवन व्यवस्था को गहराई से अपनाने के लिए एक जटिल संसार से मुठभेड़ करनी पड़ती। यह बौद्धिक प्रयत्न ही नहीं, बौद्धिक साहस भी माँगता था। अतः यह मूढ़ हिन्दू उससे बचता रहा। दरअसल, उसे अपने भदेसपन पर गर्व था : वह उसे ही एक जीवन मूल्य के रूप में प्रस्तुत करने के लिए लालायित था। भाजपा इसी लालसा का राजनीतिक विस्फोट है। यही कारण है कि भाजपा के पास सभी तरह के लोग हैं, लेकिन लेखक, कलाकार और बुद्धिजीवी नहीं हैं। इसीलिए भाजपाई दिमाग बुद्धिजीवियों को कोसता रहता है।

भाजपाई जब बुद्धिजीवी होने की कोशिश करता है तो उसकी स्थिति कितनी प्रहसनात्मक हो जाती है, इसके कुछ उदाहरण 'पांचजन्य' के एक विशेषांक (नवोदय अंक, 26 जनवरी 1992) से उद्धृत किये जा सकते हैं। शुरू में एक संपादकीयवत टिप्पणी है, जिसका शीर्षक है 'समर्पण'। यह शब्द हिन्दू चेतना को आकृष्ट करता है, क्योंकि श्रद्धा, भक्ति और समर्पण को एक केन्द्रीय जीवन मूल्य के रूप में उसके दिमाग में प्रतिरोपित किया गया है। लेकिन टिप्पणी पढ़ना शुरू करते ही पाखंड का उद्‌घाटन होने लगता है। वास्तव में यह समर्पण नहीं, हुंकार है–'स्पष्ट है जो इस सनातन सत्ता को अस्वीकार करेंगे और जो अब तक इसे अस्वीकार करते आये हैं, उनका मरण निश्चित है।' यह कोई भविष्यवाणी नहीं, एक चेतावनी या धमकी है। 'समर्पण' का सारा जोर इस बात पर है कि भारतीय संविधान विदेश की नकल पर गढ़ा गया है, क्योंकि यह संघात्मकता को मानता है, धर्मनिरपेक्ष भारत का संकल्प व्यक्त करता है और अल्पसंख्यकों को कुछ विशेष सुरक्षा देता है–''कैसे हैं हम कि हम चले थे एक स्वतन्त्र और स्वाधीन भारत राष्ट्र में सुराज्य की व्यवस्था करने, किन्तु इसे बना दिया अमेरिका, इंग्लैण्ड और रूस की प्रतिलिपि ? हमें आधुनिक बनने की ललक इतनी तीव्र थी कि अपने प्राचीन और एकात्म राष्ट्र को संयुक्त राज्य अमेरिका, संयुक्त राज्य ब्रिटेन और संयुक्त सोवियत सोशलिस्ट की तरह पले अनेक राज्यों में बँटा-कटा देखा, फिर उनको मिला कर एक संघ राज्य बनने-बनाने की घोषणा की। यदि अमेरिका, इंग्लैण्ड और रूस संयुक्त सोवियत सोशलिस्ट की तरह पहले अनेक राज्यों में बँटा-कटा और संघ राज्य है तो भारत का भी संघ राज्य होना ही आधुनिक होना माना जाना किस राष्ट्रीय अखंडता, एकता और किस राष्ट्रीय अस्मिता के प्रति समर्पण की पुष्टि करता है ?'' पूरी टिप्पणी में कहीं भी इस बात पर शोक व्यक्त नहीं किया गया है कि भारतीय संविधान में संसदीय लोकतन्त्र की व्यवस्था है, शक्ति के पृथक्करण का सिद्धान्त स्वीकार किया गया है, मौलिक अधिकारों को मान्यता दी गयी है तथा आधुनिक राज्य की अन्य अनेक विशेषताएँ समाहित हैं। स्पष्ट है कि भाजपा को इन सब

पर कोई खास आपत्ति नहीं है। भाजपा की आपत्ति यह है कि भारत को संघात्मक राज्य के बजाय एकात्मक राज्य क्यों नहीं घोषित किया गया तथा अल्पसंख्यकों के विशेष अधिकारों को क्यों मान्य किया गया है। यही भाजपाई आधुनिकता का भदेसपन है। वह आधुनिक राज्य चाहती है, किन्तु अधूरी आधुनिकता की माँग करती है। धर्मनिरपेक्षता उसे इसलिए नहीं अखरती कि यह आधुनिक राज्य का एक बुनियादी सिद्धान्त है, बल्कि इसलिए अखरती है कि इससे उसकी मुस्लिम-ग्रंथि को चोट पहुँचती है। यदि भाजपा जैसी कोई पार्टी पाकिस्तान में होती तो वह न केवल अल्पसंख्यकों के अधिकार के लिए लड़ती, बल्कि इसे लोकतंत्र के लिए अनिवार्य मानती। भारत में एकात्मक शासन उसे इसलिए आकर्षित करता है, क्योंकि वह भारत की राजनीतिक, सामाजिक और सांस्कृतिक जटिलताओं को स्वीकार नहीं करना चाहती। लेकिन यह भी उसका पाखंड ही है, क्योंकि एक ओर तो वह संघात्मक राज्य से इसलिए चिढ़ती है कि इससे सिख या असमी अलगाववाद की पृष्ठभूमि तैयार होती है (वह यह देखने को तैयार नहीं कि अलग़ाववाद संघात्मकता की वजह से नहीं, बल्कि उसकी विफलताओं के कारण है) और दूसरी ओर वह स्वयं एक नये राज्य उत्तराखंड का प्रस्ताव उत्तर प्रदेश की विधानसभा में पास कर संघात्मकता का विस्तार करती है।

विशेषांक के पहले लेख 'एक नये भारत का उदय' में भाजपाई भारतीयता और आधुनिकता दोनों का भदेस और उजागर हो जाता है। अपने इस लेख में गिरिलाल जैन (जो वैसे भी अपनी विद्वत्ता या बुद्धिमत्ता के लिए कभी मशहूर नहीं रहे) कहते हैं, 'हिन्दू कभी भी पुनरुत्थानवादी नहीं होता। वह कभी भी पीछे नहीं जाता। जिस तरह सूर्य की गति है, चन्द्रमा की गति है, पृथ्वी की गति है, वैसे ही समय की गति है, जो कभी पीछे नहीं लौटती। जब हम समय का पीछे लौटना नहीं सोच सकते, तो हम खुद कैसे पीछे लौट सकते हैं ?' इसीलिए श्री जैन पश्चिम की अनेक चीजों के खिलाफ नहीं हैं—'पश्चिमी सभ्यता के जो आधारभूत विचार थे, वे हमारे प्रतिकूल नहीं थे—लोगों को यह समझाना बड़ा मुश्किल है।' फिर 'पश्चिमी सभ्यता हमारे यहाँ ईसाइयत के रूप में नहीं आयी। ...लोकतांत्रिक रूप में आयी, विज्ञान और टेक्नोलॉजी के रूप में आयी। इस सबसे हमारा कोई झगड़ा नहीं है।' फिर झगड़ा किस चीज से है ? 'इसके बाद साम्यवाद, लेनिनवाद, समाजवाद और सेकुलरवाद आया। अब यह बाधा भी हटने लगी है।' यानी आधुनिकता के कुछ अन्य प्रगतिशील रूप भाजपा को स्वीकार नहीं हैं। भारतीयता का भी यही हाल है—'मैं मानता हूँ कि हिन्दू समाज की एकता के सूत्र हैं योग, वेद और हमारी आध्यात्मिकता।' यह अकारण नहीं है कि गिरिलाल जैन उपनिषदों की चर्चा नहीं कर रहे, जबकि असली आध्यात्मिकता और भारतीय आध्यात्मिक चिन्तन का उत्कर्ष वहीं है। लेकिन उपनिषद एक उदार और गहरे

हिन्दू को ही आकर्षित कर सकते हैं। उथला हिन्दू तो वेदों की ओर भागेगा। ऐसा नहीं है कि वेद मूल्यवान नहीं हैं, लेकिन भारतीय मनीषा की सर्वश्रेष्ठ अभिव्यक्तियाँ उसके बाद की हैं। योग उनमें से एक है, लेकिन ऐसा लगता है कि गिरिलाल जैन को योग के मौलिक स्वरूप का भी कम ज्ञान है–'योगा' के झटके में उन्होंने इसका जिक्र कर दिया है। अन्यथा योग जिस मानसिक संतुलन की शिक्षा देता है, उसे समाजवाद का विचार कभी पराया नहीं लग सकता। समाजवादी तो पदार्थ के सम वितरण पर जोर देता है, योग पदार्थ के प्रति–या किसी भी चीज के प्रति–आसक्ति को ही नष्ट करने की जरूरत प्रतिपादित करता है।

भाजपा का बौद्धिक दिवालियापन इस बात से भी प्रकट होता है कि उसका अपना कोई आर्थिक दर्शन नहीं है। वस्तुतः यह उस भदेस हिन्दुत्व का दिवालियापन है, जिसने देश के अर्थतंत्र की पुनर्रचना के बारे में सोचा ही नहीं। गहरा और निष्ठावान हिन्दू इस ओर से कभी उदासीन नहीं रहा। विवेकानन्द ने बार-बार कहा कि भारतीय आदमी भूखा है–सबसे पहले उसकी रोटी का इंतजाम करो। महात्मा गांधी ने तो एक पूरा वैकल्पिक दर्शन ही पेश किया। लेकिन जो आत्ममुग्ध और आत्मकेन्द्रित हिन्दू था–जैसे सावरकर या डॉ. हेड़गेवार–उसका ध्यान इधर नहीं जाता था। इसका कारण यह है कि इस हिन्दू को अपने समाज से वास्तविक प्रेम नहीं था। वह तो सिर्फ उसे ईसाई या मुस्लिम समाज के रू-ब-रू एक संगठित इकाई के रूप में पेश करना चाहता था। भाजपा चूँकि इसी हिन्दू का आधुनिक रूप है, अतः वह भी आर्थिक सवालों पर ज्यादा दिमाग नहीं खपाती। एक अच्छे (और मूढ़) हिन्दू की तरह वह आर्थिक सरलीकरणों पर भरोसा करती है और विषमताओं से विचलित नहीं होती। मुश्किल यह है कि समाजवाद की तरह पूँजीवाद के लिए भी कोई भारतीय शब्द नहीं है। अतः पूँजीवाद का समर्थन करते हुए भी उसे इसकी भर्त्सना करनी पड़ती है।

यह सहज संयोग ही है कि स्वपनदासगुप्त अपने लेख 'अब अयोध्या से आगे का विचार करें' में उन आर्थिक मिथकों को भी ध्वस्त कर देते हैं, जो विशेषांक के कुछ लेखकों ने बड़ी मेहनत से तैयार किये हैं। मसलन 'समर्पण' में भानुप्रताप शुक्ल का कहना है कि 'पूँजीवादी और समाजवादी दोनों व्यवस्थाएँ द्वेष की देन हैं।...शोषण का तत्व दोनों में साझा और समान है। मानवीय समता और दैवी दयार्द्रता का तत्व यहाँ अनुपस्थित है।' राष्ट्रीय स्वयंसेवक संघ के सह-सरकार्यवाह कुप. सी. सुदर्शन अपने लेख के अंत में गांधी जी की इस सलाह की याद दिलाते हैं कि 'मुझे पूरा विश्वास है कि यदि भारत को और भारत के माध्यम से सारी दुनिया को सच्ची स्वाधीनता प्राप्त करनी है, तो देर-सवेर हमें यह समझ लेना होगा कि लोगों को शहरों में नहीं, गाँवों में रहना होगा, महलों

में नहीं, झोंपड़ियों में रहना होगा।' त्रिलोकीनाथ चतुर्वेदी समाजवाद को तो हेय मानते हैं, पर पूँजीवाद को भी 'पूरी छूट' नहीं देना चाहते। लेकिन स्वपन दासगुप्त उन सभी आर्थिक नीतियों का समर्थन करते हैं जिन्हें कांग्रेस सरकार ने शुरू किया है—'दुर्भाग्य से यह समझ ऐसे समय पर आ रही है जबकि पुरानी व्यवस्था पूर्णतः चरमरा चुकी है। यदि यही समझ कुछ समय पूर्व पैदा होती तो उन बहुत-सी कठिनाइयों से देश बच सकता था जो अब उसके भाग्य में दे दी गयी हैं। लेकिन एक प्रकार से ठीक भी है, क्योंकि एक व्यवस्था से दूसरी में परिवर्तन अपने साथ समस्याएँ और कठिनाइयाँ लिये हुए तो होता ही है।' साम्यवाद की आलोचना में किलक है, पूँजीवाद की निन्दा से उज्र नहीं है, लेकिन भविष्य की आर्थिक दिशा क्या होनी चाहिए, यह भाजपाई दिमाग साफ-साफ बताना नहीं चाहता, क्योंकि वह जानता है कि जब कुछ नया नहीं होगा, तो जो होगा वह पूँजीवाद ही हो सकता है। इस सिलसिले में गांधी का नाम लेना पूरी तरह बेईमानी है (या शायद वैसा ही पाखंड, जैसा औसत हिन्दू 'सर्वे भवन्तु सुखिनः', 'सबै भूमि गोपाल की' आदि के माध्यम से करता रहा है), क्योंकि गांधी का अर्थशास्त्र भाजपा को मंजूर नहीं है। क्या वह फैक्टरी प्रणाली का विरोध करती है ? क्या वह शहरीकरण के खिलाफ है ? क्या आत्मनिर्भर गाँव सचमुच उसे प्रिय हैं ? इस मामले में दासगुप्त ज्यादा साफ हैं, क्योंकि वे पूँजीवाद का समर्थन लुक-छिप कर नहीं करते। स्पष्टतः भाजपा की यह आर्थिक दृष्टि उसके भदेस आधुनिकतावाद की भी परिणति है, क्योंकि पूँजीवाद के पक्ष में हो कर भी मानवीय हित, मानवीय समता, दैवी आर्द्रता आदि का जिक्र एक पाखंडी भारतीय की तरह करने में उसे सुख मिलता है।

फिर भी विष्णुकान्त शास्त्री शायद ठीक ही कहते हैं कि 'अगर आप लोगों का हिन्दू धर्म के प्रति यही रवैया रहा, तो हम बहुत जल्दी ही केन्द्र में आ जायेंगे।' (संपादकीय, हंस, जनवरी, '92 में उद्धृत)। इसका कारण यह है कि भाजपा के खिलाफ जो लोग वैचारिक और राजनीतिक अभियान चला रहे हैं, उनके पास भाजपा की वैचारिक काट तो प्रचुर है, लेकिन भारतीय समाज में वे अपनी गहरी जड़ें नहीं बना पाये हैं। इसका एक कारण यह है कि उनकी अपनी भारतीयता भी संदिग्ध है, क्योंकि भारत के अतीत और उसके वर्तमान से उन्हें भी कोई खास अनुराग नहीं है। उनकी शब्दावली भी भारतीय नहीं है। वैसे यह अपने आप में कोई जुर्म नहीं, लेकिन मुश्किल यह है कि उन्होंने आधुनिक शब्दावली तथा उसके तर्क को भारतीय समाज में प्रतिष्ठित करने का भी ईमानदार प्रयत्न नहीं किया है। मन ही मन हम मूर्तिपूजा से नफरत करेंगे, लेकिन घर में और समाज में मूर्तिपूजा चलने देंगे, तो एक दिन यह मूर्तिपूजक हिन्दू हमसे प्रतिशोध लेगा ही। मुसलमान को अल्पसंख्यक के नाम पर हम कुछ कानूनी संरक्षण देंगे, लेकिन वास्तव

में उससे प्रेम नहीं करेंगे, उसके अधिकारों का सम्मान नहीं करेंगे तथा उससे मिलेंगे-जुलेंगे नहीं, तो हम पर अल्पसंख्यकवाद का आरोप लगेगा ही। जब निष्ठावान परंपरागत भारतीय और निष्ठावान आधुनिक भारतीय, दोनों सामजिक हस्तक्षेप से कतरायेंगे और अपना जीवन संगीत अलग से रचेंगे, तो उस हिन्दू की तादाद बढ़ेगी ही जो न परंपरा का रचनात्मक सम्मान करता है और न आधुनिकता का। और, जब इस हिन्दू को निरर्थक ढंग से चिढ़ाया जायेगा, जैसा कि राम के चारित्रिक दोष दिखा कर बार-बार किया गया है और अब भी किया जा रहा है (राम में लाख चारित्रिक दोष हों, लेकिन उनसे ज्यादा उदात्त चरित्र किस सभ्यता ने गढ़ा है ?), तो वह और ज्यादा दर्पस्फीत हो कर हुंकार भरेगा। विष्णुकांत शास्त्री जैसा वैष्णव व्यक्तित्व भी यदि इस हुंकार को आशा भरी निगाहों से देखता है, तो मानना चाहिए कि हम लोगों को अपने पक्ष में कम, अपने खिलाफ ज्यादा कर रहे हैं।

क्या यह नवागत हिन्दू भारत का बहुत नुकसान कर सकता है ? एक मामले में निश्चित रूप से हाँ। वह भारतीय मुसलमान से शायद बदला ले कर रहे। इसका कारण यह है कि हिन्दू-मुस्लिम समस्या को, गांधी के बलिदान के बाद भी, सुलझाने का कोई ईमानदार प्रयास नहीं किया गया। भारतीय मुसलमान ने भी भारतीय यथार्थ को समझने और उसके अनुसार उदार और आधुनिक प्रतिक्रिया करने में कोताही की है। लेकिन जीवन के दूसरे क्षेत्रों में इस हिन्दू की संहार क्षमता सीमित है। यह देश का उससे ज्यादा नुकसान नहीं कर सकता जितना उस हिन्दू ने किया है, जिसने आजादी के बाद से अब तक देश चलाया है। यह एक अर्धसत्य ही है कि भाजपा ही एकमात्र ऐसी पार्टी है जो भारतीय संविधान का सम्मान नहीं करती। क्या कांग्रेस पार्टी करती है ? क्या कम्यूनिस्ट पार्टियाँ करती हैं ? क्या जनता दल के लोग भारतीय संविधान के मूल्यों के अनुसार राजनीति करते हैं ? वह एक बिल्कुल दूसरी पीढ़ी थी, जिसने पश्चिमी समाज की उपलिब्धियों के साथ कुछ रचनात्मक अंतःक्रिया करना चाहा था। उसके बाद सार्वजनिक जीवन में जो पीढ़ी आयी, वह वैचारिक पाखंड, राजनीतिक आलस्य और चरित्रगत शिथिलता की प्रतिमूर्ति थी। आज के भारत की अधिकांश समस्याएँ इसी भ्रष्ट और निकम्मी पीढ़ी की देन हैं। भाजपा के लोग इस मामले में शायद ज्यादा ईमानदार हैं कि वे अपने भदेसपन से शर्मिंदा नहीं हैं। यही उनकी ताकत है और यही उनसे मुख्य खतरा भी है। एक जटिल यथार्थ को वे अपने सरलीकरणों की लाठी से हाँकेंगे और सांप्रदायिक घृणा ऊपर से फैलायेंगे। फर्क शायद यह भी है कि वह पीढ़ी भारतीय समाज में अच्छाइयाँ खुद न फैलाये, किन्तु कुछ अच्छाइयों को फैलने से रोकती भी नहीं थी। भाजपा रोकेगी। लेकिन यह भी एक तरह से अच्छा ही है, क्योंकि संघर्ष के रास्ते से कमाये। सच ज्यादा खरे और टिकाऊ होते हैं। लेकिन

हमें भूलना नहीं चाहिए कि वह पीढ़ी अगर भारतीय समाज की ही समस्या थीं या हैं, तो यह हिन्दू भी भारतीय समाज की ही एक समस्या है। और चूँकि हम भी इसी समाज के अंग हैं, अतः हम सच्चा और आधुनिक भारत बनाना चाहते है, तो हम इस तरह आचरण नहीं कर सकते जैसे यह कोई आयातित समस्या हो या यह संघर्ष किसी शिखर पर बैठ कर किया जा सकता हो। साथ ही जब तक हमारे इस संघर्ष का कोई समग्र और व्यापक राजनीतिक औजार नहीं बनेगा, हमारी सारी पीड़ा उस अँधेरे में एक चीख बन कर रह जायेगी जो आज का हमारा भारतीय समय है।

दिल्ली क्यों दूर है ?

प्रभा दीक्षित

गुजरात के बवाले से धूलधूसरित हुए भाजपा के नेता अभी अपना अंग-वस्त्रम् सँभाल ही रहे थे कि जैन डायरी के हवाले ने उन्हें फिर बेहाल कर दिया। भाजपा के समर्थक और प्रशंसक चोट खाने के बाद भी अपनी चोट को सार्वजनिक रूप से प्रकट करने में एक सामाजिक संकोच का अनुभव कर रहे हैं। अपने नेताओं की कारस्तानियों से उनके होंठों पर वही शब्द दौड़-दौड़ कर रुक रहे हैं जिनकी खुल कर बौछार वे अन्य दलों के नेताओं पर करने के अभ्यस्त हो गये हैं। दिल्ली में भाजपा के अश्वमेघ घोड़े की आरती उतारने के आयोजन में व्यस्त लोग अब अपने को किंकर्तव्यविमूढ़ की स्थिति में पा रहे हैं। घोड़ा बिना किसी चुनौती के चंद कदमों का सफर करने के बाद ही ठहर गया है। विशेषज्ञों की राय है कि उसमें दिल्ली तक की दूरी तय करने का माद्दा खत्म हो गया है। भाजपा के सामान्य कार्यकर्ता यह समझ नहीं पा रहे हैं कि कल तक जिसकी उठान से कांग्रेसी भीतर से भयभीत थे, वही पार्टी अचानक ऐसे कीचड़ के गर्त में कैसे गिर गयी। इस रहस्य को न समझ पाना इस बात की ओर संकेत देता है कि सत्ता से जुड़ने के बाद भाजपा के नेता और उनके बीच एक लम्बी खाई खिंच गयी है।

असंतुष्टों की बगावत से जनमी भाजपा की भीतरी उथल-पुथल उसके विरोधी दलों की नजरों में कोई विशेष घटना नहीं है। इनके लिए भाजपा में फैला वर्तमान हड़कम्प उसी भीतरी जोड़-तोड़ का नतीजा है जिसके रोग से कोई भी दल अछूता नहीं बचा है। वे एक तरह की मानसिक शान्ति भी महसूस कर रहे हैं। उन्हें भाजपा की संगठनात्मक शक्ति के नीचे रेत की नींव की झलक मिल गयी है। भाजपा के ऊपर से अगर हिन्दुत्व का ठप्पा हटा दिया जाये, तो उसका राजनीतिक चरित्र उन्हीं दुर्बलताओं से घिरा है जैसे अन्य दलों का। विरोधियों द्वारा किया गया भाजपा का यह चरित्र-आकलन सही भी है और सतही भी। यह आकलन पूरी तरह से

सही तभी हो सकता है जब हम यह मान लें कि उसकी हिन्दू राष्ट्रवाद की राजनीति का कोई भावात्मक आधार नहीं है। सत्य यह है कि संगठन के परे भाजपा का एक ठोस सामाजिक और भावात्मक आधार है। इसीलिए उसकी भीतरी उथल-पुथल उसके मूल समर्थकों की दृष्टि में अन्य दलों में चलनेवाली भितरघात की घटना की तरह सामान्य घटना नहीं है। भाजपा में जो हो रहा है, वह उसके सामाजिक आधार के सोच को भी गहरी तरह से प्रभावित कर रहा है। हिन्दू राष्ट्र में आस्था रखनेवाले लोग राजनीतिक रूप से फिलहाल अपने को अनाथ-सा महसूस कर रहे हैं। हर किसी पर अनाथ की स्थिति एकाएक आती है। हिन्दू राष्ट्र प्रेमियों को भी ऐसा लग रहा है कि जो कुछ हुआ है, एकाएक हुआ है और किसी सुनियोजित षड्यन्त्र के तहत हुआ है। ऐसा समझना उनकी नादानी है। भाजपा में जो कुछ हुआ है, एकाएक नहीं हुआ है। उसकी पृष्ठभूमि बहुत पहले से बन रही थी। यह किसी बाहर से किये गये षड्यन्त्र का परिणाम भी नहीं है। अगर कुछ हुआ है, तो केवल यह कि भीतरी षड्यन्त्र की सुगन्ध मिलते ही बाहरवाले लपक कर सहयोग देने के लिए आ गये—गुजरात के बागियों की खजुराही यात्रा भीतरी षड्यन्त्र और बाहरी सहयोग का एक उत्कृष्ट उदाहरण है। भाजपाइयों को क्षुब्ध नहीं होना चाहिए। इस तरह की पारस्परिक मदद ही भारतीय राजनीति की धुरी है। मायावती और झारखंडी सांसदों को इसी तरह का सहयोग दे कर भाजपा ने भी भारतीय राजनीति के इस दायित्व को सहर्ष निभाया था और आगे भी निभायेगी, इसका हमें पूरा विश्वास है।

भाजपा के वर्तमान संकट के अनेक पक्ष हैं। इसे महज एक दल की भीतरी फूट की तरह देखने से वे सब पक्ष अनदेखे रहे जा रहे हैं, जो कई दृष्टियों से अत्यन्त महत्वपूर्ण हैं। बृहत्तर स्तर पर भाजपा का संकट वास्तव में उस हिन्दू राष्ट्रवाद का संकट है, जिसका आधार रचने का मुख्य श्रेय गुरु गोलवलकर को है। नाथूराम गोडसे ने महात्मा गांधी को गोली मार कर राष्ट्रीय स्वयंसेवक संघ के लिए राजनीति का रास्ता बन्द कर दिया। सरकारी प्रतिबन्धों से जब मुक्ति मिली, तब तक काफी समय बीत चुका था तथा सामाजिक स्वीकृति न मिलने की आशंका से गुरु गोलवलकर के लिए हिन्दू राष्ट्रवाद की राजनीति चलाने के लिए एक अलग नया माध्यम खड़ा करना अनिवार्य हो गया। श्यामाप्रसाद मुखर्जी की अध्यक्षता में 1951 में जन संघ की स्थापना कर रा. स्व. संघ ने अपनी यह कमी पूरी कर ली। पर्दे के बाहर आये बिना ही उसे एक राजनीतिक मंच मिल गया। रा. स्व. संघ के सभी गुप्त सदस्य खुल कर जन संघ के सदस्य और कार्यकर्ता बन गये। भविष्य में सरकारी प्रतिबंधों से बचाव के लिए संघ ने अपना घोषित उद्देश्य हिन्दू राष्ट्र का सांस्कृतिक पुनरुद्धार करार कर दिया। इस घोषित उद्देश्य के कारण प्रकट रूप में राजनीति से दूरी का अभिनय गुरु गोलवलकर समेत रा.

स्व. संघ के सभी सदस्यों ने अपनी कार्य पद्धति का अभिन्न अंग बना लिया। अभिनय से कोई धोखे में तो नहीं आया, पर कानूनी तौर से संघ की गतिविधियों पर प्रतिबंध लगाना कठिन अवश्य हो गया। जन संघ कानूनी तौर पर एक स्वतन्त्र राजनीतिक संगठन था, किन्तु इसकी भीतरी स्थिति अन्य राजनीतिक दलों से भिन्न थी। इसके कार्यक्रम, कार्य-शैली और कार्यकर्ता सभी के चुनाव और निर्धारण पर पूरी तरह से रा. स्व. संघ के सर संघचालक गुरु गोलवलकर का पूरा नियन्त्रण था। आंतरिक लोकतन्त्र को, जिसमें आपसी मतभेद को व्यक्त करना संभव होता है और जो किसी भी दल के संगठनात्मक और वैचारिक विकास के लिए लाभदायी है, गुरु गोलवलकर ने रा. स्व. संघ और जन संघ दोनों से ही बहिष्कृत कर दिया। आंतरिक लोकतन्त्र उनकी दृष्टि में विशुद्ध 'वैचारिक अराजकता' थी। गुरु गोलवलकर को इस बात का गर्व था कि सभी राष्ट्रीय मसलों पर स्वयंसेवकों की प्रतिक्रिया समान होती है। जिन लोगों ने इसे 'मासनिक सैनिकीकरण' कह कर इसकी आलोचना की, उन्हें धिक्कारते हुए गुरु गोलवलकर ने कहा, 'विचार-स्वातंत्र्य' 'वाणी-स्वातंत्र्य' आदि के आधुनिक एवं अपच विचार हमारे उन युवकों के मस्तिष्क में एक भयंकर उत्पात मचाये हुए हैं, जो स्वतंत्रता को स्वच्छंदता का अनुज्ञापत्र और आत्मसंयम को मानसिक सैनिकीकरण मानते हैं।'

आंतरिक लोकतंत्र के स्थान पर वैचारिक और संगठनात्मक तानाशाही को गुरु गोलवलकर ने एक राजनीतिक आदर्श बना दिया। सारी जनता को कोई भी एक व्यक्ति अपनी नकेल में नहीं बाँध सकता। इसीलिए हर प्रकार का तानाशाह अपने कार्यकर्ता और अपना संगठन खुद ही खड़ा करता है। कार्यकर्ताओं का चुनाव और उनके प्रशिक्षण की प्रणाली भी उसके अपने विशेष ध्येय के अनुसार निश्चित होती है। गोलवलकर ने अपने परिभाषित हिन्दू राष्ट्र का भार उन लोगों के कन्धों पर टिकाया जो स्वयंसेवक बन कर उनके तपाये हुए आँवे से निकले थे। दूसरे शब्दों में, जन संघ के पदाधिकारियों के चुनाव में उसके सदस्यों का वास्तव में कोई हाथ नहीं था। वे सभी गुरु गोलवलकर द्वारा चुने गये, उन्हीं के राष्ट्रीय स्वयंसेवक संघ में दीक्षा पाये स्वयंसेवक थे।

जन संघ पर सरसंघचालक की तानाशाही बरकरार रखने के लिए गुरु गोलवलकर ने रा. स्व. संघ को 'व्यक्ति-निर्माण' के कारखाने में बदल दिया। उन्होंने 'व्यक्ति-निर्माण' का एक ऐसा युक्तिपूर्ण साँचा बनाया, जो उनकी दृष्टि में हर तरह से सम्पूर्ण और श्रेष्ठ था। गुरु गोलवलकर को भरोसा था कि इस साँचे से ढले लोग उसी राह पर चलेंगे, जो नागपुर में बैठ कर उनके द्वारा तय की जायेगी।

भाजपा के भीतरी कलह के स्वरूप को समझने के लिए गुरु गोलवलकर द्वारा निर्मित इस साँचे पर एक दृष्टि डालना आवश्यक है। राष्ट्रीय स्वयंसेवक संघ का उद्देश्य 'ऐसे व्यक्तियों का निर्माण करना है जो राष्ट्र के प्रति तथा उसके

आध्यात्मिक मूल्यों के प्रति अविचल निष्ठा से ओतप्रोत है और जो अपने अति शुद्ध चारित्र्य तथा सबके प्रति समान प्रेम की भावना की शक्ति के आधार पर समाज की संगठित शक्ति का संचालन इस तेजस्वी कोटि से करें कि राजसत्ता जो भी हो, वह अपनी मर्यादाओं को लाँघ न सके...' आदर्श व्यक्ति के निर्माण के लिए गुरु गोलवलकर ने शाखा को एक प्रक्रिया के रूप में अपनाया : 'शाखा पर नित्य नियमित रूप से जो प्रशिक्षण दिया जाता है...इससे व्यक्ति को अपने आड़े-तिरछे कोणों को घिस कर मिटा देने की प्रेरणा मिलती है तथा समाज में अपने शेष बन्धुओं के साथ ऐक्य भावना का व्यवहार एवं अन्य मस्तिष्कों के विविध दृष्टिकोणों से अपना मेल बैठाते हुए संगठित और अनुशासित जीवन पद्धतियों में खड़े होने की योग्यता प्राप्त होती है। वहाँ पर एकत्रित एक ही की आज्ञा का साथ-साथ पालन करना सीखते हैं...अनुशासन उनके रक्त में प्रविष्ट होता है।'

जब तक जन संघ राजनीति के हाशिये पर खड़ा था, रा. स्व. संघ के अनुशासन महामंत्र पर कोई प्रश्नचिह्न नहीं लगा था। सत्ता से कोसों दूर होने के कारण दो मुँहों—जन संघ और राष्ट्रीय स्वयंसेवक संघ—में कोई पारस्परिक विरोध ा नहीं हुआ। क्षेत्र विभाजित थे, इसलिए दोनों मुँह एक साथ बोल सकते थे—राजनीति में जन संघ का मुँह मुखर होता था और जन संघ के आंतरिक संगठन में राष्ट्रीय स्वयंसेवक संघ का। 1977 में जनता पार्टी में जन संघ का विलय होने से रा. स्व. संघ का राजनीतिक मुँह उसके नियंत्रण के काफी बाहर चला गया। जनता पार्टी से सम्बन्ध-विच्छेद के बाद जन संघ को जब भारतीय जनता पार्टी के रूप में अवतरित कराया गया, तो रा. स्व. संघ को यह भ्रम हो गया कि उसे अपना पुराना मुँह बिना किसी फेरबदल फिर वापस मिल गया है। अपने नये अवतार में जन संघ ने नया नाम ही नहीं पाया, नया आकार भी पाया और उसमें कुछ नये तत्त्व भी जुड़ गये। भाजपा जन संघ की तरह राजनीति के हाशिये पर नहीं, केन्द्र के काफी निकट है। उसकी द्रुति गति से चलनेवाली प्रगति ने उन तमाम लोगों को अपनी ओर आकर्षित कर लिया है, जो रा. स्व. संघ द्वारा प्रतिपादित हिन्दू राष्ट्रवाद के अनन्य भक्त नहीं हैं, पर राजनीति में उतरने के लिए उतावले हैं और जिन्हें अन्य दलों में सिवाय साधारण सदस्यता के अपने लिए कोई और भविष्य नजर नहीं आ रहा है। केन्द्र पर वर्चस्व स्थापित करने के लिए भाजपा को जिस जनाधार की आवश्यकता है, उसके लिए उसे स्वयंसेवकों की सीमा से बाहर निकल कर अन्य लोगों को अपने में शामिल करने के अलावा और कोई चारा नहीं है। भाजपा में नवागंतुकों की भीड़ के एकाएक आ जाने से उसके तथा राष्ट्रीय स्वयंसेवक संघ के बीच का नाभि-सम्बन्ध चटक कर टूटने के बिन्दु के निकट पहुँच गया है। इसका कारण सिर्फ स्वयंसेवकों और गैर-स्वयंसेवकों के बीच

स्वाभाविक स्पर्धा नहीं है। इन दोनों की टकराहट वैचारिक होने के साथ ही साथ संगठनात्मक तानाशाही और आंतरिक लोकतन्त्र की टकराहट भी है। जब तक सब ओर स्वयंसेवकों का हर क्षेत्र में एकाधिकार था, तब तक रा. स्व. संघ द्वारा लादी गयी तानाशाही को भीतर से कोई चुनौती नहीं मिली थी। पर भाजपा के नये सदस्य संगठन में अपना प्रभावशाली दखल चाहते हैं। कुछ लोगों की अनुमति को वे अपनी 'सर्वसम्मति' बनाने के लिए राजी नहीं हैं। आंतरिक तानाशाही और आंतरिक लोकतन्त्र की माँग के बीच चल रही मुठभेड़ के कारण ही दिल्ली में भाजपा के संगठनात्मक चुनाव कई बार स्थगित किये गये। इस चुनाव में एक अनहोनी घटना भी घटी—अध्यक्ष पद के लिए केदारनाथ साहनी को 'सर्वसम्मति' का औपचारिक ठप्पा प्रो. चंदेला ऐसे लोगों की चुनौतियों के बाद लगा। मतदान में बेईमानी की खबरें सुनाई दीं और सिरफुटव्वल भी हुई। उत्तर प्रदेश में भी काफी जोरदार खींचातानी हुई।

राष्ट्रीय स्वयंसेवक संघ के चालकों को भय है कि भाजपा में आंतरिक लोकतन्त्र आने से उनकी अप्रत्यक्ष सत्ता का विलोप हो जायेगा तथा हिन्दू राष्ट्रवाद पर तरह-तरह के रंग चढ़ा कर उसकी छवि इतनी धूमिल कर दी जायेगी कि वह अपनी अलग पहचान खो बैठेगा। अपने नियत्रंण को बनाये रखने के लिए रा. स्व. संघ अनुशासन के नाम पर विरोध और विरोधियों दोनों को ही दबाने की कोशिश कर रहा है। आंतरिक लोकतन्त्र का अनुशासन से बैर नहीं है। अनुशासित विरोध लोकतन्त्र का एक मुख्य स्तम्भ है। आंतरिक लोकतन्त्र के अभाव में भाजपा के भीतरी मतभेद गुटबंदी में परिवर्तित हो गये हैं। चूँकि गैर-स्वयंसेवकों की शक्ति के स्रोत भिन्न हैं, इसलिए यह गुटबन्दी एक तरह की दरार भी है। आनेवाले चुनाव के बाद इनमें कोई गुट अलग हो कर विपक्षी दलों से मिल सकता है, इस संभावना का सारा साजो-सामान तैयार है।

स्वयंसेवकों और गैर-स्वयंसेवकों के बीच तनाव भाजपा के संगठन के स्वरूप को ले कर ही नहीं है। मतभेद विचारधारा के स्तर पर भी है। शैलेन्द्र महतो, भैरों सिंह शेखावत, जसवंत सिंह या सिकन्दर बख्त जैसे भाजपाई उस हिन्दू राष्ट्रवाद के हिमायती कदापि नहीं हो सकते, जिसे गुरु गोलवलकर ने प्रतिपादित किया है और जिसे साकार करने के लिए आडवाणी या मुरली मनोहर जोशी प्राणपण से लगे हैं। नये भाजपाइयों का हिन्दू राष्ट्रवाद अल्पसंख्यकों के हिन्दूकरण या भारतीयकरण की माँग नहीं करता। इनका विरोध मुस्लिम सांप्रदायिकता से है, मुसलमानों से नहीं। भारतीय संस्कृति को ले कर इनका दृष्टिकोण भी पुरातनतावादी और संकुचित नहीं है, जैसा कि राष्ट्रीय स्वयंसेवक संघ का है। जन संघ उदारवादियों के दबाव से मुक्त था। भाजपा उदारवादियों की नित्यप्रति बढ़ती संख्या के दबाव में दबती जा रही है। वैचारिक उदारता में उदारवादियों का निजी स्वार्थ

भी है। वे भली प्रकार जानते हैं कि भविष्य में अन्य दलों के साथ गठबन्धन करने के लिए भाजपा की जन संघ से मिली और रा. स्व. संघ द्वारा रक्षित छवि में संशोधन अनिवार्य है। वे अपनी छवि के साथ भाजपा की छवि जोड़ कर इस मुश्किल को हल करने का प्रयास कर रहे हैं।

उदारवादियों के दबाव के अतिरिक्त भाजपा की वर्तमान अस्मिता को ले कर उसका शिखर नेतृत्व भी शशोपंज में पड़ा है। केन्द्र की सत्ता तक पहुँचने के लिए हिन्दुत्व पर टिकी उसकी विशिष्ट अस्मिता अब मार्ग का रोड़ा बन गयी है। इस अस्मिता के साथ भाजपा अपने बल पर कभी केन्द्र तक नहीं पहुँच सकती। साझा सरकार बनाने के लिए भी उसे अपने भगवा रंग को कई बार धोना होगा। भाजपा के हित में यही है कि वह राष्ट्रीय स्वयंसेवक संघ से अपना सम्पूर्ण सम्बन्ध-विच्छेद कर ले। किन्तु ऐसा करना उसके लिए नितांत असंभव है। अपने सोच और संगठन के लिए अपने नये अवतार में भी वह जन संघ की तरह राष्ट्रीय स्वयंसेवक संघ पर निर्भर है। भाजपा के पास निचले स्तर पर न अपने कार्यकर्ता हैं न ही उसकी विचारधारा विकसित और समयानुसार उसे संशोधित करनेवाले विचारक। स्वयंसेवकों के सहयोग के बिना भाजपा आम जनता तक नहीं पहुँच सकती।

भाजपा के संकट ने रा. स्व. संघ के लिए भी एक पेचीदा संकट खड़ा कर दिया है। विचारधारा की शुद्धता बनाये रखने के लिए उसके पास एक ही विकल्प है–वह दो मुँहों में से एक का अन्तिम रूप से चुनाव कर ले। हिन्दुत्व की राजनीति अगर उसे अपनी निगरानी में चलानी है, तो भाजपा को छोड़ कर उसे एक नया राजनीतिक दल खड़ा कर लेना चाहिए। यदि ऐसा नहीं करना है तो राजनीति की ओर से पीठ मोड़ कर सांस्कृतिक पुनरुद्धार और व्यक्ति-निर्माण के कार्यक्रम को अपना एकमात्र कार्यक्रम बना कर उसी में जुट जाना चाहिए। वर्तमान साँसत से छुटकारा पाने के लिए रा. स्व. संघ ने एक चतुराई भरा कदम उठाया। उसने भाजपा का साथ छोड़े बिना विश्व हिन्दू परिषद और बजरंग दल ऐसे संगठन खड़े कर दिये। उसे भरोसा है कि जो दबाव वह भाजपा पर अंदर से नहीं डाल पा रहा है, वह दबाव इन संगठनों की अतिवादी हिन्दू राजनीति बाहर से डालने में सफल हो जायेगी। बजरंग दल और विश्व हिन्दू परिषद के अतिवाद से भाजपा की उदार छवि संदेहास्पद हो जायेगी और उसके बढ़ते जनाधार पर स्वतः रोक लग जायेगी। जो जनाधार है, उसे बनाये रखने के लिए भाजपा को हिन्दुत्व के मंत्र का जाप करना पड़ेगा। रा. स्व. संघ की यह चतुर चाल है, इसमें कोई संदेह नहीं। पर इससे उसकी असली समस्या का समाधान नहीं हो सकता–भाजपा के संगठन पर तेजी से घटता नियंत्रण। भाजपा के रहते इन संगठनों को रा. स्व. संघ के लिए उसी स्तर का राजनीतिक मंच भी नहीं बनाया जा सकता। राजनीति में एक स्वतन्त्र

दल के रूप में स्वयं उतरना भी रा. स्व. संघ के लिए अत्यंत कठिन है। पर्दे के पीछे से जन संघी या भाजपाई कठपुतलियों को नचाने की युक्ति अब उसकी शक्तिहीनता का सबसे बड़ा कारण बन गयी है। जन संघ या भाजपा के संगठन को अपनी मुट्ठी में बन्द रखनेवाले संघ चालकों की जनता के बीच अपनी कोई अलग राजनीतिक पहचान नहीं है।

ऊपर कही हुई बातों को सारांश में हम यों कह सकते हैं—राष्ट्रीय स्वयंसेवक संघ और भाजपा का नाभि-सम्बन्ध अब कैंसरग्रस्त हो गया है। गुजरात की बगावत या दिल्ली में साहब सिंह वर्मा के समर्थकों का सफल हठ इस कैंसर का परिणाम है। भाजपा में आंतरिक लोकतंत्र आया नहीं है। पर अनुशासन के दरवाजे टूट रहे हैं। ये टूटते दरवाजे रा. स्व. संघ की पराजय की ओर संकेत कर रहे हैं।

एक दिलचस्प बात का यहाँ जिक्र करना गलत नहीं होगा। गुजरात और दिल्ली के दिग्गज स्वयंसेवकों ने अपने आचरण से यह प्रकट कर दिया है कि रा. स्व. संघ की 'व्यक्ति-निर्माण' की पद्धति में कोई जबरदस्त खोट है। शाखा का मानसिक सैनिकीकरण सत्ता से टकरा कर शीशे की तरह बिखर गया है। अब रा. स्व. संघ के हिन्दू राष्ट्रवादियों को व्यक्ति बनाने के लिए कोई और पद्धति आविष्कृत करनी होगी। शाखा की बैसाखी ले कर चलनेवाले स्वयंसेवक का चरित्र सत्ता की चंद सीढ़ियाँ चढ़ने के बाद ही लड़खड़ा गया है।

हिन्दू राष्ट्रवादी जो भी कहें, लेकिन आम लोगों की राय में भाजपा पर कांग्रेस का रंग तेजी से चढ़ रहा है। भाजपा को कांग्रेस के निकट लाने में दो तत्त्वों का विशेष उल्लेख हो रहा है—गुटबाजी और भ्रष्टाचार। वास्तव में तत्त्व दो ही नहीं, और भी हैं और उतने ही महत्वपूर्ण हैं। भाजपा के बदलते चरित्र को समझने के लिए इन तत्त्वों का विश्लेषण आवश्यक है।

पहली बात तो यह है कि हममें से अधिकांश लोगों ने भाजपा द्वारा किये गये दावों को उसका यथार्थ मान लिया है। अन्य दलों के मुकाबले में देश के प्रति अधिक निष्ठावान होना भाजपा/रा. स्व. संघ ने अपनी अलग पहचान का आधार बनाया है। जब तक हिन्दू राष्ट्रवादियों को सत्ता के सुख का अनुभव नहीं हुआ था, तब तक इस निष्ठा ज्ञापन के लिए शाखा में हाजिरी और मौका पड़ने पर पाकिस्तान या अमेरिका के खिलाफ बयानबाजी ही काफी थी। लोगों के पास इनके देशभक्ति और समाज कल्याण के दावों को कसौटी पर चढ़ाने का अवसर नहीं था। सत्ताधारी बनने के बाद या सत्ता के अत्यंत निकट आने के बाद देश के प्रति निष्ठा ज्ञापन के ये तरीके अप्रासंगिक और अपर्याप्त हो गये हैं। इनकी निष्ठा और कर्तव्यबोध को अब लोग इनकी नीतियों और निर्णयों से तौलेंगे। आर्थिक और राजनीतिक पुनर्गठन के स्पष्ट आदर्शों पर आधारित एक नक्शे के

बिना नीतियों का निर्माण नहीं हो सकता। जिन्हें नीतियों की तरह प्रस्तुत किया जाता है, वे वास्तव में तदर्थ निर्णय होते हैं। एनरॉन को ले कर खड़ा किया गया झमेला भाजपा के पूर्व आर्थिक सोच के अभाव और विदेशी पूँजी के निवेश को ले कर गहरे वैचारिक उलझाव का प्रमाण है।

देश के प्रति निष्ठा एक कर्तव्य है, सिद्धान्त नहीं। कर्तव्य और सिद्धान्त के बीच इस मूल भेद की उपेक्षा कर आवश्यक आर्थिक मुद्दों पर समयानुसार गहराई से खुद कुछ सोचने से इन्कार कर दिया गया है। दिशाज्ञान के लिए गुरु गोलवलकर के 'विचार नवनीत' या उनके प्रवचनों तथा भाषणों पर भाजपा की निर्भरता ने उसके नेताओं को बौद्धिक रेगिस्तान में खड़ा कर दिया है। देश-निष्ठा का गीत गाते हुए भाजपा कांग्रेसी नीतियों पर अपना ठप्पा लगाती जा रही है। सरकार चलानेवालों के बदलने के बाद भी सरकार उसी तरह, बल्कि और अधिक अकुशल ढंग से चलने के कारण लोग इस निष्कर्ष पर पहुँच रहे हैं कि जिस परिवर्तन के लिए भाजपा उनसे एक मौके की माँग कर रही है, वह परिवर्तन शाब्दिक है, समाज का यथार्थ नहीं।

संगठन चलाने की अनुशासन संहिता को सरकार चलाने के लिए भी परम उपयोगी मान कर भाजपा के सत्ताधारी नेता संतुष्ट थे। उन्हें विश्वास था कि अनुशासित दल की छवि उनकी सरकार की सभी समस्याओं को स्वतः हल कर देगी। लेकिन रा. स्व. संघ के सोच से निकली अनुशासन संहिता में एक जड़ किस्म की यांत्रिकता है, जो ऊपर से आये दूसरे के इशारों से चालित होती है। ऊपर से थोपा गया शाखा और संगठन को चलानेवाला यह यांत्रिक अनुशासन बौद्धिक उर्वरता के लिए खाद नहीं, उसे दबानेवाली शिला का काम करता है। इसीलिए गुजरात के बागी भाजपाई और उनकी बगावत को दबाने के लिए निकले सेनापति कांग्रेस के चरण चिह्नों पर अपने कदम रखने के लिए मजबूर थे। रा. स्व. संघ के स्वयंसेवकों के पास न तो आंतरिक विद्रोह का कोई अपना मॉडल है और न ही उससे निपटने का। गुजरात की बगावत ने भाजपा की रीढ़ झनझना दी है। उसके नेता इस आशंका से भयभीत हैं कि कोई और गुट कहीं और इसी तरह अवज्ञा का सार्वजनिक प्रदर्शन न कर बैठे। गुजरात के बागियों ने असंतुष्ट भाजपाइयों को अवज्ञा का ब्लैकमेल करनेवाला जो अमोघ अस्त्र दिया है, उसकी कोई काट इसके शिखर नेताओं के पास नहीं। संगठन की एकता के नाम पर हीन समर्पण को सम्मानजनक समझौता घोषित करने की जुर्रत केवल भाजपा के नेता ही कर सकते हैं। नैतिक मूल्यों और सिद्धान्तों की बलि चढ़ा कर इस बात के लिए गद्‌गद होना कि सरकार बचा ली गयी, इस बात को स्पष्ट करता है कि अन्य दलों की तरह भाजपा के लिए भी सत्ता अब एक साध्य हो गयी है और उसकी समाज को बदलनेवाली भूमिका समाप्त कर दी गयी है। दिल्ली के तबेले

में शान्ति बनाये रखने के लिए पहले मदनलाल खुराना के सामने विधान सभा के अध्यक्ष पद का चारा डाला गया था। इस पद का भाजपा ही नहीं, किसी और दल के विधान में कोई स्थान नहीं है। असंतुष्टों के लिए यदि मंत्री पद की कुर्सी नहीं है तो उन्हें संतुष्ट करने के लिए कांग्रेस की तर्ज पर सरकारी निगमों और उद्योगों के अध्यक्ष पद अर्पित किये जा रहे हैं। भाजपा के सत्ताधारियों ने उसकी छवि पर जो कीचड़ की तह लगायी है, उसके पीछे से लोगों की कांग्रेस की नाक-आँख नजर आ रहे हैं।

नेतृत्व के केन्द्रीयकरण में भी भाजपा कांग्रेस की उस आला कमान का अनुकरण कर रही है, जिसे संगठन को नष्ट कर इंदिरा गांधी ने खड़ा किया था। कांग्रेस की आला कमान की रूपरेखा रा. स्व. संघ की आंतरिक तानाशाही से काफी मिलती जुलती है, अतः इस तानाशाही के अभ्यस्त भाजपा के नेताओं को इसे अंगीकार करने में कोई आपत्ति नहीं हुई। दिल्ली में बैठ कर भाजपा के शिखर नेताओं ने इंदिरा गांधी की शैली में अपने चहेतों को राज्य सरकारों पर मुख्यमंत्री के रूप में थोप दिया। कुछ लोगों की अनुमति को सर्वसम्मति का निर्णय बनाने का कौशल सत्ता की राजनीति चलाने के लिए पर्याप्त नहीं हो सकता। कुछ लोगों की अनुमति को सर्वसम्मति में रूपांतरित करने से उस विस्फोट की पृष्ठभूमि बन जाती है, जो अनुमति को समर्पण के बिन्दु तक पहुँचा देता है। गुजरात के मामले में भाजपा के केन्द्रीय नेतृत्व का खिसियाना समर्पण भाग्य का लेखा नहीं था। यह एक उच्छ्वास था, जो लोकतान्त्रिक प्रवृत्तियों का गला घोंटने से निकला था।

जिस केन्द्रीयकरण को बनाये रखने में इंदिरा गांधी सफल नहीं हुईं, उसके माध्यम से सफलता का सपना देखनेवाले भाजपा के नवसत्ताधारी शिखर नेता हमारे उपहास के पात्र हैं। लोकतन्त्र में हर दल की ताकत की असली जड़ जन समर्थन में होती है। जिन कार्यकर्ताओं के पास अपना जनाधार है, उनकी उपेक्षा कर कोई भी दल समूचा नहीं रह सकता। भारत की भौगोलिक और सांस्कृतिक विविधता भी नेतृत्व के केन्द्रीयकरण के पक्ष में नहीं है। स्थानीय नेताओं को निर्णय की छूट दिये बिना कोई भी दल अपने लिए अखिल भारतीय या बृहत्तर जनाधार खड़ा नहीं कर सकता। राज्य और शिखर नेताओं के सम्बन्धों के सैनिकीकरण से दल की केन्द्रीय सत्ता मजबूत नहीं होती, अपितु प्रादेशिक ताकतों की ऊर्जा में वृद्धि से होती है। तेलुगु देशम के आविर्भाव का मार्ग इंदिरा गांधी के तानाशाही रवैये ने ही प्रशस्त किया था। भाजपा का केन्द्रीय नेतृत्व अगर उसी रवैये पर चलता रहा, तो गुजरात या मध्य प्रदेश में कोई न कोई गुट एक दिन संगठन से अलग हो कर हिंदुओं की हिमायत करनेवाला स्वतन्त्र प्रादेशिक दल बन कर उठ खड़ा होगा।

बड़े पैमाने पर युवा वर्ग के प्रवेश ने भी भाजपा का चरित्र संशोधित कर दिया है। ये लोग राजनीति में समाज कल्याण करने के लिए नहीं उतरे हैं। इनकी

शिक्षा-दीक्षा में वैसा कुछ नहीं है, जो इन्हें निष्ठा के उस साँचे को स्वीकार करने के लिए प्रेरित करे, जो कई दशकों पहले रा. स्वं संघ के दार्शनिकों ने गढ़ा था। राष्ट्र विकास के लिए ये लोग प्रेरणा के सूत्र प्राचीन भारत की संस्कृति में खोजने के लिए उत्सुक नहीं हैं। ये अपने राष्ट्र को उसी दिशा में ले जाना चाहते हैं, जिस दिशा में चीन, जापान आदि एशिया के अन्य देश जा रहे हैं। स्वदेशी का मन्त्र इनके हृदयों में कोई विशेष भाव नहीं जगाता। युवा वर्ग भाजपा की परंपरावादी छवि के साथ एक प्रकार की असहजता महसूस करता है। वह इस छवि के प्रति उदासीन है तथा उस शैली पर चल रहा है, जिसे गुरु गोलवलकर ने 'आधुनिक' या 'पाश्चात्य' कह कर निंदनीय ठहराया था। युवा वर्ग के प्रवेश से भाजपा में भी अंग्रेजी बोलनेवाले और अंग्रेजियत दिखानेवालों की सफल घुसपैठ हो गयी है।

सत्ता के सुख ने भाजपाई नेताओं की चारित्रिक दुर्बलताओं को सतह पर ला दिया है। यह राष्ट्रीय स्वयंसेवक संघ के प्रशिक्षण की सबसे बड़ी असफलता है। व्यक्ति-निर्माण करने का जिन्हें दम्भ था, वे अपनी मेहनत पर इतनी आसानी से पानी फिरता देख कर चकित हैं। फिर भी ये लोग ईमानदारी से यह स्वीकार करने के लिए तैयार नहीं हैं कि दुर्बलताएँ अगर उबाल के रूप में निकल रही हैं, तो इसका मुख्य दायित्व इनके द्वारा रची गयी प्रशिक्षण पद्धति में है।

भाजपा न भी चाहे, तो भी केन्द्र में सत्ताधारी बनने के लिए कांग्रेस का चोला पहनने के लिए वह विवश है। केन्द्र में कांग्रेस का दीर्घकालीन शासन डंडे की ताकत से नहीं चला है। इंदिरा गांधी या उनसे पूर्ववर्ती कांग्रेसी नेताओं को भारतीय समाज की सही पहचान थी। भारत ऐसा विशाल देश राष्ट्रीय स्तर पर किसी भी प्रकार की अतिवादी राजनीति की अनुमति नहीं देता, चाहे वह वामपंथी हो चाहे दक्षिणपंथी। यहाँ वर्ग, जाति या धर्म का द्वैत राष्ट्रीय सरकार का सैद्धांतिक आधार नहीं बन सकता। व्यापक जन समर्थन का मार्ग समझौते में है। केन्द्र में आने के लिए भाजपा को हिन्दुत्व के वाहन का परित्याग कर सहिष्णुता का वाहन अपनाना पड़ेगा। सत्ता की राजनीति ने जो नियति भाजपा के लिए तय की है, वह अन्य दलों से भिन्न नहीं है।

भाजपा को अगर अपनी सैद्धान्तिक शुद्धता के साथ कोई समझौता नहीं करना है तो उसे सत्ता की राजनीति को तिलांजलि दे कर सिर्फ विपक्ष की राजनीति ही अपनानी चाहिए। स्थायी विपक्ष की राजनीति से वह उन लोगों की घुसपैठ से मुक्त रहेगी, जो सत्ता के चारों ओर मधुमक्खी की तरह मँडराते रहते हैं। सत्ता के वैभव का साक्षात्कार करने के बाद अब विपक्ष की राजनीति भाजपा के नेताओं को रास नहीं आ रही है। भीतर से वे हर तरह के समझौते के लिए तैयार हैं। चुनाव जीतने के लिए अब वे हिन्दू राष्ट्र को जाति की निगाह से देखने लगे हैं। दलित, पिछड़े आदि को अपनी ओर लाने के लिए प्रलोभन के सेतु खड़े किये जा

रहे हैं। मायावती को समर्थन इसी प्रकार का एक प्रयास था। इंदिरा गांधी की सिद्धान्त से परे समझौते की शैली को भाजपा ने अपना लिया है। यदि उसकी प्रगति में कोई अवरोध नहीं आया, तो एक दिन वह निश्चित रूप से हमारे सामने कांग्रेस का प्रतिरूप बन कर खड़ी हो जायेगी। आश्चर्य की बात तो नहीं, लेकिन खेद की बात जरूर है कि सत्ता के लिए समझौते की शुरुआत उसने अपराधी तत्त्वों के साथ की है—उन सिद्धान्तों के साथ नहीं, जिनसे अल्पसंख्यक समुदाय अपने को असुरक्षित महसूस करते हैं और हर नाजुक मौके पर देश के प्रति अपनी निष्ठा का सार्वजनिक प्रदर्शन करने के लिए मजबूर होते हैं।

जिन्नावाद का हिन्दू संस्करण

कुँवर प्रसून

भारतीय जनता पार्टी अपना उद्देश्य चाहे जो घोषित करे, परन्तु यह बात किसी से छिपी हुई नहीं है कि उसका ध्येय सर्वग्रासी हिन्दू राष्ट्र की स्थापना करना है। मगर वास्तविकता तो यह है कि वह स्वतन्त्रतापूर्वक अपना न कोई लक्ष्य निर्धारित कर सकती है, न कोई कार्यक्रम तय कर सकती है। उसकी लगाम तो राष्ट्रीय स्वयंसेवक संघ (आर. एस. एस.) के हाथों में रहती है, इसलिए वह जो लक्ष्य सामने रखता है, वह उसी पर चलती है और जो कार्यक्रम देता है, उसी को अंजाम देती है। चूँकि आर. एस. एस. का उद्देश्य फासिस्ट हिन्दू सत्ता स्थापित करना है, सो भाजपा उससे भटक नहीं सकती। वह उसका राजनीतिक मोर्चा है।

लेकिन विभिन्न धर्मों व संस्कृतियों के इस देश में वह हिन्दू सत्ता कैसे स्थापित करेगी ? यहाँ कुल जनसंख्या का सातवाँ हिस्सा मुसलमान हैं और उसके तमाम कार्यक्रम उनके विरोध पर ही आधारित हैं। वह न केवल मुसलमानों से घृणा करती है, बल्कि पारसियों, ईसाइयों, बौद्धों, जैनों आदि से भी पल्ला बचा कर चलती है। यहाँ तक कि हिन्दू धर्म के दलितों व पिछड़ों से यह भले ही स्नेह प्रदर्शित करे, किन्तु हिंदुओं ने उन्हें जिन सीढ़ियों पर बैठा रखा है, वह उन्हीं पर उन्हें देखना पसन्द करती है। इस तरह अगर भाजपा को सीधे शब्दों में परिभाषित करने को कहा जाये, तो कह सकते हैं कि यह मुस्लिम द्वेष से अनुप्राणित सवर्ण हिन्दुओं की पार्टी है। सवर्णों की पार्टी भी यह अयोध्या अभियान के बाद बनी है। उससे पहले यह पाकिस्तान से आये मुहाजिरों के बीच ही लोकप्रिय थी और शहरों तक सीमित थी। दलितों व पिछड़ों के लिए इसके पास अब भी कोई अपील नहीं है, इसलिए इसे हिन्दू पार्टी कहना अन्याय होगा। यह दलितों-पिछड़ों को मुसलमानों के खिलाफ उकसा भी नहीं सकती, क्योंकि वे एक जैसी आर्थिक स्थितियों में जीवन-यापन करते हैं।

वस्तुतः दलितों, पिछड़ों, मुसलमानों, पारसियों, जैनों, बौद्धों एवं ईसाइयों से

मिल कर जो भारत बनता है, वह बहुमत में है तथा लोक सभा की कम से कम 350 सीटों तक फैला हुआ है। इसलिए 'हिन्दू राष्ट्र' का सपना साकार होना तो दूर की बात है, भाजपा का केन्द्रीय सत्ता में आना भी मुमकिन नहीं जान पड़ता। लेकिन दृष्टि-दोष की शिकार यह पार्टी सत्ता में आने के बढ़-चढ़ कर दावे करती रहती है और खुद को अखण्ड भारत का अलम्बरदार बताती है, जब कि एक अखंड देश की उसके पास कल्पना तक नहीं है। देश सिर्फ भूगोल नहीं होता। उसके निवासियों को मिला कर ही देश बनता है।

मगर सपना तो सपना ही होता है, उसे कोई भी देख सकता है। किन्तु अपने सपने को साकार करने के लिए भाजपा ने जो रास्ता चुना है, वह भी कम भयावह नहीं है। 6 दिसम्बर 1992 को उसने भारत, पाकिस्तान और बाँग्लादेश के मुसलमानों को जो संदेश दिया, वह यही है कि द्विराष्ट्रवाद के प्रवर्तक मुहम्मद अली जिन्ना सही थे। जो लोग देश के बँटवारे के समय पाकिस्तान चले गये थे, उन्होंने जिन्ना को सही माना ही था, पर जो नहीं गये और शान के साथ भारत में डटे रहे कि यह एक धर्मनिरपेक्ष राष्ट्र है, यहाँ सभी धर्मों व मतों के साथ न्यायपूर्ण व्यवहार होगा, उन्हें भाजपा गिरोह द्वारा बाबरी मस्जिद तोड़ने की कार्रवाई से कितना धक्का लगा होगा ? उन्होंने सोचा होगा कि पाकिस्तान जानेवाले मुसलमान सही थे, हम ही मूर्ख रहे जो इसे अपना वतन मान कर यहाँ रह गये और अब हम अपनी मस्जिदों को भी सुरक्षित नहीं रख पा रहे हैं। उधर पाकिस्तान के लोगों के जेहन में कभी यह बात अखर जाती होगी कि उन्होंने बेवजह ही देश का बँटवारा करवाया है, आखिर भारत में भी तो मुसलमान स्वाभिमान के साथ रहे हैं, कोई वहाँ राष्ट्रपति बन जाता है, कोई राज्यपाल, कोई उच्चतम न्यायालय का मुख्य न्यायाधीश, तो कोई मंत्री और कोई मुख्यमंत्री। लेकिन बाबरी मस्जिद के ध्वंस के बाद वे सोच रहे होंगे कि उनका द्विराष्ट्रवाद ही सही था। यह दीगर बात है कि पाकिस्तान में मुहाजिर तथा बाँग्लादेश में बिहारी मुसलमान द्विराष्ट्रवाद को कोस रहे होंगे। उन्हें इस सिद्धान्त ने कहीं का नहीं रखा।

फिर भी पाकिस्तान आज इस धरती पर एक वास्तविकता है। लेकिन बाबरी मस्जिद टूटने के बाद यह तय होना अभी शेष लगता है कि जिन्ना द्वारा प्रतिपादित द्विराष्ट्रवाद का सिद्धान्त गलत था या सही। पाकिस्तान और बाँग्लादेश की सरकारें अक्सर अपनी कारगुजारियों से यह साबित करती रहती हैं कि सन 1947 में देश का सांप्रदायिक विभाजन गलत था। मगर भाजपा, शिव सेना, आर. एस. एस. आदि यह सिद्ध करने पर तुले हुए हैं कि पाकिस्तान का बनना वाजिब था। इस गिरोह के पास देश के पुनर्निमाण का ऐसा कोई कार्यक्रम नहीं है, जिसे सामने रख कर वह चुनाव जीत सके। उसके पास एक ही कार्यक्रम है कि मुसलमान ऐसे क्यों बैठते हैं, ऐसे क्यों उठते हैं, ऐसे क्यों चलते हैं, ऐसे क्यों बोलते हैं। जैसे उसे

मुस्लिम रोग हो गया हो।

चूँकि संविधान के अनुच्छेद 370 का सम्बन्ध जम्मू-कश्मीर से है तथा यह एक मुस्लिम-बहुल प्रदेश है, इसलिए भाजपा उसे लगातार विवादास्पद बनाये रहती है। वह कश्मीर को भारत का अभिन्न अंग तो बताती है, पर वहाँ के लोगों को नहीं; अनुच्छेद 370 को खत्म करने की माँग तो करती है, पर कश्मीरियों को विश्वास में ले कर नहीं। सच तो यह है कि भाजपा अगर कश्मीर पर बोलना बन्द कर दे, तो उसका भारत में वास्तविक विलय हो जायेगा। अन्यथा हम उसे 'अभिन्न अंग-अभिन्न अंग' कह कर चिल्लाते रहेंगे और उसकी भिन्नता बढ़ती जायेगी। आज कश्मीर मुद्दे का इतना अधिक अंतर्राष्ट्रीयकरण हो गया है, तो उसका श्रेय पाकिस्तान को कम और भाजपा को ज्यादा जाता है। सन 1992 में भाजपा के तत्कालीन अध्यक्ष मुरली मनोहर जोशी ने कन्याकुमारी से कश्मीर तक जो कूच आयोजित किया, उसके द्वारा पहली बार विश्व समुदाय को बताया गया कि इस सीमांत प्रदेश से भारत सरकार का शासन समाप्त हो गया है। कूच के दौरान जोशी जगह-जगह चिल्लाते थे कि यहाँ भारतीय सरकार का कोई कानून नहीं चलता है, यहाँ अब राष्ट्रीय ध्वज भी नहीं फहराया जाता, सो वही एक माई के लाल हैं जो श्रीनगर के लाल चौक पर तिरंगा झंडा फहरायेंगे। इससे विश्व के पास संदेश गया कि यह राज्य अब वास्तव में भारत के नियन्त्रण में नहीं रहा और कश्मीरियों के पास गया कि एक हिन्दू नेता उन पर आक्रमण करने आ रहा है। मगर इस माई के लाल की हिम्मत तो देखो कि जम्मू से आगे जाने में जवाब दे गयी। यही नहीं, भाजपा के दूसरे बड़े नेता लालकृष्ण आडवाणी व अटल बिहारी वाजपेयी भी जम्मू से आगे न जा सके। अंततः भारत सरकार ने जोशी को हेलीकॉप्टर में बैठा कर श्रीनगर के लाल चौक पर उतारा और सेना के संरक्षण में उन्हें तिरंगा फहराने का सुहावना अवसर प्रदान किया, जैसे कि यह बहुत जरूरी कर्म हो। लेकिन जानते हैं कि कश्मीर में इसकी क्या प्रतिक्रिया हुई ? 26 जनवरी, 92 को जोशी ने झंडा 'फहराया' था और तत्काल बाद 13 फरवरी, 92 को जम्मू-कश्मीर लिबरेशन फ्रंट के नेता अमानुल्ला खाँ ने पाक अधिकृत कश्मीर की राजधानी मुजफ्फराबाद से हजारों समर्थकों के साथ नियन्त्रण रेखा के इस पार आने की कोशिश की थी, जिसमें उनके कई समर्थक पाकिस्तानी रेंजरों की गोलियों से मारे गये थे—यानी भाजपा की ईंट का जवाब पत्थर से दिया।

क्या आपने कभी किसी को उत्तर प्रदेश, मध्य प्रदेश, आंध्र, कर्नाटक, बिहार, उड़ीसा आदि प्रान्तों को भारत का अभिन्न अंग कहते सुना है ? सिर्फ कश्मीर को ही अभिन्न अंग क्यों कहा जाता है ? जाहिर है कि उसकी स्थिति भारत के दूसरे राज्यों से भिन्न है। इस भिन्नता को मिटाने के लिए देश में ऐसा वातावरण बनाया जाना चाहिए था, जिससे कश्मीरी लोगों को लगे कि भारत पाकिस्तान से

अलग देश है। इसमें सभी धर्मों व जातियों के लोगों को समान अधिकार प्राप्त है तथा यहाँ सभी स्वाभिमान के साथ रह सकते हैं। लेकिन आपने मध्य काल में दो राज्यों के बीच के झगड़ों को उभार कर यहाँ ऐसा वातावरण बना रखा है, जैसे उस दौरान हिन्दू-मुसलमान आपस में कटते-मरते रहे हों। आप बात-बात में मुसलमानों की वफादारी का सवाल उठाते हैं और दिन दहाड़े बाबरी मस्जिद को ध्वस्त कर देते हैं तथा आगे तोड़ने के लिए तीन हजार मस्जिदों की सूची पेश करते हैं। लाल किला, कुतुब मीनार, ताजमहल आदि ऐतिहासिक भवनों को गुलामी के चिह्न बताते हैं और मुस्लिम नामों से पुकारे जानेवाले तमाम शहरों के नाम बदलने का एलान करते हैं, तो कश्मीरियों को किस पागल कुत्ते ने काट रखा है, जो भारत के अभिन्न अंग कहलायें ? अगर कश्मीरियों की बात दरकिनार कर दी जाये और सिर्फ भारत व पाकिस्तान के दावों की ओर ध्यान दिया जाये, तो इस तरह (भाजपा के तर्क से) कश्मीर पाकिस्तान का स्वाभाविक हिस्सा बनता है।

लेकिन तथ्य यह है कि मध्य काल में दोनों समुदायों के बीच सांप्रदायिक दंगों का इतिहास नहीं है। यहाँ दंगों की जमीन तो सन 1857 के स्वतन्त्रता संग्राम के बाद तैयार की गयी। इस संग्राम में हिन्दू और मुसलमानों ने मिलजुल कर हिस्सा लिया था तथा बहादुरशाह जफर को भारत का सम्राट घोषित कर दिया था। दोनों समुदायों की एकता का इससे बढ़िया उदाहरण क्या हो सकता है कि जहाँ-जहाँ अंग्रेजों को हरा कर आंदोलनकारियों ने कब्जा किया, वहाँ-वहाँ उन्होंने हिन्दुओं की भावनाओं का आदर करने के लिए गोवध पर प्रतिबन्ध लगा दिया। अंग्रेजों ने हिन्दू-मुसलमानों की इस एकता को पहचाना और धीरे-धीरे ऐसे बीज बोने शुरू कर दिये, जो बाद में सांप्रदायिक दंगों के रूप में फूलने-फलने लगे। ब्रिटिश भारत में पहली बार दोनों समुदायों के बीच सन 1893-94 में सांप्रदायिक दंगा हुआ। उसके बाद सन 1914 में हुआ और फिर ऐसे-ऐसे सांप्रदायिक दल व संगठन बनते चले गये कि पाकिस्तान तक बन गया, पर दंगों से आज भी निजात पाना मुश्किल लग रहा है। गरज यह कि अंग्रेजों ने हिन्दू-मुसलमानों के बीच फूट के जो बीज बोये थे, भाजपा आज उन्हीं को उगाने-पनपाने में लगी है। उसके लोग प्रचार करते हैं कि मध्यकालीन मुस्लिम शासकों ने हिन्दुओं के मन्दिर तुड़वाये थे तथा उन पर तरह-तरह के अत्याचार ढाये थे, हालाँकि यह सत्य का एक अंश मात्र है। ऐसे अनेक मुस्लिम शासक हुए, जिन्होंने मन्दिरों को जमीनें व जागीरें प्रदान कीं, यहाँ तक कि औरंगजेब ने भी, जिन्हें ज्यादा ही कट्टरतावादी बताया जाता है। लेकिन स्वतंत्र भारत में भाजपा ने वही काम कर डाला, जिसके लिए वह मुस्लिम शासकों को दोष देती है। मस्जिद ही नहीं, उसने अयोध्या के छोटे-छोटे मन्दिर भी ध्वस्त कर दिये, ताकि एक ऐसा विशाल मन्दिर बनाया जा सके, जहाँ से स्वर्ण मन्दिर या हजरतबल दरगाह की तरह धर्मनिरपेक्षता व भारतीय राज्य को चुनौती दी जा

सकें।

मध्यकालीन मुस्लिम शासकों की बुराइयों का तो भाजपा खूब प्रचार करती है, पर उन हिन्दू राजाओं के बारे में कुछ नहीं बताती जिन्होंने दूसरे धर्मों के पूजागृहों को नष्ट किया था। सम्राट अशोक के पाँच पीढ़ी बाद के राजा बृहद्रथ की हत्या कर उसका प्रधानमंत्री पुष्यमित्र शुंग स्वयं राजगद्दी पर बैठ गया। उसने बौद्ध व जैन धर्म के लोगों पर घोर अत्याचार किये तथा उनके मठों व मन्दिरों को निर्ममता से ध्वस्त करवाया। इसी तरह सातवीं शताब्दी के बंगाल के एक राजा नरेन्द्र गुप्त शशांक ने भी गंगा घाटी में दूर-दूर तक आक्रमण किये और गया, कुशीनगर, राजगीर तथा अयोध्या के बौद्ध मठों, विहारों एवं जैन मन्दिरों को तुड़वा दिया। बौद्ध धर्म के प्रति उसमें इतना प्रतिशोध भर गया कि उसने बोधगया स्थित उस वृक्ष को ही जड़ से उखड़वा दिया, जिसके नीचे भगवान बुद्ध को ज्ञान प्राप्त हुआ था। अभी वहाँ जो बोधिवृक्ष है, वह श्रीलंका के उस वृक्ष की टहनी ला कर फिर से उगाया गया है, जिसे अशोक के पुत्र महेन्द्र व पुत्री संघमित्रा बोधगया के वृक्ष से टहनी निकाल कर श्रीलंका रोप आये थे। यही नहीं, दक्षिण भारत के एक राजा सुन्दर पांड्य ने भी हजारों जैनों को मौत के घाट उतार दिया था और उनके पूजागृहों को नष्ट कर दिया था। पहले वह जैन धर्म का अनुयायी था, पर बाद में शैव मत का हो गया। ये घटनाएँ तो इतिहास में शताब्दियों पहले की हैं, परन्तु भाजपा ने सभ्यता और प्रजातंत्र के इस युग में यही काम कर डाले।

समान नागरिक संहिता भी उसकी दिलचस्पी का विषय है। इसमें वह दिखाना तो यह चाहती है कि वह सभी नागरिकों के लिए समान अधिकारों व कानूनों की हिमायती है, पर गौर से देखें तो यह भी उसकी मुस्लिम द्वेष से उपजी माँग है। इस सन्दर्भ में वह कहती है कि हिन्दू विवाह अधिनियम के मुताबिक हिन्दू तो एक ही विवाह कर सकता है, परन्तु मुसलमानों को चार-चार विवाह करने की छूट है। हिन्दू शादी करने के बाद आसानी से तलाक नहीं दे सकता, मुसलमान तीन बार तलाक-तलाक-तलाक कहने से बरी हो जाता है। हिन्दू लोग परिवार नियोजन कराते हैं, किन्तु मुसलमान उससे परहेज करते हैं। फलतः उनकी जनसंख्या बेतहाशा बढ़ रही है।

साधारण हिन्दू इन बातों को सुन कर बहक जाता है। उसे लगता है कि बहुसंख्यक होने के नाते उससे भेदभाव किया जा रहा है। लेकिन वह भूल जाता है कि हिन्दू-मुसलमानों की जीवन-पद्धतियाँ ही अलग-अलग हैं, इसलिए उनके जन्म-मरण और विवाह सम्बन्धी कानूनों में कुछ भिन्नताएँ तो होंगी ही। हिन्दुओं के विभिन्न समुदायों में ही इतनी भिन्नताएँ हैं कि कभी-कभी संदेह होता है कि वे एक ही धर्म में विश्वास करते हैं। देहरादून जिले के जौनसार-बावर, उत्तरकाशी के रेवाईं, टिहरी के जौनपुर तथा हिमाचल के किन्नौर क्षेत्र में प्रचलित बहुपति प्रथा

हिन्दुओं के तमाम रीति-रिवाजों से अलग दिखायी देती है। इसी तरह कश्मीर के हिन्दुओं के कहीं-कहीं मुसलमानों से वैवाहिक रिश्ते भी मिल जायेंगे। पंजाब में हिन्दुओं और सिखों में रोटी-बेटी के सम्बन्ध तो होते ही हैं, जब कि देश के दूसरे हिस्सों में ऐसे रिश्ते असामान्य स्थितियों में ही मिलेंगे। अतः एक धर्मनिरपेक्ष राज्य के निजी कानूनों में विविधता होना स्वाभाविक है। यह कानूनों का नहीं, जीवन पद्धतियों का फर्क है। हाँ, जब कानूनों या समाज में बदलाव की इच्छा हो, तो मुस्लिम समाज के लिए उसके अन्दर पैदा होगी और हिन्दू समाज के लिए उसके अन्दर। उदाहरण के लिए चार-चार शादियाँ करना या बात-बात में तलाक देना कोई अच्छी बात नहीं है। लेकिन अगर हिन्दू लोग मुसलमानों से कहें और मुसलमान हिन्दुओं से कि उनके यहाँ अमुक-अमुक कमियाँ हैं, तो झगड़े बढ़ेंगे। अपने-अपने समाज की कमियाँ दूर करने के लिए सवाल उठाये जायें, तो एक स्वस्थ समाज का निर्माण होगा तथा अनावश्यक झगड़ों से भी बचे रहेंगे। रही बात यह कि मुसलमान चार-चार शादियाँ कर सकते हैं, तो हमें भी इसकी छूट हो या वे परिवार नियोजन से परहेज करते हों, हमें भी करना चाहिए जैसे प्रतिक्रियावादी विचारों की, तो इससे देश विनाश की तरफ ही बढ़ सकता है। वैसे परिवार नियोजन सम्बन्धी अलग कानून किसी समाज के लिए नहीं है।

मगर धर्मनिरपेक्षता को कठघरे में खड़ा किये बिना भाजपा का पूरा मतलब नहीं सधता। उसे मालूम है कि भारत में जब तक धर्मनिरपेक्षता का सिद्धान्त रहेगा, तब तक 'हिन्दू राष्ट्र' की अवधारणा लोगों के गले नहीं उतरेगी। इसलिए उस पर भी हमला करो। यही कारण है कि वह इसे छद्म धर्मनिरपेक्षता कह कर अक्सर लज्जित करती रहती है। वह भारत में रहनेवाले हरेक व्यक्ति को भारतीय कहने की बजाय हिन्दू कहना पसन्द करती है, ताकि सबको हिन्दुओं की दादागीरी का एहसास होता रहे। अल्पसंख्यकों के हित में उठाये गये हर कदम को वह 'तुष्टीकरण' की संज्ञा देती है। पाकिस्तान को गाली देने में सबसे आगे रहती है, पर इसलिए नहीं कि उसका जन्म सांप्रदायिकता की कोख से हुआ, फकत इसलिए कि वहाँ मुसलमान बसते हैं। श्रीलंका, तिब्बत, बर्मा आदि के शरणार्थियों को वह कभी अपने एजेंडे पर नहीं लाती, पर बाँग्लादेश से आये शरणार्थियों से तुरत बिदक जाती है। मजे की बात तो यह है कि विदेश-यात्रा पर भी भाजपाई किसी अरब देश की बजाय इस्रायल जाना पसन्द करते हैं, क्योंकि वह अरबों के विरोध में रहा है तथा यहूदी देश कहलाता है।

जिस तरह मुस्लिम लीग कभी हिन्दू ग्रन्थि से पीड़ित रहती थी, उसी तरह भाजपा मुस्लिम ग्रन्थि से पीड़ित है। मुस्लिम लीग ने कटा-पिटा पाकिस्तान ही सही, पर अपना लक्ष्य हासिल कर लिया, किन्तु भाजपा अपने लक्ष्य में सफल हो पायेगी, यह दूर तक कहीं दिखाई नहीं देता। मगर स्वतन्त्रता संग्राम के दौरान हमारे राष्ट्रीय

नेताओं ने न्याय, समानता और धर्मनिरपेक्षता के जिन मूल्यों को विकसित किया था, वह उनको रौंदने में लगी हुई है। अगर वह आंशिक रूप से भी इसमें सफल हुई, तो यह जिन्ना की ही विजय होगी। दरअसल, भारत और पाकिस्तान एक देश से बने दो देश जरूर हैं, परन्तु दोनों की आधार-शिलाएँ भिन्न-भिन्न हैं। भाजपा देश की इस भिन्नता से घृणा करती है तथा पाकिस्तान की तर्ज पर ही इसे ढालना चाहती है। ऐसा वह शायद कभी न कर सकेगी, पर अपनी मूल समस्याओं को हल करने की दिशा में बढ़ता हुआ यह देश भाजपा के कारण बार-बार पटरी से उतरता रहेगा।

संकीर्णता की प्रतिष्ठा

प्रेम सिंह

देश की मुख्यधारा राजनीति के एजेंडा में तीन मुद्दे स्पष्ट हैं : खुला बाजारवाद, संप्रदायवाद और आरक्षणवाद। परिधीय गैर-पार्टी राजनीति का एजेंडा अलबत्ता अलग है, जिसका हस्तक्षेप मुख्यधारा राजनीति में होने की सम्भावना अभी नहीं नजर आती। कुछ गैर-पार्टी राजनीतिक संगठनों के संयोजन से बनी समाजवादी जन परिषद को मुख्यधारा राजनीति में हस्तक्षेप करने लायक हैसियत अभी अर्जित करनी है। '30 के दशक से ले कर '70 के दशक की शुरुआत तक अपनी उपस्थिति जताता रहा समाजवादी क्रान्ति का एजेंडा आज लगभग अनुपस्थित है, हालाँकि समाजवादी क्रान्ति की विचारधारा को आधार मान कर बनी राजनीतिक पार्टियाँ आज भी मुख्यधारा राजनीति में सक्रिय हैं। कुल मिला कर जो वर्तमान राजनीतिक परिदृश्य बनता है, वह टुकड़े-टुकड़े राजनीति का है, जिसके आईने में देश का राजनीतिक मानस भी टुकड़ों में बँटा हुआ दिखाई देता है। कहा जा सकता है कि बाजारवाद, संप्रदायवाद और आरक्षणवाद को राजनीतिक लक्ष्य मान कर चलनेवाली पार्टियाँ पूरे भारतीय समाज के सन्दर्भ में संकीर्णता का शिकार हैं। देश की राजनीति में जैसे संकीर्णता की प्रतिष्ठा का महायज्ञ चल रहा है, जिसमें सभी राजनीतिक पार्टियाँ अधिकाधिक वोटों की आहुति जुटाने को बेताब नजर आती हैं। इन तीनों संकीर्णताओं में भारतीय जनता पार्टी की संकीर्णता इस मायने में विशिष्ट है कि उसकी विचारधारात्मक अंतर्वस्तु का वैचारिक तत्त्व अत्यंत क्षीण है। यहाँ यह विस्तार से बताने की जरूरत नहीं है कि भाजपा राष्ट्रीय स्वयंसेवक संघ के सांस्कृतिक एजेंडा को फलीभूत करने की दिशा में प्रयासरत राजनीतिक मोर्चा है। अतः जब भाजपा की विचारधारा की बात की जाती है, तो पूरे संघ परिवार की विचारधारा की बात होती है। इस सन्दर्भ में भाजपा अध्यक्ष लालकृष्ण आडवाणी का यह कथन देखा जा सकता है : 'सामान्यतः विचारधारात्मक रूप से हम (यानी भाजपा और आर. एस. एस.) एक ही ग्रुप से सम्बद्ध हैं। जहाँ तक

विहिप का सवाल है, उसका सम्बन्ध आर. एस. एस. के साथ है।' **(इंडियन एक्सप्रेस, 4 फरवरी 1991)**

संघ परिवार के वैचारिक संकुचन के सन्दर्भ में पिछले डेढ़-दो दशक में आयी पैम्फलेटी पुस्तिकाओं की बाढ़ देखी जा सकती है। कुछ पुस्तकें हैं : 'कंट्री'ज यूनिटी मस्ट' (देश की एकता आवश्यक है—बालासाहब देवरस); 'द इमेर्जिंग नेशनल विजन' (उभरती राष्ट्रीय दृष्टि—सीताराम गोयल); 'परवर्शन ऑफ इंडियॉ'ज पॉलिटिकल पार्लेंस' (भारत की राजनीतिक चिन्तन शैली की विकृति—सीताराम गोयल); धर्मनिरपेक्षता : राष्ट्रद्रोह का दूसरा नाम (सीताराम गोयल); 'आर. एस. एस. स्प्रेडिंग नेशनल रिनेसाँ' (आर. एस. एस. राष्ट्रीय पुनर्जागरण की अगुआई कर रहा है (के. आर. शेषाद्रि); हिन्दूज एब्रॉड (विदेशों में हिन्दू—के. आर. शेषाद्रि); 'धर्मनिरपेक्षता को चुनौती', 'अखण्ड भारत और मुस्लिम समस्या' (दीनदयाल उपाध्याय); 'उदीयमान राष्ट्र दृष्टि' (सीताराम गोयल); 'कम्युनिस्ट बेनकाब' (विवेक सत्यार्थी); 'इंडिया टुमारो' (कल का भारत—के. आर. मलकानी); 'हिन्दू चिन्तन और चुनौतियाँ', 'धर्मनिरपेक्षता'—विजया भारती; 'कल्चरल सेल्फ-एलिएनेशन एंड सम प्राब्लम्स हिन्दूइज्म फेसेस' (सांस्कृतिक आत्म—अलगाव एवं हिन्दू धर्म के सामने कुछ समस्याएँ—राम स्वरूप) 'एंग्री हिन्दू, यस, व्हाई नाट' (क्रूद्ध हिन्दू—हाँ, क्यों नहीं); 'व्हाई हिन्दू राष्ट्र' (हिन्दू राष्ट्र क्यों—शेषाद्रि, सुदर्शन आदि); और गिरिलाल जैन की 'नकली धर्म निरपेक्षता बनाम राष्ट्रीयता' तथा पांचजन्य; ऑर्गनाइजर एवं अन्य पत्र-पत्रिकाओं के प्रकाशित लेख।

इन पुस्तिकाओं की विषयवस्तु पर सरसरी नजर डालें तो पता चलता है कि इनका लेखन मुस्लिम-द्वेष और हिन्दू-श्रेष्ठता की मानसिकता के तहत हुआ है। इनका उद्देश्य बहुसंख्यक समाज में उत्तेजना पैदा करना है, कोई दार्शनिक-वैचारिक प्रेरणा नहीं। विचारधारा में विचार को अपदस्थ कर मानसिकता की प्रतिष्ठा दरअसल संकीर्णता का प्रस्थान-बिन्दु है। राष्ट्रीय स्वयंसेवक संघ की स्थापना के मूल में न परंपरागत भारतीय दर्शन के सन्दर्भ में किसी दर्शन का प्रतिपादन था और न नवजागरणकालीन आधुनिकता के सन्दर्भ में किसी विचारधारा का। डॉ. हेडगेवार ने 1925 में राष्ट्रीय स्वयंसेवक संघ की स्थापना ऐसे समय की थी, जब 'पूरा माहौल मुस्मिल कट्टरतावाद से आवेशित' था। सब जगह भारत माता की जय के बजाय 'अल्लाह-ओ-अकबर' के नारे सुनाई पड़ रहे थे। बन्नू, कोहाट, मुल्तान, नागपुर, कानपुर और अन्य जगह मुस्लिम दंगे फैल गये थे। उन दंगों की परिणति मोपला अत्याचार में हुई, जहाँ आगजनी, लूट, हत्या, बलात्कार और जबरन धर्म परिवर्तन का बाजार गरम था। 'यह प्रमाणित हो चुका था कि भारत में हिन्दू ही राष्ट्र हैं और हिन्दुत्व ही राष्ट्रीयता है।'' (सी. पी. भीशीकर, 'केशव : संघ निर्माता' 1938) में गुरु गोलवलकर लिखते हैं : 'सिर्फ वे आन्दोलन ही सही अर्थों में

राष्ट्रवादी हैं, जिनका लक्ष्य हिन्दू राष्ट्र को उसकी मौजूदा नींद से जगाना, उसका पुनर्निर्माण करना तथा उसमें नयी जान डालना है। सिर्फ वही राष्ट्रवादी देशभक्त हैं, जो हिन्दू राष्ट्र के गौरवान्वयन की ही आकांक्षा को अपने दिल में ले कर चल रहे हैं तथा उसी से प्रेरित हैं और उसी लक्ष्य को हासिल करने के लिए काम कर रहे हैं। दूसरे सभी या तो विश्वासघाती तथा राष्ट्रीय लक्ष्य के दुश्मन हैं या फिर अगर बहुत उदार हुआ जाये तो बेवकूफ हैं।' ('वी ऑर अवर नेशनहुड डिफाइंड') राष्ट्रीय स्वयंसेवक संघ की समझ में भारत का इतिहास पिछले हजार वर्षों तक देशभक्त हिन्दुओं और आक्रांता मुसलमानों के बीच संघर्ष का इतिहास रहा है। यह 'इतिहास दृष्टि' हिन्दुओं और मुसलमानों को वर्चस्व के लिए संघर्षरत दो एकरूप (होमोजिनस) धार्मिक इकाइयाँ मानती है। हिन्दू राष्ट्र को नींद से जगाने का आह्वान उसके वर्चस्व की स्थापना का आह्वान है। यह वर्चस्व कैसे होगा, इसके बारे में गुरु गोलवलकर बताते हैं : 'हिन्दुस्तान में विदेशी नस्लों को हिन्दू संस्कृति तथा भाषा को अपनाना होगा। हिन्दू धर्म का आदर करना तथा उसके सामने सिर झुकाना सीखना होगा, हिन्दू धर्म व संस्कृति यानी हिन्दू राष्ट्र के गौरवान्वयन के सिवा सभी विचारों को त्यागना होगा। वे इस देश में पूरी तरह से हिन्दू राष्ट्र के अधीन ही हो कर रह सकते हैं। उनका कोई दावा नहीं होगा। कोई विशेषाधिकार नहीं होंगे। और कोई अतिरिक्त सुविधाएँ हासिल होना तो दूर रहा, नागरिकों के अधिकार तक नहीं होंगे। उनके लिए और कोई रास्ता नहीं है। और न ही होना चाहिए। हमारा एक प्राचीन राष्ट्र है और हमें अपने यहाँ बसे विदेशियों से वैसे ही व्यवहार करना चाहिए, जैसे प्राचीन राष्ट्र करते हैं।' ('वी ऑर अवर नेशनहुड डिफाइंड') विदेशी नस्ल से उनका तात्पर्य मुख्यतः मुसलमानों से है और प्राचीन राष्ट्र के व्यवहार का आदर्श वे आधुनिक युग में जर्मनी को मानते हैं : 'अपनी नस्ल तथा संस्कृति की शुद्धता की रक्षा करने के लिए देश से यहूदियों का सफाया करके जर्मनी ने सारी दुनिया को स्तंभित कर दिया था। यहाँ नस्ली गौरव के चरमोत्कर्ष की अभिव्यक्ति हुई है। जर्मनी ने यह भी दिखा दिया है कि बुनियादी भिन्नताओंवाली नस्लों तथा संस्कृतियों का एक एकीकृत समग्रता में घुलमिल जाना लगभग असंभव ही है। यह हम हिन्दुस्तान के लोगों के लिए एक अच्छा सबक है कि इससे सीखें और लाभ उठायें।' (वी ऑर अवर नेशनलहुड डिफाइंड)।

ऐसा नहीं है कि आजादी, विभाजन, सवैधानिक स्थापनाओं, सामाजिक-राजनीतिक प्रक्रियाओं, विभिन्न समस्याओं—गरीबी, अशिक्षा, बेरोजगारी, भ्रष्टाचार आदि-की उठती-गिरती लहरों के थपेड़ों ने संघ परिवार की संकीर्णता का पाट कुछ चौड़ा किया हो। मुस्लिम संकीर्णता की प्रतिक्रिया में पैदा हुई हिन्दू संकीर्णता उसके लिए आज भी उतनी ही मौजूँ बनी हुई है। बानगी के लिए, हेडगेवार और

गोलवलकर क्री निरंतरता में मुस्लिम-द्वेष और हिन्दू-श्रेष्ठता की मानसिकता पर खुदी गिरिलाल जैन और सीताराम गोयल की ये पंक्तियाँ देखी जा सकती हैं : 'ये दंगे तब तक खत्म नहीं हो सकते जब तक मुसलमान भारतीय सभ्यता के ढाँचे में खुद को व्यवस्थित नहीं कर लेते।…अगर हिन्दू की मुसलमान के साथ बराबरी करवायी जायेगी, दोनों को समान करने की कोशिश होगी, तो यह देश नहीं चल सकता।' ('नकली सेक्युलरिज्म बनाम राष्ट्रीता') 'आज भारत में इस्लाम के लिए कोई जगह नहीं है।…आज भारत में ईसाई धर्म के लिए कोई जगह नहीं है…इस्लामी विचारधारा, ईसाई विचाराधारा, कम्युनिस्ट विचारधारा—इन सबों ने इतनी अधिक घुसपैठ की है कि अपने ही घर में हिन्दू को सम्प्रदायवादी कहा जा रहा है।…ऐसा इसलिए हुआ क्योंकि अज्ञानवश हिन्दुओं ने इस्लाम तथा ईसाइयत को धर्म मान लिया है। इस मान्यता को वापस ले लिया जाना है। यह उभरती राष्ट्रीय दृष्टि का प्रथम फलितार्थ है… । हमें ऊँचे चढ़ कर यह घोषणा करनी है कि हम ईसाइयत एवं इस्लाम को धर्म नहीं मानते हैं।' ('इमर्जिंग नेशनल विजन')

भाजपा के सन्दर्भ में दर्शन, विचारधारा, सिद्धान्त, सिद्धान्तकार आदि पदों का प्रयोग उसकी मानसिकता को बौद्धिक वैधता प्रदान करने के 'प्रोजेक्ट' को स्वीकृति प्रदान करना है। इस सन्दर्भ में उन बुद्धिजीवियों की भूमिका देखी जा सकती है जो भाजपा की मानसिकता से परिचालित नारों और कार्यवाहियों में पाये जानेवाले विचार-कणों का सूत्रीकरण और सिद्धान्तीकरण करने की तत्परता दिखाते हैं। सुप्रीम कोर्ट ने भाजपा के 'हिन्दुत्व' को भारतीयता का पर्याय मान कर उसी दिशा में भूमिका निभायी है। हिन्दुत्व के संकीर्ण-सांप्रदायिक संपृक्तार्थ (कॉनोटेशन) में भारतीयता को नहीं उठाया जा सकता। सुप्रीम कोर्ट इस विरोधाभास पर भी गौर नहीं कर पाया है कि आधुनिक पश्चिमी सेक्युलर विचारधाराओं-प्रणालियों और व्यवहारों पर आधारित संविधान, विधायिका, कार्यपालिका, न्यायपालिका एवं अन्य संस्थानोंवाले राष्ट्र में भारतीयता के राजनीतिक प्रचार का क्या औचित्य है ? न्याय के पश्चिमी विचार, अनुभव और कार्य-पद्धति के तहत कार्यरत न्यायमूर्तियाँ क्या गिरिलाल जैन की तरह देश में अब 'हिन्दू सरकार' की जरूरत महसूस करती हैं ? जैन का मानना है : 'जब तक समर्थन प्राप्त करने का कार्य जारी रहता है, तब तक प्रस्तावित मन्दिर के वास्तविक निर्माण में होनेवाले विलम्ब से चिन्तित होने की आवश्यकता नहीं है। वह निर्माण कार्य नयी दिल्ली में हिन्दू सरकार आने की प्रतीक्षा कर सकता है। वस्तुतः तभी मन्दिर निर्माण का सही समय होगा। तब वह नयी व्यवस्था के उषाकाल की घोषणा उचित प्रकार से कर सकेगा।' '(नकली सेक्युलरिज्म बनाम राष्ट्रीयता') यहाँ जिस नयी व्यवस्था का आह्वान किया गया, है, वह कोई विचारित व्यवस्था नहीं है। जैन के अनुसार उसकी स्थापना के लिए केवल 'हिन्दुत्व के जाग्रत' होने भर की देर है। इस जागृति के लिए उनकी नजर

में 'राम जन्मभूमि तीन धारवाला महा उपकरण है।' यानी नयी व्यवस्था का सारा दारोमदार एक पुरानी मस्जिद को ढहा कर उस स्थान पर नया मन्दिर बनाने पर है। यहाँ संकीर्णता का यह पहलू भी गौरतलब है कि मन्दिर-मस्जिद विवाद में 'निबल के बल राम' को सुनियोजित ढंग से फासिस्ट प्रतीक में बदला जा रहा है, जो सारे मुसलमानों को बाबर की औलाद मान कर उनके खात्मे के लिए सन्नद्ध हैं। दरअसल, भाजपा को पश्चिम जगत से नहीं, मुस्लिम जगत से खुन्नस है। उसमें भी विभाजन के बाद यहाँ बचे मुसलमानों से, जो उसकी नजर में पैदाइशी आक्रामक, हिंसक और कामुक होते हैं; हिन्दुओं को अपने ही देश में अल्पसंख्यक बनाने के लिए दिन-रात चार-चार बीवियों के साथ बच्चे पैदा करने में लगे रहते हैं; हिन्दू महिलाओं से बलात्कार कर हिन्दू गर्भाशयों से मुसलमान सन्तान पैदा करने की फिराक में रहते हैं; जिनका धार्मिक-सांस्कृतिक विचार और आचरण हिन्दुओं के बिलकुल उलटा है; भारत में मुस्लिम राष्ट्र की स्थापना के लिए जिन्हें अरब राष्ट्रों से धन मिलता है; जो अन्न भारत का खाते हैं और गुण पाकिस्तान के गाते हैं अर्थात राष्ट्रद्रोही हैं; और सरकार जिनका तुष्टीकरण करती है। इन आरोपों को गढ़ने और फैलाने में संघ परिवार का संगठन-कौशल इतना प्रभावी सिद्ध हुआ है कि पढ़े-लिखे मध्यवर्गीय लोग भी इन्हें मान लेते हैं। यहाँ इन आरोपों की तथ्यात्मकता की तह में नहीं जाना है, मैं कहना यह चाहता हूँ कि संघ परिवार आज भी मुस्लिम विरोध की मानसिकता से ही ग्रस्त बना हुआ है। रथ यात्रा और बाबरी मस्जिद ध्वंस के आयोजन के वक्त हवा में खून खौलानेवाले नारे और बर्छी-भाले लहराये जाते हैं, लेकिन स्वदेशी जागरण अभियान टाँय-टाँय फिस्स हो जाता है। 'हिन्दू' राष्ट्रवाद को बहुराष्ट्रीय कम्पनियों, पूँजीवादी उपभोक्तावाद, नव-साम्राज्यवाद का वर्चस्व स्वीकार करना पड़ता है, क्योंकि उन्हें चुनौती भारतीय राष्ट्रवाद ही दे सकता है, जिसमें भाजपा की कोई दिलचस्पी नहीं है।

संस्कृति का सवाल लें, क्योंकि भाजपा का संस्कृति प्रेम सर्वाधिक विज्ञापित है। आधुनिक बौद्धिक विमर्श में संस्कृति एक समस्यात्मक अवधारणा है। संस्कृति क्या है—इस पर विभिन्न विद्वानों ने, विभिन्न सन्दर्भों में, विभिन्न नजरियों से विचार किया है। संस्कृति एक नृतत्त्वशास्त्रीय अवधारणा है; समाजशास्त्रीय अवधारणा है; धार्मिक अवधारणा है; आध्यात्मिक अवधारणा है; संस्कृति का धर्म से, अध्यात्म से, सभ्यता से, परंपरा से, साहित्य-कला से, राष्ट्रीयता से, समाज से, व्यक्ति से क्या रिश्ता है; उसकी सत्ता के सूत्र क्या इन सभी में उलझे होते हैं या वह एक स्वायत्त सत्ता है; संस्कृति की प्रेरणा भौतिक-प्राकृतिक है या आत्मिक-आध्यात्मिक; संस्कृति का स्वरूप विशुद्ध होता है अथवा सामाजिक, संग्राहक होता है अथवा संश्लेषणात्मक; भौगोलिकता और ऐतिहासिकता की उसके स्वरूप निर्माण में क्या भूमिका होती है, संस्कृति की मानव जीवन अथवा सामाजिक जीवन में क्या भूमिका

होती है और संस्कृतिहीनता के क्या खतरे हैं—ये प्रश्न अत्यंत उलझे हुए और उद्विग्न करनेवाले हैं। वैदुषिक अथवा बौद्धिक स्तर पर इन प्रश्नों के जवाब हासिल करने, अपनी-अपनी मान्यताएँ और पक्ष निर्धारित करने के प्रयास बराबर होते रहे हैं। बावजूद इसके संस्कृति एक परेशान करनेवाला शब्द ही बना रह जाता है।

भारतीय संस्कृति का प्रश्न भी उलझा हुआ है। आर्यों के आगमन (?) से पूर्व और उनके शासन के दौरान; मुस्लिम शासन के दौरान; औपनिवेशिक शासन के दौरान; और अब स्वशासन के दौरान भारतीय संस्कृति की क्या पहचान है ? जो पहचान बनती है, उस पहचान में सांस्कृतिक संघातों की क्या भूमिका है ? कहाँ संग्रह हुआ कहाँ संश्लेषण; कहाँ सहयोग और कहाँ सहअस्तित्व ? कहाँ टकराव ? काम्य क्या है—संग्राहकता, संश्लेषणात्मकता, सामाजिकता, सहयोग अथवा सह-अस्तित्व ?

भाजपा की संस्कृति को ले कर वैसी कोई कामना नहीं है। वह सामाजिक-ऐतिहासिक तथ्यात्मकता की परवाह न कर संस्कृति को सीधे मानसिकता की दबोच में लेती है और राजनीतिक आकांक्षाओं की पूर्ति के लिए उसका संप्रदायीकरण करती है। यहाँ भाजपा द्वारा धर्म और संस्कृति के संप्रदायीकरण पर चर्चा नहीं करनी है, केवल यही कहना है कि संस्कृति का संप्रदायीकरण संकीर्णता की प्रतिष्ठा की संगति में बैठता है।

सीधी-सरल अभिव्यक्ति में संस्कृति को समाज का आंतरिक गुण कहा जा सकता है, जो मनुष्य के विभिन्न रचनात्मक प्रयासों के साथ दैनंदिन अनुभवों में भी प्रकाशित होता है। जाहिर है, उसका स्वरूप स्थैतिक या विशुद्ध नहीं होता, क्योंकि समाज की गत्यात्मकता के साथ संस्कृति की गत्यात्मकता जुड़ी होती है। भारतीय संस्कृति की महानता का गुणगान संघ परिवार के नेताओं का सर्वप्रमुख शगल है। वह महान हो सकती है; किसी भी समाज के वासी अपनी संस्कृति पर गर्व करें, इसमें कोई समस्या नहीं है। समस्या तब खड़ी होती है, जब अनालोचित रूप से महानता के साथ विशुद्धता और प्राकृतिकता के दावे भी ठोंक दिये जाते हैं।

यहाँ संक्षेप में आचार्य हजारीप्रसाद द्विवेदी का मत देखा जा सकता है जो संस्कृति की रचना और संरचना का सम्बन्ध मनुष्य की जीवनी-शक्ति और ऐतिहासिक-सामाजिक गतिशीलता के साथ जोड़ते हैं : 'मनुष्य की जीवनी-शक्ति बड़ी निर्मम है, वह सभ्यता और संस्कृति के वृथा मोहों को रौंदती चली आ रही है। न जाने कितने धर्माचारों, विश्वासों, उत्सवों और व्रतों को धोती-बहाती यह जीवनधारा आगे बढ़ी है। संघर्षों से मनुष्य ने नयी शक्ति पायी है। हमारे सामने आज समाज का जो रूप है, वह न जाने कितने ग्रहण और त्याग का रूप है।' अगर संस्कृति को समाज के आंतरिक गुण का प्रकाशन मानें तो संस्कृति भी ग्रहण

और त्याग का रूप होगी। अतः आचार्य द्विवेदी संस्कृति की विशुद्धता के आग्रह को स्पष्ट रूप से नकार देते हैं : 'देश और जाति की विशुद्ध संस्कृति केवल बात की बात है। सब कुछ में मिलावट है, सब कुछ अविशुद्ध है।'('अशोक के फूल')

भारतीय समाज के सन्दर्भ में भाजपा की 'संस्कृति' की संकीर्णता एक प्रकट तथ्य है। 'सोशल इंजीनियरिंग' के राजनीतिक प्रयास होते हैं, लेकिन निर्देश-बिन्दु (रेफेरेंस प्वाइंट) संकीर्णता होने के कारण इच्छित नतीजे नहीं निकल पाते। सूई के छेद से हाथी नहीं निकाला जा सकता। एक राजनीतिक पार्टी के रूप में भाजपा का सबसे बड़ा संकट ही यह है कि भारतीय समाज की विविधता और बहुलता के मुकाबले उसकी 'विचारधारा' बहुत ओछी पड़ती है। लिहाजा भावनाओं की धुन्ध पैदा करना उसके लिए अनिवार्य हो जाता है। भारत की जलवायु ऐसी है कि धुन्ध अधिक देर तक नहीं टिकती। मौसम जल्दी ही साफ हो जाता है। इसीलिए भाजपा को अपने राजनीतिक वर्तमान और भविष्य को ले कर पल-पल जीना-मरना पड़ता है। अनुशासन और संगठन शक्ति को अत्यधिक महत्व देने की उसकी प्रवृत्ति को उसी सन्दर्भ में देखा जाना चाहिए। समुचित वैचारिक शक्ति का अभाव संगठन की शक्ति से भरा जाता है। ऐसा नहीं है कि मिल कर हल्ला बोलने की राजनीतिक शैली अकेले भाजपा की है, पर यह उसकी मौजूदगी और आकर्षण की प्राथमिक शर्त बन गयी है। संगठन के बल पर चौतरफा हल्ला बोला जाता है, जिसमें तर्क और विवेक मारा जाता है। साध्वी ऋतम्भरा, उमा भारती, विनय कटियार, बाल ठाकरे, अशोक सिंहल आदि के भड़काऊ भाषणों की बात जाने दें। बौद्धिक का नाम पानेवाले गोविंदाचार्य, लालकृष्ण आडवाणी, मुरली मनोहर जोशी, केवल रतन मलकानी आदि बड़े नेताओं को भी हरदम तर्क और विवेक की ओर से कन्नी काटते देखा जा सकता है। इससे ज्यादा तर्कहीन और विवेकहीन बात क्या हो सकती है कि संघ परिवार अपने आप ही अपने को हिन्दू धर्म और देश के समस्त हिन्दुओं के प्रवक्ता और प्रतिनिधि की भूमिका में रख कर चलता है, जबकि वैसी दावेदारी के लिए दरकार संवेदनात्मक ज्ञान और ज्ञानात्मक संवेदना से वह शून्य है। संघ परिवार का यह लोकतान्त्रिक हक है–हिन्दू धर्म के अंतर्गत धार्मिक भी–कि वह हिन्दू धर्म और सस्कृति की व्याख्या करे और अपनी व्याख्या को सही माने, एक मात्र माने तो भी कोई हर्ज नहीं है। लेकिन उस व्याख्या को नहीं माननेवालों की अपशब्दों के प्रयोग की हद तक भर्त्सना करना पूरी तरह लोकतंत्र विरोधी, साथ ही हिन्दू धर्म विरोधी अवस्थिति है। अगर हिन्दू धर्म के छाते तले आनेवालों के लिए सहनशीलता नहीं है, तो बाकी धर्मों को माननेवालों के लिए उसकी गाँठ में संकीर्णता के अलावा कुछ भी नहीं बचता।

विविधता और बहुलता अकेले भारतीय समाज और संस्कृति की विशिष्टता नहीं है। सम्पूर्ण मानव जगत, मनुष्येतर प्राणी जगत और प्रकृति जगत में विविधता

और बहुलता जीवन क़ी शर्त के रूप में मौजूद है। भाजपा से वैसी विशाल दृष्टि की आशा नहीं की जा सकती। यह संभव है कि भले ही अपनी राजनीतिक मजबूरियों के चलते, वह संकीर्णता की कोख से निकल कर जीवन के महाप्रांगण में आने का प्रयास करे, लेकिन फिलहान संकीर्णता उसके लिए हारिल की लकड़ी है, जिसके सहारे वह भारतीय महासागर को पार करने के मंसूबे बाँधती है।

संघ परिवार की 'विचारधारा' की ओर वैचारिकता के अलावा अगर मानवीय करुणा या संवेदना के लिए देखें तो वहाँ भी सूखा पड़ा हुआ मिलता है। सांप्रदायिक दंगों में केवल लोग ही नहीं मारे जाते, मानवता भी मारी जाती है। लेकिन संकीर्णता के पुजारी इससे बिलकुल विचलित नहीं होते। संकीर्णता का कहर सबसे अधिक स्त्रियों, बच्चों और वृद्धों पर टूटता है। संकीर्णता के पुरोधा नेताओं को अपने शत्रुओं का मान-मर्दन करते जाना है; अगर इसमें स्त्रियों का भी मान-मर्दन होता है तो उन्हें इसकी परवाह नहीं। उन्हें इसकी भी परवाह नहीं कि संकीर्णता की आग जब भड़क उठती है तो अपने-पराये का भेद नहीं करती। हिन्दू राष्ट्र या मुस्लिम राष्ट्र स्थापित करने की रेतीली मानसिकता ने जब मानवीय मूल्यों का रक्त पिया था, वह विभाजन की त्रासदी बहुत दूर की घटना नहीं है। उसके पात्र आज भी भारत, पाकिस्तान और बाँग्लादेश में जीवित देखे जा सकते हैं। संकीर्णता से संकीर्णता की टक्कर का वह चरमोत्कर्ष संवेदनहीनता और मूल्यहीनता का भी चरमोत्कर्ष था, यह सचाई विभाजन की त्रासदी पर लिखी गयी विभिन्न रचनात्मक कृतियों में देखी जा सकती है। यहाँ यशपाल के महाकाव्यात्मक उपन्यास 'झूठा सच' के पहले भाग से कुछ अंश उद्धृत करना चाहूँगा :

'चार-पाँच जाट सिरों पर पगड़ियाँ और कमर में तहमत बाँधे प्लेटफार्म पर आये। वे अपने बीच में दो सहमी हुई नवयुवतियों को जल्दी चलाने के लिए बाँहों से खींचे ला रहे थे। एक युवती के सिर पर ओढ़नी थी। उसका छींट का कुर्ता कन्धे से दाहिनी छाती पर फटा हुआ था। गोरी, उभरी, तनी हुई छाती बाहर निकली हुई थी। नवयुवती आतंक से बदहवास थी। दूसरी भी जवान लड़की कन्धे पर अटकी नीले रंग की ओढ़नी को सँभाल सकने की अवस्था में नहीं थी। दो जवान बाँहों के नीचे, कढ़ी हुई लाल ओढ़नियों में बँधे हुए छोटे-छोटे पुलिन्दे दबाये थे।

'जाट नवयुवतियों को ला कर पुरी के ही डिब्बे में बैठ गये। उनके हाथों में खून से सने बर्छे और फर्से थे। एक हाथ में तमंचा था। जवान लड़कियों के चेहरे आँसुओं से भीगे और आतंक से सहमे हुए थे। उनकी बड़ी-बड़ी बूटी की छींट की सलवारों, गले में चाँदी की हँसलियों और कलाइयों पर चाँदी के जेवरों से स्पष्ट था कि वे देहाती मुस्लिम परिवारों की थीं। उन्हें लानेवाले लोग आपस में ऊँचे स्वर में झगड़ रहे थे।

'पुरी इस दृश्य से स्तब्ध रह गया था। कुछ देर बाद वह लाहौरी उच्चारण

से भिन्न पंजाबी को समझने लगा। एक आदमी ऊँचे स्वर में अपने साथी को कोस रहा था—'वही तो असली काम का मटियार (ऊर्ध्वयौवना) थी। साले, तूने उसकी छातियाँ नहीं देखीं ? कसम है मेरी, जैसे लड़ाके तीतर चोंच उठाये हों।' उस व्यक्ति ने उँगलियों के अग्र भाग मिला कर चोंच का संकेत किया, 'कमबख्त तूने उसकी गर्दन ही काट दी !'

'कोसे जानेवाले जवान ने समर्थन के लिए दूसरे साथियों की ओर देख कर उसका विरोध किया—'वाह रे वाह ! क्या बक रहा है तू, उसने मेरी बाँह काट ली, देखता नहीं ?' जवान ने अपनी कलाई पर लिपटा चीथड़ा हटा कर दिखा दिया। मांसल, पुष्ट बाँह पर खून पोंछा हुआ था। दाँतों की पंक्ति के गड़ जाने के निशानों से अब भी खून छलक रहा था।

'कोसनेवाले जाट ने जवान के अनाड़ीपन के प्रति वितृष्णा प्रकट करने के लिए हाथ छिटक कर कहा—'लानत है तुझ पर, तू मर्द है ?' बहिन···औरत से हार गया। मादर···ऐसी औरत को ही तो बस में करना हुनर है। बहिन···तू मुझे कहता, मैं उसकी ऐसी चाबी मरोड़ता कि बहिन···पलस्तर हो जाती।'

● ● ●

'पुरी का ध्यान बस्ती की दीवारों के समीप खड़े भीड़ के एक चक्कर की ओर चला गया था। इस भीड़ से लोगों के बोलने-पुकारने की अस्पष्ट आवाजें आ रही थीं। चक्कर के बीच में कोई आदमी बाँह उठाये पुकार रहा था—

'पैंतीस, पैंतीस, पैंतीस रुपये ! कोई और बोलो। पैंतीस रुपये में जाती है। पैंतीस रुपये एक, पैंतीस रुपये दो। कोई और बोलता है तो बोलो। नहीं तो जाती है, अच्छी तरह देख लो। बोलो···पैंतीस रुपये तीन।''

'पुरी ने समझ लिया, नीलाम हो रहा था। सोचा, स्टेशन तक दो मील क्यों जाये ! यहाँ ही बिस्तर नीलाम कर दे। पुरी भीड़ की ओर बढ़ गया। भीड़ के समीप पहुँचा तो नीलाम करनेवाले का स्वर और स्पष्ट सुनाई दिया—

'अच्छा बादशाहो, अब इसके लिए बोलो ! नया, कोरा, बिना बर्ता माल ! शक हो तो अपने हाथ से टटोल कर देख लो !'

'भीड़ के लोग जोर से कहकहा लगा कर हँसे।

'नीलाम करनेवाले ने आवाज लगायी—''बोलो, पहली बोली बोलो।''

'पुरी ने भीड़ की दीवार के भीतर झाँका।

'भीड़ के बीचो-बीच नीलाम करनेवाला एक जवान लड़की को चुटिया से खींच कर खड़ा किये था। लड़की के शरीर पर कोई कपड़ा न था। माल गाहकों को अच्छी तरह दिखा देने के लिए उसने लड़की की कमर के पीछे अपने घुटने से ठेस दे कर, उसके सब अंगों को सामने उभार दिया था। लड़की के आँसुओं से भीगे, पलकें मुंदें चेहरे पर से उसके हाथ को भी खींच कर हटा दिया। लड़की

के सूर्य की किरणों से अछूते शरीर के भाग छिले हुऐ संतरे की तरह, चेहरे की अपेक्षा बहुत गोरे और कोमल थे। भीड़ के बीच धरती पर कुछ और भी लड़कियाँ चेहरे बाँहों में छिपाये, घुटने पर सिर दबाये बैठी थीं। उनके कपड़े भी धरती पर पड़े थे। पुरी का कदम पीछे हट गया।'

'खूब देख ले। जिसे देखना हो खड़ी करके देख ले !' गफूरे ने उनका उत्साह बढ़ाया।

जवान ने दुर्गा की तरफ इशारा किया।

'गफूर ने दुर्गा की चोटी पकड़ कर खड़ा करके उसका मुँह ऊपर उठा दिया।'

''जवान चुप रह गया। उसकी आँखें अमरो की ओर चली गयीं।'

'गफूर ने अमरो को खड़ा कर दिया।'

'अमरो पथरायी हुई आँखों से उसकी ओर अपलक देखती रही। उसके बाद बिशनी को खड़ा किया गया। जवान ने असन्तोष से मुँह फिरा कर पूछा, 'कोई क्वाँरी नहीं है ?'

'गफूर ने इधर-उधर देखा और केसरों को बाँह से पकड़ कर खड़ा करके कहा–'ये ले क्वाँरी है। जिसके बाल-बच्चा नहीं हुआ, वह क्वाँरी ही है। यह तो सोलह की भी नहीं लगती।'

'प्रौढ़ ने इन्कार में सिर हिला दिया–''उसमें रह ही क्या गया है ?'' केसरो बाँह छूटते ही गिर पड़ी।'

'प्रौढ़ ने केसरो को गहरी दृष्टि से परख कर सिर हिला दिया–यह तो बेकाम हो गयी। वह फिर दुर्गा की ओर घूम गया और कुछ सोच कर बोला, ''यह भला क्वाँरी तो क्या होगी ?'

' 'क्वाँरी वह है' दुर्गा ने आत्मरक्षा के लिए तारा की ओर संकेत कर कह दिया। तारा अपना चेहरा घुटनों पर दबाये सिर बाँहों में लपेटे थी। चोटी खींची जाने पर भी वह उठी नहीं, उसका चेहरा उठ गया।

''तारा क्रोध में फुंकार उठी–'खबरदार, मुझे छुआ तो।' क्रोध में उसने अपनी बात पंजाबी में न कह कर हिन्दुस्तानी में कही।

'ओह। यह तो फारसी बोलती है।' जवान एक कदम पीछे हट गया। 'जब तू इस···इसकी सब फारसी निकल जायेगी।' गफूर ने अपशब्दों में नौजवान का साहस बढ़ा कर उसे चिन्ता न करने के लिए कहा।

'प्रौढ़ ठेठ पंजाबी में बोला–'हमें क्या दरख्वास्तें लिखवानी हैं ? लड़के के लिए मुंशी नहीं, औरत चाहिए।' उसने तारा की ओर से मुँह फेर लिया।

'गफूर, प्रौढ़ और नौजवान एक बार फिर सब स्त्रियों को ध्यान से देख कर आँगन में जा कर बात करने लगे। इसके बाद तीनों फिर कोठरी में आये और गफूर दुर्गा को बाँह से खींचता हुआ बाहर ले चला। दुर्गा ने जोर-जोर से चीख

कर अटकने और कोठरी से बाहर न जाने का यत्न किया, पर गफूर उसे झटका देकर खींच ले गया।'

'स्त्रियों के कलेजे धक्-धक् कर रहे थे। वे भयभीत और विवश थीं। दुर्गा के चीखने-रोने की पुकार ड्योढ़ी के दरवाजे की ओर चली गयी। किवाड़ों के खुलने और मुँदने की आहट हुई। स्त्रियाँ बहुत देर तक सहमी हुई चुपचाप बैठी रहीं और फिर रो पड़ीं–'हाय ! हमारा जाने क्या होने को है, जाने क्या बीतेगी ? कोई इस तरह पकड़ कर उठा कर ले जायेगा तो क्या कर सकेंगी ? परमेश्वर ही रक्षा करेगा।'

● ● ●

'गाड़ी के सहसा धीमी हो जाने के कारण झटका लग कर तारा की आँख खुल गयी। तीखी दुर्गन्ध अनुभव हुई। सड़क के दोनों ओर बहुत-सी आधी खायी, धूप से सूख कर, वर्षा से सड़ कर काली हो गयी लाशें पड़ी थीं। लाशों पर बहुत-से गिद्ध कूद और उछल रहे थे, कुछ बैठे चोंचें मार रहे थे। जहाँ-तहाँ टूटे बक्स मुँह बाये पड़े थे। आधी जली हुई कई बसें सड़क के दायें-बायें पड़ी थीं। जली हुई बसें सड़क के बीच में आने से रास्ता रुका हुआ था। सड़क तंग हो जाने के कारण शरणार्थी सार्थ की गाड़ियों के दाहिने पहिये कच्ची रेतीली जमीन पर उतर गये थे। मोटरों को बहुत धीमे चलना पड़ रहा था।'

'कौशल्या देवी ने सिख ड्राइवर को सुना कर परेशानी प्रकट की–'यह रास्ता कभी साफ होना भी कि नहीं ? नौ दिन से बसें यहीं पड़ी है।'

' 'बहिन जी, आप नौ दिन से देख रही हैं।' ड्राइवर ने उतर दिया, 'मैं महीने भर ये यही हाल देख रहा हूँ। कैसी बदबू फैल रही है ! लाशें हिन्दुओं की हैं, पर सड़ांध से बीमारी फैलेगी तो मरनेवाले तो पाकिस्तान की ही रिआया होगी। इस सरकार को अपनी रिआया के मरने-जीने का भी खयाल नहीं। बहिन जी, सुना है इस काफिले में से एक भी हिन्दू नहीं बचा था। दो सौ से कम आदमी नहीं कटा होगा। जनाना को तो बेईमान मिमयाती, रड़ाती बकरियों की तरह खींच ले जाते हैं।'

● ● ●

' 'चुप रहो। चुप रहो। डरो मत।' ड्राइवर और कौशल्या देवी ने स्त्रियों को डाँट कर आश्वासन दिया, 'यह क्या मारेंगे, खुद मरे हुए हैं। देखती नहीं हो, कमर टूटे हुए बुतों की तरह कढ़िल रहे हैं।'

'मोटरों के दोनों ओर लँगड़ाती-लड़खड़ाती भीड़ बढ़ती आ रही थी। कतरी हुई और उलझी हुई दाढ़ियाँ, दबी हुई टोपियाँ, रस्सी की तरह लपेटी हुई मैली पगड़ियों में से झाँकते मुड़े हुए सिर, काले नीले चीथड़े, कपड़े, स्त्री-पुरुषों के चेहरे आँसुओं और पसीने से जमी गर्द से ढके हुए, कमरें झुकी हुई, घिसटते-लँगड़ाते

हुए कदम। भीड़ फट कर मोटरों के दाहिने-बायें, दस-दस, पन्द्रह-पन्द्रह आदमियों की लहरों में आती जा रही थी। भीड़ के ऊपर मँडराते मक्खियों के बादल ने मोटर गाड़ियों पर आक्रमण कर दिया। इतनी मक्खियाँ कि मक्खियों को साँस के साथ नाक में घुसने से रोकने के लिए उन्हें दोनों हाथों से निरन्तर हटाते रहना आवश्यक था। उबकाई पैदा करनेवाली भयंकर दुर्गंध मानो वे शरीर चलते-फिरते भी सड़ते-गलते जा रहे थे। भीड़ के घिसटते कदमों से उड़ती धूल साँस लेना और भी दुष्कर हो रहा था।

● ● ●

'स्त्रियों की गर्दनें झुक गयीं। शरीरों में भय की सिहरन दौड़ गयी।

'एक आदमी खेल करनेवाले नट की तरह बाँस को ऊँचा उठाये था। उसके साथ के लोग नगाड़ों की तरह कनस्तरों को बजा रहे थे। कुछ लोग होंठों पर उल्टी हथेली रखे, ऋतुमती बकरी को देख कर उन्मादित बकरे की तरह ब्ब ! ब्ब ! शब्द से हुंकार कर रहे थे। बाँस के सिरे पर एक स्त्री का नंगा शरीर था। स्त्री बाँस के सिरे पर टाँगें फैलाये अटकी हुई थी। दोनों टाँगों पर ताजा खून क्षितिज से झाँकते सूर्य की किरणों में चमक रहा था। स्त्री की गर्दन और बाँहें निर्जीव, शिथिल लटकी हुई थीं।'

● ● ●

संकीर्णता अपने इतिहास से कोई सबक नहीं सीखना चाहती, क्योंकि वह उसी की 'रचना' होता है, जिसे वह अंधा प्यार करती है। विभाजन के बाद बाँग्लादेश के मुक्ति-संघर्ष, आजाद भारत में भागलपुर, भिवंडी, सूरत, मुम्बई आदि के दंगों और आजाद पाकिस्तान में कराची के दंगों के दौरान स्त्रियों पर होनेवाले अश्लील अत्याचार और अन्य तबाही उसके प्यार में कोई विचलन पैदा नहीं कर पाते।

अपनी प्रतिष्ठा को आतुर संकीर्णता पीछे बहुत दूर से आयी और आगे भी बहुत दूर तक जाने के इरादे रखती है। उसकी अप्रतिष्ठा का प्रयास नवजागरण के रास्ते ही संभव है, जिसके अभाव में किशन पटनायक के शब्द लें तो 'हिन्दुस्तान का मन और दिमाग सिकुड़ रहा है।' ('भारत शूद्रों का होगा') कहना न होगा कि नवजागरण की जरूरत जितनी संकीर्णतावादियों के लिए है, आधुनिकतावादियों-सेक्युलरवादियों के लिए भी उतनी ही है।

विसंगतियाँ और विडम्बनाएँ

प्रमोद कुमार

राष्ट्रीय स्वयंसेवक संघ के राजनीतिक मोर्चे जन संघ की उत्तराधिकारी भारतीय जनता पार्टी भारत की एक ऐसी राजनीतिक पार्टी है, जिसके पास बताने को एक दर्शन, लागू करने को एक मॉडल तथा इसे लागू करवानेवालों के नाम पर कार्यकर्ताओं की एक फौज़ भी है। इसी प्रकार का दावा भारत की कम्युनिस्ट पार्टियाँ भी कर सकती हैं, परन्तु फिलहाल राष्ट्रीय राजनीति की दौड़ में वे काफी पीछे छूट चुकी हैं, जबकि भाजपा दिल्ली की इस दौड़ में एक मजबूत धावक की हैसियत में मानी जा रही है।

भारत के प्रधानमंत्री पी. वी. नरसिंह राव के नेतृत्व में सत्ताधारी भारतीय राष्ट्रीय कांग्रेस न केवल विभाजित हो चुकी है, बल्कि अपनी वर्तमान आर्थिक नीतियों व आला कमान के विरुद्ध उग्र होते अन्दरूनी विरोधों के कारण आगामी लोक सभा में आवश्यक बहुमत जुटाने भर का जनमत इकट्ठा करने की स्थिति में नहीं रह गयी है। राष्ट्रीय मोर्चे के तमाम घटकों के प्रति भी आम जनता का आकर्षण इतना कम हो चुका है कि राष्ट्रीय विकल्प बनने की उनकी संभावना असंभव नहीं तो मुश्किल अवश्य हो गयी है। ऐसे में भाजपा के राष्ट्रीय अध्यक्ष लालकृष्ण आडवाणी यदि भावी प्रधानमंत्री के रूप में अटल बिहारी वाजपेयी का नाम प्रस्तावित करने का साहस करने लगे हैं तो किसी को आश्चर्यचकित नहीं कर रहे हैं। परन्तु भारतीय जनता पार्टी की स्वयं अपनी ही विसंगतियाँ इतनी जटिल हैं कि आगामी चुनावों के बाद लाल किले पर भगवा फहराने का उसका सपना साकार रूप ले पायेगा, इसमें सन्देह है।

भारतीय संस्कृति व परंपराओं का झंडा उठा कर चलनेवाली इस दल की सबसे बड़ी विसंगति यह है कि उसने अपने दर्शन व व्यवहार के मध्य इतनी गहरी खाई बना रखी है कि सत्ता में आने के बाद उसे या तो अपना दर्शन त्यागना होगा या सत्ता का मोह। देखने में यही आया है कि ऐसे हर अवसर पर इसने

सत्ता को तरजीह दी है। मजेदार बात यह है कि इस दर्शन को घटाने के बाद भाजपा और कांग्रेस का फर्क समाप्त हो जाता है। सीधी-सी बात है कि कांग्रेस को हटा कर यदि भाजपा सत्ता में आती भी है, तो वह स्वयं कांग्रेस ही बन जाने के लिए अभिशप्त भी है।

वर्तमान भारत में कोई भी राजनीतिक दल ऐसा नहीं है जो सर्वांगीण रूप से एक राजनीतिक दल कहलाने योग्य हो या इसका दावा भी कर सकता हो। भाजपा सहित न किसी के पास भारत की मिट्टी से जुड़ा राजनीतिक-सामाजिक, सांस्कृतिक, आर्थिक दर्शन है, न कोई राष्ट्रीय सपना है, न आदर्श। प्रत्येक दल बस 'मत चूको चौहान' के दर्शन से संचालित है। प्रत्येक सम्भावित अवसर को राजनीतिक सिक्के में ढाल ले जाने की कला में माहिर कलाकार ही आज के राष्ट्रीय नेतृत्व की अगली कतार में खड़े हैं। भाजपा भी इससे मुक्त नहीं है। किसी भी दर्शन-सिद्धान्त-आदर्शरहित राजनीतिक दल की यही नियति है। भाजपा स्वयं भी इसकी स्वाभाविक शिकार है।

भारत की आत्मा का प्रतिनिधित्व करने का दावा करनेवाले इस दल की चादर भारत की सच्ची आत्मा के सच्चे प्रतिनिधि की हत्या के रक्त से रँगी हुई है। इसमें यदि रत्ती भर भी झूठ शामिल होता, तो गांधी की हत्या के बाद हुए आम चुनावों में जन संघ को पूरे भारत में सिर्फ 3.1 प्रतिशत मत न मिले होते। यह दाग इतना गहरा था कि 1967 में गैरकांग्रेसवाद के महान समझौते के बाद भी जन संघ सिर्फ 6.4 प्रतिशत मतों की बढ़ोतरी कर पाया। भारत की यही आत्मा आज भी भाजपा की सबसे बड़ी दुश्मन है।

आर. एस. एस., जन संघ व भाजपा तीनों का शरीर न इतना विराट है न रहा है कि उसमें भारत की आत्मा समा सके और निश्चिन्ततापूर्वक निवास कर सके। भाजपा व जन संघ के बरगद के बिरवे को जिस जमीन में रोपा गया था, वह भारतीय संस्कृति की जमीन नहीं थी।

सांप्रदायिकता भारत की सांस्कृतिक विरासत कभी नहीं रही है। भारत में अंग्रेजों के आगमन के पूर्व सांप्रदायिक दंगों का कोई इतिहास उपलब्ध नहीं है। दस्तावेजों के अनुसार भारत का पहला सांप्रदायिक दंगा औरंगजेब की मृत्यु के सात साल बाद 1714 में हुआ, जब ईस्ट इण्डिया कम्पनी ने औरंगजेब के निर्बल उत्तराधिकारियों से व्यापार में छूट का सिलसिला हासिल करना प्रारम्भ कर दिया था। भारत में अंग्रेजी राज के जमने की प्रक्रिया व सांप्रदायिक दंगों की प्रक्रिया साथ-साथ एक-दूसरे के समानान्तर चली। 1714 के बाद पूरी अठारहवीं सदी में कुल चार सांप्रदायिक दंगे हुए, जबकि उन्नीसवीं सदी के अन्त तक आते-आते सांप्रदायिकता को भी अंग्रेजी राज की भाँति ही एक स्वाभाविक सामाजिक संकट मान लिया गया। अंग्रेजी राज की तरह सांप्रदायिकता भी भारत की भूमि के लिए

एक अस्वाभाविक, असांस्कृतिक, अनजाना तत्त्व था। इन दोनों सच्चाइयों को सबसे पहले, पूरी तरह, सिर्फ गांधी ने समझा। 1919 में खिलाफत आन्दोलन का समर्थन देने के अपने अन्तरात्मा के निर्णय को गांधी ने इसीलिए मान भी लिया था। खिलाफत आन्दोलन को समर्थन दे कर गांधी ने एक तरफ सांप्रदायिकता की अस्वाभाविक प्रक्रिया पर प्रहार किया तो दूसरी तरफ उन्होंने 1921 में ही असहयोग आन्दोलन के द्वारा भारत में अंग्रेजी राज की नींव को जड़ से हिला दिया। गांधी ने इन दोनों गैर-राष्ट्रीय अस्वाभाविक प्रक्रियाओं पर एक साथ प्रहार कर दिया था।

1922 में चौरीचौरा कांड के बाद अंग्रेजी प्रशासन को जब थोड़ा साँस लेने का अवसर मिला तो भारत में सांप्रदायिक दंगों की बाढ़-सी आ गयी। यह कोई मजाक नहीं है कि 1923 से 1927 के मध्य कुल 91 सांप्रदायिक दंगे अचानक हो गये। राज और दंगे दोनों एक-दूसरे के रहगुजर थे। दोनों को साथ-साथ चलना ही था। इसमें कोई आश्चर्य का तत्त्व नहीं है कि 1923 से 1927 के इस अस्वाभाविक दौर के बीच में ही आर. एस. एस. का जन्म हुआ। 1925 में विजयदशमी के दिन डॉ. हेडगेवार ने अपने चार साथियों डॉ. वी. एस. मुंजे, डॉ. एल. सी. परांजपे, डॉ. वी. वी. झालकर तथा वी. आर. सावरकर के साथ आर. एस. एस. की नींव रखी। यह सर्वविदित है कि डॉ. हेडगेवार 1921 के गांधी आन्दोलन से कितने मर्माहत थे।

आर. एस. एस. के जन्म का प्रमुख कारण ही घृणा रही है। गांधी के प्रति और गांधी के अंग्रेजी राज विरोधी आन्दोलनों के प्रति घृणा। गांधी के प्रति आर. एस. एस. की घृणा को राजनीतिक तथा विचारधारात्मक मान कर किनारे रख भी दिया जाये तो भी यह बात समझ में आनेवाली नहीं है कि आर. एस. एस. ने अंग्रेजी राज के खिलाफ चलनेवाले आन्दोलनों से स्वयं को क्यों अलग रखा। किन्हीं कारणों से आर. एस. एस. यदि इन आन्दोलनों की मुख्य धारा से साझीदारी नहीं कर सकती थी, तो कम से कम राष्ट्रवाद को मूल मंत्र माननेवाले इस संगठन को अपनी एक अलग, अंग्रेजी राज विरोधी गतिविधियों की धारा चलाते रहने से किसने रोका था ? 26 जनवरी 1930 को छोड़ दिया जाये तो आर. एस. एस. न कभी इस प्रकार के प्रतीकात्मक विरोधों के समारोहों में शामिल हुआ न उसने इनका कभी आयोजन ही किया।

1940 में एस. एस. गोलवरकर आर. एस. एस. के सर संघसंचालक बने। 1938 में उन्होंने 'वी ऑर अवर नेशनहुड डिफाइन्ड' लिख कर अपने राष्ट्रवाद को परिभाषित भी कर दिया था। परन्तु आज तक यह स्पष्ट नहीं हो पाया है कि आर. एस. एस. का जो राष्ट्रवादी, सिद्धान्त व व्यवहार दोनों में गांधी से घृणा करता था, साम्यवादियों का घोर विरोधी था, समाजवादियों का कटु आलोचक था तथा अल्पसंख्यकों का दुश्मन था, वही राष्ट्रवाद व्यवहार में अंग्रेजों के प्रति इतना

मृदुल क्यों था?

गांधी न व्यवहार में, न विचार में, अपने विरोधियों की आलोचना करते थे, न कभी उनके बारे में कोई अप्रिय बात ही करते थे। जीवन भर वह अंग्रेजों से संघर्षरत रहे और उन्हें अपना मित्र भी कहते रहे। उन्होंने आलोचना की भी तो उनके 'शैतानी राज' की। अंग्रेजों के 'शैतानी राज' के अतिरिक्त गांधी ने यदि किसी अन्य की आलोचना की है तो आर. एस. एस. की। अपनी हत्या के कुछ ही महीनों पूर्व 1946 में गांधी ने आर. एस. एस. को एक 'फासीवादी' संगठन करार दिया था। निःसंदेह 'अखिल घृणावाद' पर टिकी आर. एस. एस. की विचारधारा ने ही गांधी को कटु होने के लिए मजबूर किया था। हेडगेवार से ले कर आज गांधी को राष्ट्रपिता न माननेवाले उत्तर प्रदेश के पूर्व मुख्यमंत्री कल्याण सिंह तक, आर. एस. एस. की गांधी विरोध की परंपरा सतत रूप से जारी है।

आर. एस. एस. ने अपनी इन्हीं विसंगतियों को पहले जन संघ तथा फिर भाजपा को भी उत्तराधिकार में प्रदान किया है। अंग्रेजों के जाने तथा गांधी हत्या के बाद आजाद भारत में आर. एस. एस. की सबसे बड़ी विसंगति लोकतन्त्र को ले कर रही है। सिद्धान्त तथा व्यवहार किसी भी रूप में यह संगठन न लोकतन्त्र में विश्वास रखता है न लोकतांत्रिक मूल्यों व आदर्शों में। आर. एस. एस. के सर संघ चालक के नामांकन व कार्यकाल की प्रक्रिया लोकतन्त्र में इनकी आस्था को पूर्णरूपेण परिभाषित कर देते हैं। लोकतंत्र में अपनी पूर्ण अनास्था के बाद भी 1951 में गोलवलकर ने आगामी चुनावों में हिस्सा लेने के लिए जन संघ की स्थापना की। इस कार्य के लिए उन्होंने श्यामाप्रसाद मुखर्जी को अपना औजार बनाया जिन्होंने कांग्रेस मंत्रिमंडल से त्याग पत्र दे कर जन संघ की नींव रखी। गोलवलकर ने आर. एस. एस. की तरफ से जन संघ में दीनदयाल उपाध्याय, लालकृष्ण आडवाणी तथा अटलबिहारी वाजपेयी को तैनात किया था। 1951 से आज तक जन संघ तथा भाजपा पर आडवाणी तथा अटल का ही वर्चस्व कायम है। जिस प्रकार देश के अन्य राजनीतिक दलों के अन्दर वास्तविक लोकवाद की प्रक्रिया को नहीं चलने दिया जाता है और वे सभी राजनीतिक दल के स्थान पर व्यक्तियों के गिरोह बन गये हैं, ठीक उसी प्रकार भाजपा भी अटल और आडवाणी के व्यक्तिगत गिरोह में परिवर्तित हो चुकी है। इस मामले में भी भाजपा का चरित्र अन्य दलों से फर्क नहीं है।

लोकतंत्र व चुनावों में आस्था न रहते हुए भी आर. एस. एस. ने प्रत्येक चुनाव में हिस्सा लेना प्रारम्भ कर दिया, हालाँकि उसने स्वयं अपना स्वरूप, मूल्य व आदर्श अभी तक गैर-चुनावी बनाये रखा है। 1971 तक वह जन संघ के नाम से तथा 1980 के पश्चात अब भाजपा के नाम से प्रत्येक प्रकार की लोकतांत्रिक प्रक्रिया से स्वयं को जोड़े हुए है। आर. एस. एस. की यह दोहरी नीति सदैव ही

उसके लिए घातक सिद्ध हुई है। लोकतांत्रिक अनास्था की नींव पर टिके लोकतांत्रिक राजनीतिक दल के रूप में जन संघ को जिस प्रकार की राजनीतिक समस्याओं का सामना करना पड़ा, कमोबेश उसी प्रकार की समस्याएँ भाजपा के सामने भी सदैव खड़ी रही हैं।

राजनीतिक व्यवस्था की दृष्टि से निरंकुशता व लोकतंत्र दो विपरीत धुरियाँ होती हैं। दोनों की आन्तरिक संरचना भी भिन्न होती है तथा दोनों बिल्कुल भिन्न प्रकार से संचालित भी होती हैं। निरंकुशता की निरन्तरता सिर्फ यथास्थितिवाद में ही सुरक्षित रहती है, जबकि लोकतंत्र सतत बदलाव की प्रक्रिया में ही अनिवार्य रूप से कारगर रहता है। जहाँ सतत बदलाव की प्रक्रिया जारी होगी, वहाँ निरंकुशता का भविष्य सुरक्षित नहीं रहता और जहाँ यथास्थितिवाद के लिए आग्रह बना रहेगा, वहाँ लोकतंत्र के लिए कोई स्थान शेष नहीं रहता।

आर. एस. एस. व भाजपा की सबसे बड़ी समस्या यही है कि आर. एस. एस. विचारधारात्मक रूप से एक यथास्थितिवादी संगठन है, जबकि एक राजनीतिक दल के रूप में भाजपा व जन संघ की मजबूरी रही है कि वे परिवर्तन की प्रक्रिया के साथ सामंजस्य बनाये रखें। पिछले 70 सालों से आर. एस. एस. में सर संघ चालक की निरंकुश व्यवस्था इसीलिए जारी रह सकी है कि आर. एस. एस. की मौलिक विचारधारा 1925 से 1995 तक एक इंच भी इधर-उधर नहीं हुई है। अपनी इस विचाधारा से आर. एस. एस. जिस दिन भी रत्ती भर खिसकना प्रारम्भ करेगा, उसी दिन के पश्चात सर संघ चालक की निरंकुश व्यवस्था के दिन गिनती के रह जायेंगे। परन्तु चुनावी राजनीति से जुड़े राजनीतिक दलों की मजबूरी होती है कि वे समय व काल के अनुरूप स्वयं को बदलते रहें। मूल रूप से आर. एस. एस. का औजार होने के कारण जन संघ व भाजपा की यह मजबूरी रही है कि वे परिवर्तन के किसी भी प्रकार के सोच को अपने निकट फटकने भी न दें। यह एक भयंकर विसंगति है। इसका परिणाम जन संघ ने भी भोगा है और अब भाजपा भोग रही है।

30 दिसम्बर 1967 को दीनदयाल उपाध्याय जन संघ के दसवें अध्यक्ष बने। उन्होंने आर. एस. एस. की यथास्थितिवादी विचारधारा अल्पसंख्यक विरोध को त्याग कर 'एकात्म मानववाद' का सिद्धान्त प्रतिपादित किया, जिसमें हिन्दू राष्ट्रवाद के स्थान पर सामाजिक-आर्थिक प्रश्नों को जन संघ की भावी विषय सूची पर लाने का मार्ग प्रशस्त करने का प्रयास किया गया था। जन संघ की विषय सूची पर 'एकात्म-मानववाद' कोई महत्वपूर्ण स्थान बना सके, इसके पूर्व ही 10 फरवरी 1968 को रहस्यमय तरीके से उनकी हत्या हो गयी। इससे भी अधिक रहस्यमय यहं है कि उनकी हत्या की जाँच गम्भीरतापूर्वक नहीं करायी जा सकी, जबकि उस समय जन संघ उत्तर प्रदेश की संविद सरकार में शामिल था। तब से आज तक आर.

एस. एस. के राजनीतिक औजारों के रूप में न ही जन संघ और न ही भाजपा ने अपनी मौलिक विचारधारा को हाशिये तक भी खिसकाने का साहस दिखाया है।

यही कारण है कि 1952 से 1991 तक के प्रत्येक चुनाव में इनका प्रमुख मुद्दा हिन्दू राष्ट्रवाद व अल्पसंख्यक विरोध से आगे नहीं जा सका है। गो-वध विरोध आन्दोलन, धर्म गुरुओं का सम्मेलन, कश्मीर में धारा 370 तथा मन्दिर-मस्जिद के विवाद की निर्बल पतवारों से ही इन दोनों दलों को चुनावी वैतरणी में बार-बार उतरना पड़ा। परिणाम यह हुआ कि 1952 की लोक सभा में तीन सीट पानेवाली जन संघ को 1984 में भाजपा के नाम से सिर्फ दो सीटों पर सन्तोष करना पड़ा। इन्हें मिलनेवाले कुल मतों का प्रतिशत भी 1952 के 3.1 प्रतिशत से 1984 तक सिर्फ 7.4 प्रतिशत ही पहुँच सका। मतों का यह प्रतिशत 1957 में 5.9 प्रतिशत, 1962 में 6.4 प्रतिशत, 1967 में 9.5 प्रतिशत तथा 1971 में 7.4 प्रतिशत ही रहा था।

1984 तक हिन्दू उग्रवाद की राजनीति से जन संघ अथवा भाजपा को कोई लाभ न मिल सका था, हालाँकि हिन्दुओं और मुसलमानों के बीच की दूरी इस बीच निरन्तर तेजी से बढ़ती गयी है। नेहरू की मृत्यु के पूर्व दस वर्षों में (1954-1963) देश में कुल सांप्रदायिक दंगों की जो संख्या 499 से अधिक नहीं रही थी, वह अगले ही तीन वर्षों में (1964-1966) 1347 तक पहुँच गयी। 1962 में जन संघ को मिलनेवाले 6.4 प्रतिशत मत 1967 के चुनाव में एकदम से 9.5 प्रतिशत हो गये।

आर. एस. एस. अपनी विचारधारा की लोकप्रियता को मतों में बदलते देख प्रसन्न हो सकती थी। सतही तौर पर विश्लेषण करने से भी ऐसा ही प्रतीत होता है कि सांप्रदायिकता की वृद्धि ही इस बढ़त का कारण रही होगी। परन्तु 1971 के लोक सभा चुनावों के परिणामों को देखते ही यह भ्रम टूट जाता है, जिसमें जन संघ को सिर्फ 7.4 प्रतिशत मत प्राप्त हुए, जबकि 1967 से 1971 के पाँच वर्षों में सांप्रदायिक दंगों की कुल 1905 घटनाएँ घटीं थीं। इसी प्रकार 1981 से 1984 के चार वर्षों में सांप्रदायिक दंगों की कुल 1712 घटनाएँ घटीं, परन्तु भाजपा को फिर कुल 7.4 प्रतिशत मत प्राप्त हो सके। तय है कि साम्प्रदायिक आधार पर होनेवाले ध्रुवीकरण का लाभ न जन संघ को मिला न भाजपा को। 1971 में इसका लाभ यदि इन्दिरा गांधी को मिला, तो 1984 में राजीव गांधी को। यह आर. एस. एस. के लिए सबसे बड़े सदमे की बात थी कि सांप्रदायिक ध्रुवीकरण बढ़ने के बावजूद भारत के हिन्दू और मुसलमान 'गरीबी हटाओ' और 'इक्कीसवीं सदी' जैसे नारों पर मुहर लगा रहे थे।

यह एक मजेदार तथ्य है कि आर. एस. एस. और भाजपा के मुस्लिम विरोधी

व हिन्दू राष्ट्रवादपरक दर्शन व नीतियों के बाद भी आम चुनावों में मतदान का रुख कभी सांप्रदायिक न हो सका। भारत-पाकिस्तान युद्ध व बांग्लादेश के निर्माण के बाद हिन्दू व मुसलमान दोनों ने मिल कर इन्दिरा गांधी के 'गरीबी हटाओ' के नारे को प्रचण्ड बहुमत प्रदान किया था। इसके विपरीत 1977 में मुसलमानों ने जनता पार्टी को जम कर वोट दिया, जबकि उसका एक प्रमुख घटक जन संघ भी था। इसी प्रकार 1980 और 1984 में कांग्रेस के 'हिन्दू कार्ड' को भाजपा के 'हिन्दू राष्ट्रवाद' के मुकाबले अधिक सफलता मिली थी। तत्कालीन कांग्रेस द्वारा हिन्दू मतों को हथिया लेने से भाजपा का नेतृत्व इतना हताश हो चुका था कि 8 जनवरी 1984 को इन्दौर की भाजपा राष्ट्रीय काउन्सिल में अटल बिहारी वाजपेयी ने अपनी हताशा को इस प्रकार व्यक्त किया कि 'इसके (भाजपा के) राष्ट्रीय विकल्प बन पाने की कोई उम्मीद अब शेष नहीं है।' यह वही दौर था, जिसमें भाजपा को चरण सिंह के लोक दल के साथ मिल कर 1983 में 'नेशनल डेमोक्रेटिक एलायन्स' बनाना पड़ा था। इसी दौर में 14 जून 1984 को 'ऑपरेशन ब्लू स्टार' के बाद न्यू यॉर्क टाइम्स को दिये गये साक्षात्कार में भारतीय जनता पार्टी के अटल बिहारी ने यह बताया था : 'इन्दिरा गांधी एक बहुत खतरनाक खेल खेल रही हैं, देश के दीर्घजीवी हित को अल्पजीवी हित पर बलि चढ़ायी जा रही है। परन्तु हिन्दू उग्रवाद को प्रोत्साहित करना हितकारी नहीं होगा। एक बहुसंख्यक समुदाय होने के नाते हिन्दुओं को क्षुद्र राजनीति से सावधान रहना चाहिए।'

भारत के बहुसंख्यक संप्रदाय को 1984 में ही उपर्युक्त शिक्षा देनेवाले दल ने 1990 आते-आते 'जय श्रीराम' को ही अपने चुनावी घोषणा पत्र का प्रमुख मुद्दा बना लिया। अयोध्या के बाबरी मस्जिद के स्थान पर विराट राम मन्दिर का निर्माण ही इनके लिए दोनों अल्पजीवी व दीर्घजीवी 'राष्ट्रीय हित' बन गये। 1989 तथा 1991 के आम चुनावों में भाजपा को क्रमशः 11.4 तथा 22.6 प्रतिशत मत भी प्राप्त हो गये। भाजपा अब अपने 'हिन्दूवाद' की उग्रता की सफलता पर मुग्ध हो सकती थी। परन्तु वास्तव में भाजपा को प्राप्त मतों में यह बढ़ोतरी सांप्रदायिक ध्रुवीकरण का परिणाम नहीं थी।

1989 व 1991 के पूर्व 1967 में भी भाजपा (जन संघ) के मतों में बढ़ोतरी हुई थी, जब उसने 1962 के 6.4 प्रतिशत मतों के मुकाबले 1967 में 9.5 प्रतिशत मत बटोर लिये थे। इन तीनों आम चुनावों (1967,1989 तथा 1991) में, जिनमें भाजपा के मतों के प्रतिशत में बढ़ोतरी हुई है, सिर्फ 1991 के चुनावों में, वह अकेले, अपने बलबूते पर चुनाव में उतरी है। शेष दोनों आम चुनावों (1967, 1989) में उसे 'गैर-कांग्रेसवाद' के नारे पर टिके राष्ट्रीय समझौते का लाभ मिला था। इन दोनों आम चुनावों में उसे मिलनेवाले मत सांप्रदायिक ध्रुवीकरण के नहीं थे। बल्कि उस समय कांग्रेस का विकल्प तैयार करने की जो राष्ट्रीय इच्छा उत्पन्न

हुई थी, उसके प्रभाव में मतदाताओं ने कांग्रेस के खिलाफ बने समझौते को अपना मत प्रदान किया था।

परन्तु 1991 के आम चुनावों में भोजपा को 22.9 प्रतिशत मत प्राप्त हुए। इस चुनाव का मुकाबला भी उसने अकेले दम पर ही किया था। इसलिए कम से कम 1991 के आम चुनावों के आधार पर यह निर्णय निकाला जा सकता है कि देश का पर्याप्त सांप्रदायिक ध्रुवीकरण हो चुका है तथा इसका लाभ भी भाजपा को मिलना प्रारम्भ हो गया है। परन्तु यह तथ्य भी सिर्फ 'अर्धसत्य' ही है।

1991 के आम चुनावों में भाजपा के मतों में हुई बढ़ोतरी राष्ट्रीय स्तर पर उत्पन्न विकल्पहीनता का परिणाम थी। उस समय कांग्रेस नेतृत्वविहीन हो चुकी थी। वी. पी. सिंह का जादू मतदाताओं के सर पर से उतर चुका था। इस पर भी उसे सिर्फ 22.9 प्रतिशत मतों से सन्तोष करना पड़ा, जबकि उस समय देश के सांप्रदायिक ध्रुवीकरण का पारा सातवें आसमान तक चढ़ा हुआ था। उस दौर में प्रान्तीय विधान सभाओं के चुनावों में भी भाजपा को सिर्फ हिमाचल प्रदेश, मध्य प्रदेश तथा उत्तर प्रदेश में बढ़त हासिल हो सकी थी। यह बढ़त भी एक दीर्घजीवी परिघटना न बन सकी। बाबरी मस्जिद के गिराये जाने के बाद हुए चुनावों में हिमाचल प्रदेश विधान सभा में उसे 48 के स्थान पर 8, मध्य प्रदेश में 221 के स्थान पर 116 तथा उत्तर प्रदेश में 212 के स्थान पर 178 सीटों तक गिरना पड़ा।

यह सबक भाजपा को सीखना होगा कि भारतीय मानस का चरित्र सांप्रदायिक आधार पर मतदान करने का नहीं है; यह आवश्यक नहीं है कि सांप्रदायिक ध्रुवीकरण का लाभ सिर्फ भाजपा को ही मिले। सवाल यह है कि क्या आर. एस. एस. यह आत्मघाती सबक भाजपा को सीखने देगा। समस्या यह है कि जिस रास्ते पर चलने के लिए आर. एस. एस. की नींव पड़ी थी, उस रास्ते पर दोराहे, तिराहे या चौराहे नहीं हैं। आर. एस. एस. की यह नियति है कि वह नाक की सीध में ही चलती रहे और भाजपा को भी चलाये, जबकि भाजपा की यह समस्या है कि बिना यह रास्ता त्यागे वह दिल्ली तक पहुँचने का ख्वाब भी नहीं देख सकती है।

ऐसा नहीं है कि भाजपा में इस प्रकार की कोशिशें नहीं होती हैं। मुम्बई में आयोजित अपने राष्ट्रीय अधिवेशन में भाजपा ने एक बार पुनः मस्जिद व मन्दिर के मुद्दे को पृष्ठभूमि में डालने की घोषणा की, हालाँकि कश्मीर में धारा 370 के मोह से वह अब भी उबर नहीं पायी है। इस पर भी भाजपा के नेतृत्व में पर्याप्त मतभेद उत्पन्न हो गया। यह मतभेद इतना प्रबल है कि उ. प्र. के पूर्व मुख्यमंत्री कल्याण सिंह बीच अधिवेशन से वापस लखनऊ लौट आये और लखनऊ आ कर उन्होंने मन्दिर-मस्जिद मुद्दे पर टिके रहने का वक्तव्य दे दिया। स्पष्ट है कि भाजपा को आर. एस. एस. के रास्ते से रंच मात्र भी खिसकने की स्वतन्त्रता नहीं है।

भाजपा की एक विसंगति और भी है। यह विसंगति भाजपा प्रभाव क्षेत्रवाले प्रान्तों के मतदाताओं के वैचारिक चरित्र से सम्बन्धित है। वह यह है कि इन प्रान्तों में भाजपा का मूल वोट बैंक वही है, जो कांग्रेस का है। यह वोट बैंक मतदाताओं का वह समूह है, जो किन्हीं भी परिस्थितियों में कांग्रेस अथवा भाजपा के अतिरिक्त अन्य किसी दल को मत नहीं देता है। इस समूह में अधिकांशतः सवर्ण हिन्दू जातियों के मतदाता शामिल हैं। फलस्वरूप जब यह समूह कांग्रेस को मत देता है तो भाजपा को प्राप्त होनेवाले मतों की संख्या कम हो जाती है और जब यह समूह भाजपा को मत देता है तो कांग्रेस का मत प्रतिशत गिर जाता है। इन प्रान्तों की अधिकांश पिछड़ी व दलित जातियाँ तथा अल्पसंख्यक समूह के मतदाता कांग्रेस व भाजपा से विमुख हो चुके हैं। उत्तर प्रदेश व बिहार के मतदाताओं के इस समूह का आकर्षण केन्द्र जनता दल, समाजवादी पार्टी, बहुजन समाज पार्टी आदि बन चुकी हैं। अर्थात इन दोनों प्रान्तों में भाजपा को सिर्फ उन्हीं मतों पर सन्तोष करना होगा, जो वह कांग्रेस से छीन पाती है।

उत्तर प्रदेश व बिहार के अतिरिक्त भाजपा का प्रभाव मध्य प्रदेश, गुजरात, राजस्थान जैसे प्रमुख प्रान्तों में ही है। इन प्रान्तों में कोई अच्छा विकल्प न होने से भाजपा का सीधा मुकाबला कांग्रेस से है। पर इन प्रान्तों में उसे अपने दल के अन्तर्द्वन्द्वों—राजस्थान में शेखावत बनाम घनश्याम तिवारी, मध्य प्रदेश में उमा भारती बनाम सुन्दरलाल पटवा, गुजरात में शंकर सिंह बघेला बनाम केशू भाई पटेल का भी सामना करना पड़ता है। प्रमुख प्रान्तों में महाराष्ट्र में भी भाजपा का प्रभाव क्षेत्र विस्तृत हुआ है, परन्तु वह शिव सेना की कृपा पर अधिक टिका है। भारत के शेष अन्य प्रान्तों पं. बंगाल, असम, उड़ीसा, आंध्र प्रदेश, कर्नाटक, तमिलनाडु, केरल आदि में भाजपा का प्रभाव अभी नाम मात्र को ही है। ऐसे में भाजपा द्वारा सिर्फ गुजरात, राजस्थान, मध्य प्रदेश, दिल्ली व हिमाचल प्रदेश के आधे-अधूरे तथा उत्तर प्रदेश, बिहार व महाराष्ट्र के आंशिक मतों के बलबूते पर ही लाल किले पर भगवा फहराने का ख्वाब देखना एक साहसिक महत्वाकांक्षा ही मानी जानी चाहिए।

मतदाताओं के वैचारिक विभाजन के इसी समीकरण का परिणाम है कि भाजपा को सदैव उन समझौतों से ही लाभ पहुँचा, जो उसने अपने प्राकृतिक विरोधी दलों से किये। 1967, 1977 तथा 1989 के समझौते इसके ज्वलंत उदाहरण हैं। आर. एस. एस. प्रारम्भ से ही गांधीवाद, समाजवाद व साम्यवाद का कटु विरोधी रहा है। परन्तु उपर्युक्त तीनों अवसरों पर समाजवादी भाजपा के साथ समझौता करने की हिमालय जैसी भूल दोहराते रहे और बिखरते रहे। आर. एस. एस. ने समाजवादियों की इन व्यक्तिपरक और स्वार्थपरक भूलों का भरपूर कूटनीतिक लाभ उठाया, परन्तु अपनी वैचारिक रूढ़ियों के कारण वे इन लाभों को स्थायी रूप न दे सके तथा 1967, 1977 तथा 1989 के समझौतों के टूटने के बाद मतों का

चारित्रिक विभाजन तदनुसार बरकरार रहा।

यही प्रयोग उत्तर प्रदेश में पुनः दोहराया गया। उत्तर प्रदेश में समाजवादी पार्टी तथा बहुजन समाज पार्टी की सरकार गिराने के लिए मुख्यमंत्री मुलायम सिंह यादव व मायावती के व्यक्तिवादी टकरावों का लाभ उठा कर भाजपा ने मायावती को समर्थन दे कर सरकार तो बनवा दी, परन्तु उसे स्थायी रूप से चलाते रहने में वह असफल रही। भाजपा को दुश्मन नम्बर एक माननेवाली मायावती को समर्थन देनेवाला भाजपाई घटक वास्तव में सवर्ण हिन्दू जातियों का वह घटक था, जो पिछड़ी जातियों के लोकप्रिय नेता कल्याण सिंह को हाशिये पर रखना चाहता था। इस घटक की नीति मायावती का समर्थन जारी रखते हुए दलित वोटों को आकर्षित करने के साथ-साथ कल्याण सिंह के कद को प्रदेश की राजनीति में छोटा करने की भी थी। परन्तु दल के अन्दर होनेवाले सम्भावित विद्रोह को टालने के लिए अन्त में मायावती को दिया गया यह समर्थन वापस लेना पड़ा। परिणामस्वरूप दलितों का समर्थन तो हाथ से निकला ही, दल के अन्दर सवर्ण बनाम पिछड़ों का मतभेद और अधिक उभर कर सामने आ गया।

जातिगत मानसिकताओं पर टिका भाजपा की विसंगतियों का यह आयाम उसके अनुशासनात्मक मिथकों को धराशायी कर देता है। सैद्धान्तिक आधार पर स्वयं को राष्ट्रवादी घोषित करनेवाले इस दल के अन्दर भी जातिवादी अन्तर्द्वन्द्व उतने ही अधिक प्रखर हैं, जितने कांग्रेस तथा अन्य दलों में। उत्तर प्रदेश, राजस्थान, गुजरात, मध्य प्रदेश आदि में भाजपा के अन्दर चलनेवाले घटक-युद्ध इसके प्रमाण हैं।

उच्चतम न्यायालय द्वारा प्रारम्भ 'न्यायिक क्रान्तिकारिता' के सर्वथा नवीन आन्दोलन ने भाजपा की रही-सही साख भी धूल में मिला दी है। मुम्बई के अपने अधिवेशन में भाजपा ने 'हिन्दू कार्ड' के स्थान पर भ्रष्टाचार तथा राजनीति के अपराधीकरण को प्रमुख मुद्दे के रूप में उछालने का निर्णय लिया था। परन्तु उच्चतम न्यायालय के हस्तक्षेप के कारण सी. बी. आई. को मजबूर हो कर हवाला कांड के अपराधियों के नामों को सार्वजनिक करना पड़ा। इनमें भाजपा के राष्ट्रीय अध्यक्ष आडवाणी के खिलाफ भी सबूत प्राप्त होने से उन्हें लोक सभा की सदस्यता से त्यागपत्रं देना पड़ गया। इसके साथ ही साथ गोंडा के एक भाजपा सांसद द्वारा मुम्बई बम कांड के दुर्दान्त अपराधी दाऊद इब्राहिम के साथियों को प्रश्रय देने का मामला भी सामने आ चुका है। इन दोनों घटनाओं ने साबित कर दिया है कि अन्य दलों की भाँति ही भाजपा का दामन भी भ्रष्टाचार व अपराध की कालिख से पूरी तरह रँगा हुआ है। एनरॉन कम्पनी को महाराष्ट्र की शिव सेना-भाजपा सरकार द्वारा पुनः वापस बुला लेने के कारण इसके 'स्वदेशी' के मुद्दे की कलई भी खुल गयी है।

इन परिस्थितियों में भाजपा द्वारा दिल्ली के लाल किले पर भगवा फहराने का ख्वाब देखना एक दुःसाहस ही कहा जायेगा। भाजपा ने किसी भी मामले में स्वयं को अन्य दलों से बेहतर बनाने का प्रयास नहीं किया है। जातिवाद, भ्रष्टाचार, अपराधीकरण, अनुशासनहीनता व मूल्यहीनता के साथ-साथ आर. एस. एस. की सांप्रदायिक नीतियों का अतिरिक्त बोझ भी अपने ऊपर लाद लेने के कारण ही यह दल अन्य राजनीतिक दलों के लिए अछूत बन चुका है। फलस्वरूप दिल्ली की सत्ता उसे तब तक नहीं मिल सकती है, जब तक लोक सभा में वह स्वयं पूर्ण बहुमत नहीं प्राप्त कर लेती है। एक अछूत दल के साथ साझा सरकार बनाने की बात कोई अन्य दल सोच भी नहीं सकता और वर्तमान परिस्थितियों में अपने बल-बूते पर सरकार बनाने की बात स्वयं भाजपा भी नहीं सोच सकती।

राजनीति के अद्वैत में

कृष्ण कुमार

आर्थिक उदारीकरण की चपेट में आ कर अपनी शक्ति खो बैठनेवाली संस्थाओं की लम्बी सूची में आखिरी यानी सबसे ताजा नाम भाजपा का है। यह महज संयोग नहीं है कि भाजपा के अपने आर्थिक कार्यक्रम में प्रमुख हैसियत रखनेवाली उदारीकरण की नीति ही भाजपा को निर्वीर्य बनाने का साधन सिद्ध हो। इतिहास में इस तरह के आत्मघात अनेक बार देखने में आये हैं। भाजपा के सन्दर्भ में अभी यह कहना कठिन है कि उदारीकरण का प्रेम भाजपा को आत्मघात की हद तक ले जायेगा या सिर्फ अपमान और जगहँसाई कराके उसे राजनीति के हाशिये पर ले जा कर फेंक देगा। उदारीकृत भारत में भी भाजपा रहेगी, पर महत्व नहीं पा सकेगी। महत्व पाने के लिए उसे शिव सेना, राष्ट्रीय स्वयंसेवक संघ और अपने पूर्वरूप, हालाँकि कहने को अभी तक जीवित, जन संघ से कहीं अधिक उग्र रूप धारण करना होगा। उस सुदूर, संभावित भविष्य में हिन्दू राष्ट्रवाद अफगानिस्तान के तालिबान या इसी तरह के अन्य इस्लामी कट्टरपंथी संगठनों सरीखा चरित्र ग्रहण कर चुकेगा। वह एक और ही युग होगा और उसकी विस्तृत कल्पना करना आज उतना ही कठिन है जितना यह कह सकना कि क्या भारत को उदारीकरण के रास्ते से वापस नहीं लाया जा सकता। मेरी राय में निश्चय ही लाया जा सकता है। यह काम यदि राजनीतिक साधनों से किया जाता है तो ये साधन निकट भविष्य में भाजपा से काफी गम्भीर लोहा लेने को विवश होंगे। इन साधनों से लड़ने के लिए उदारीकरण की पक्षधर देशी और विदेशी शक्तियाँ भाजपा का इस्तेमाल एक अस्त्र की तरह करेंगी। भविष्य के इस सिनारियो में भाजपा राष्ट्रव्यापी उपभोक्ता वर्ग की एकमात्र पार्टी बन कर उभरेगी और यदि थोड़ी देर के लिए भी सत्ता पाने में सफल हुई तो उन संस्थाओं को अन्तिम रूप से ढहाने में चूक नहीं करेगी, जिनकी मदद से वंचित जनता की शक्ति उसे चुनौती देने की कल्पना भी कर सके।

इन दोनों कल्पनाचित्रों में हमारे देश के राजनीतिक भविष्य का संकट साफ

देखा जा सकता है। एक में भाजपा का आत्मघात और भविष्य में उग्रवाद के किसी दूरस्थ संस्करण के रूप में साम्राज्यवाद के खिलाफ एक हारी हुई लड़ाई लड़ते जाना चित्रित है। दूसरे चित्र में साम्राज्यवादी शक्तियों के द्वारा भाजपा का इस्तेमाल एक उग्र, मूल्यहीन मध्य वर्ग की एकछत्र सत्ता की स्थापना के लिए किया जाना निहित है। दोनों ही चित्र दिखाते हैं कि भाजपा महत्वपूर्ण है। उसके महत्व का कारण उसका वर्गीय आधार है। शहरी और कस्बाई मध्य वर्ग भाजपा का पारम्परिक आधार रहा है और उसे अपनी शिक्षित, मुखर वाणी से मजबूत करता रहा है। कुल जनसंख्या की तुलना में सीमित फैलाव के कारण यह वर्ग भाजपा को स्थायी राजनीतिक सफलता नहीं दे सका। लेकिन उन्मादी मुद्दों की सहायता से थोड़े-थोड़े समय के लिए भाजपा का जनाधार फैलाने में इस वर्ग ने कई जगह सफलता पायी। केन्द्र में भाजपा को सत्ता दिलाने में मध्य वर्ग की विफलता का मुख्य कारण अभी तक इस वर्ग का क्षेत्रीय बिखराव रहा। क्षेत्रीय विषमताओं और कई इलाकों में अस्मिता के तनावों के चलते मध्य वर्ग का कोई राष्ट्रव्यापी रूप अभी तक नहीं उभर सका। क्षेत्रीय संगठनों ने कुछ इलाकों में मध्य वर्ग को स्थानीय संघर्षों में उलझाये रखा। इन संघर्षों की प्रकृति ही ऐसी होती है कि उनमें लगे समूहों का वर्गीय चरित्र साफ-साफ प्रकट नहीं हो पाता। कई विदेशी पर्यवेक्षक भारत के बारे में कहते रहे हैं कि क्षेत्रीय संघर्ष और अन्तर्विरोध ही उसे एकछत्रवादी शासन से बचाते रहे हैं। '80 के दशक के आरम्भ से शुरू हुई आर्थिक नीतियों की उथल-पुथल, जो नरसिंह राव सरकार के जन्म के साथ एकाएक गहरा गयी, भारत के इस पुराने स्वभाव को बदल कर रख देने में समर्थ नजर आती है। इसी उथल-पुथल का शराफत में दिया गया नाम आर्थिक उदारीकरण है, जिसके चलते आज सारे देश का मध्य वर्ग उपभोक्तावाद के मजबूत धागों से बाँधा जा रहा है। बाजार के दर्शन का पहले से उग्रतर संस्करण नयी आर्थिक राजनीति को चलाने के लिए एक धर्मग्रन्थ की तरह इस्तेमाल किया जा रहा है। निश्चय ही बाजार के दर्शन और उसका प्रतिनिधित्व करनेवाली शक्तियों में इतनी ताकत है कि वे देश के डेढ़-दो हजार शहरों-कस्बों में बिखरे मध्य वर्ग को एकाकार कर दें। इस एकीकृत वर्ग को वाणी और ऐतिहासिक नियति देने का काम भाजपा के जिम्मे आ जाये तो हमें आश्चर्य नहीं होना चाहिए। ऐसी स्थिति विशेषकर तब पैदा हो सकती है जब उदारीकरण यानी बाजार-दर्शन के निरंकुश विस्तार को वंचित, विशेषकर ग्रामीण, वर्गों की ताकत रोकने का प्रयास करे और उसमें सफल होती हुई नजर आये।

उदारीकरण का विरोध ग्रामीण समाज के उत्पीड़ित और वंचित समूहों से ही है, सम्पूर्ण ग्रामीण समाज से नहीं। पुश्तैनी जमींदार और हरित क्रान्ति से पुष्ट हुए बड़े किसान उदारीकरण के पक्ष में हैं और उसके नाम पर शुरू हुई प्रक्रियाओं

में बढ़-चढ़ कर हिस्सा लेंगे। प्रणव वर्धन ने धनी किसानों को भारत के तीन नियामक वर्गों में से एक माना है (देखें 'पॉलिटिकल इकानामी ऑफ डेवलपमेंट इन इंडिया,' आक्सफोर्ड, दिल्ली, 1984)। विश्व बैंक की देख-रेख में शुरू किया गया 'स्ट्रक्चरल एडजस्टमेंट प्रोग्राम' (सैप) इस वर्ग की सहमति के बगैर लाया ही नहीं जा सकता था। पिछले तीस बरस में खेती की दुनिया में पूँजीवादी विकास की मशीन यही वर्ग रहा है। रासायनिक उर्वरकों और कीटनाशकों के इस्तेमाल, विदेशी कंपनियों द्वारा प्रचारित बीज और संयंत्रों तथा नकदी फसलों के प्रचार में यही वर्ग अग्रणी रहा है। छोटे किसानों और भूमिहीनों में फैली बदहाली–जिसके अनिवार्य अंग भूख, कुपोषण और बेरोजगारी हैं–के लिए यही वर्ग और इसके 'प्रगतिशील' कहे जानेवाले तेवर जिम्मेदार हैं। वैसे भी देश के कई हिस्सों में आजादी तक चले राजाशाही शासन की विस्तृत जड़ें इसी वर्ग में रही हैं। स्वतन्त्रता के बाद ही इस अर्धशती में इस वर्ग की ऐतिहासिक भूमिका सामाजिक परिवर्तन को अर्थहीन बनाने और पूँजी पर आधारित आधुनिकीकरण को प्रोत्साहन देने की रही है। भूमि सुधार कार्यक्रमों को खोखला बना कर इस वर्ग ने लोकतांत्रिक प्रक्रियाओं को भारी ठेस पहुँचायी। अब बाजारीकरण की लहर का साथ दे कर यह वर्ग लोकतंत्र को और गहरे अन्तर्विरोधों में डुबाने के लिए तत्पर हो रहा है। उदारीकरण के सघनतर होने से पर्यावरण का विनाश और ग्रामीण समाज के सबसे कमजोर वर्गों की रोजी पर प्रहार होगा। इन दोनों घटनाओं से धनी ग्रामीण समाज बेखबर रहेगा और कहीं-कहीं लाभान्वित भी होगा, भले यह लाभ थोड़े समय ही चल सके।

इधर के वर्षों में देश के कई भागों में ग्रामीण समाज के वंचित वर्ग राजनीतिक रूप से सक्रिय हुए हैं और कहीं-कहीं वे ग्रामीण राजनीति का पारम्परिक नेतृत्व–जो अनिवार्यतः जमींदारों और बड़े किसानों के हाथ में था–हटाने में समर्थ हुए हैं। प्रकट रूप से यह परिवर्तन दलित राजनीति के उभार में दिखाई देता है। दुर्भाग्यवश इस उभार की लोकप्रिय छवि आरक्षण जैसे गिने-चुने मुद्दों के इर्द-गिर्द सिमट गयी है। नेतृत्व को साधने के अनुभव की कमी और नौकरशाही का अपना ऐतिहासिक चरित्र भी इस नये ग्रामीण उभार के लिए भारी पड़ा है। संरचनात्मक दृष्टि से इस उभार का भाजपा से विरोध सबसे स्पष्ट रूप में उत्तर प्रदेश में देखने में आया और कुल मिला कर वंचित ग्रामीण वर्गों की उपलब्धि निराशाजनक ही रही। उदारीकरण के तहत चल रहे तमाम उपक्रमों के प्रति इन वर्गों के नेतृत्व-समूह की दृष्टि साफ नहीं है। सरकारी दवाब में पाले गये अर्थतन्त्र से उनकी अब भी कहीं-कहीं यह प्रतिक्रिया पैदा करती रही है कि उदारीकरण से मिलनेवाले नये अवसरों को आजमा कर देखा जाये। गेल आम्वेट इस प्रतिक्रियात्मक आशावाद को बहुत मुखर हो कर व्यक्त करती रही हैं। (मैंने उनके तर्कों का उत्तर 'समकालीन

जनमत' के 16 अप्रैल 1914 के अंक में दिया था) पिछड़े और दलित वर्गों का प्रतिनिधित्व करनेवाले मुख्यमंत्री विदेश जा कर बहुराष्ट्रीय कम्पनियों से पूँजी निवेश की प्रार्थना करनेवालों में किसी प्रकार पीछे नहीं रहे हैं। कर्नाटक का उदाहरण तो सबसे चिन्ताजनक है, जहाँ भूमि सुधार को सर के बल खड़ा कर बहुराष्ट्रीय कम्पनियों का ग्रामीण अर्थ-व्यवस्था में प्रवेश आसान बनाया जा रहा है। इन आरम्भिक प्रवृत्तियों के बावजूद अभी यह कहना कठिन है कि छोटे किसानों और भूमिहीनों की राजनीति आनेवाले दिनों में क्या रूप लेगी। आदिवासियों की राजनीतिक अभिव्यक्ति पर भी यही बात लागू होती है।

यदि ये प्रवृत्तियाँ जारी रहती हैं—यानी उदारीकरण के कार्यक्रम को वंचित ग्रामीणों के नेतृत्व की सहमति पूरी तरह मिल जाती है—तो कोई कारण नहीं कि केन्द्र में कांग्रेस अपनी लाख समस्याओं के बावजूद काबिल न रहे। ये समस्याएँ व्यक्तिनिष्ठ हैं और यदि बहुत महँगी भी पड़ जायें तो एकाध चुनाव हरवा सकती हैं। कांग्रेस के इतिहास में सत्ताच्युत होने की संक्षिप्त यातना के प्रसंगों की कमी नहीं है, इसलिए 1996 का चुनाव उसके लिए एक ऐतिहासिक मोड़ नहीं कहा जा सकता। कांग्रेस का बिखराव भाजपा के लिए पर्याप्त अनुकूल परिस्थिति नहीं है। सत्ता, और वह भी टिकाऊ सत्ता, पाने के लिए भाजपा को इस बात के प्रमाणों की जरूरत होगी कि कांग्रेस अर्थतंत्र का पूर्ण बाजारीकरण करने में असमर्थ है। ऐसे प्रमाणों के आने पर ही भाजपा का शहरी आधार उग्रतर रूप ले कर फैल सकेगा। कहना न होगा कि ऐसे प्रमाण देने की विवशता कांग्रेस को तभी भोगनी पड़ सकती है जब वह ग्रामीण समाज के वंचित वर्गों का समर्थन एकदम खो दे यानी उसकी अक्षमताओ और नीतियों विशेषकर उदारीकरण की नीति—का सक्षम विरोध वंचितों की व्यापक सहमति प्राप्त कर ले।

जो एक बात भाजपा को सत्ता छीनने की अतिरिक्त शक्ति देती है, वह है उसकी सांस्कृतिक राजनीति। इसे हम भाजपा का रिजर्व फोर्स मान सकते हैं। यह ताकत का एक ऐसा स्रोत है, जो किसी अन्य राजनीतिक दल के पास नहीं है। भाजपा ने जब भी इस रिजर्व फोर्स का उपयोग किया है, उसे सफलता मिली है। उसकी इन सफलताओं से ग्राम्शी की यह बात याद आती है कि संस्कृति का मोर्चा लोकतान्त्रिक राजनीति में एक विशेष अहमियत रखता है और प्रतिक्रियावादी शक्तियों को भी उतना ही उपलब्ध है जितना परिवर्तनमुखी शक्तियों को है। नाना ऐतिहासिक कारणों से भारत में सामाजिक परिवर्तन चाहनेवाली राजनीतिक शक्तियाँ सांस्कृतिक मोर्चे के प्रति उदासीन होती चली गयी हैं। आजादी के पहले गांधी ने इस मोर्चे पर बैठ कर राजनीति करने का जो सिलसिला शुरू किया था, उसे कांग्रेस आजादी के बाद जारी नहीं रख सकी। भाषा को ले कर समाजवादी राजनीति की मुहिम भी '60 का दशक पूरा होते-होते चुकने लगी। कम्युनिस्ट संगठनों में

सांस्कृतिक नवरचना का उत्साह तो बना रहा, पर वह कम्युनिस्ट पार्टियों की रणनीतियों में न तो प्रतिबिम्बित हो सका, न प्रतिष्ठित। इस निराशाप्रद पृष्ठभूमि में भाजपा की सांस्कृतिक राजनीति और भी भयानक नजर आती है, क्योंकि वह हमारी सामाजिक बुनावट के पतनशील पक्षों के लिए जीवनदायिनी सिद्ध हुई है। आजादी के आन्दोलन में भारतीय राष्ट्र की आत्मछवि के विकास के लिए जो विचार-मंथन शुरू हुआ था, भाजपा उसे एक संकीर्ण चरित्र देने में सफल हुई है। उत्तर भारत की विशिष्ट ऐतिहासिक परिस्थितियों में भाजपा का यह प्रयास शहरी मध्य वर्ग के एक बड़े हिस्से के स्वभाव में घुलमिल गया है। इस विराट और दुःखद प्रक्रिया का सन्दर्भ भारत में मुसलमानों की स्थिति और पाकिस्तान के साथ भारत के शत्रुतापूर्ण सम्बन्ध हैं। अंग्रेजीदाँ वर्गों की आधी-अधूरी सेकुलर दृष्टि के अन्तर्विरोधों से लाभ उठा कर भाजपा मध्य वर्गीय लोगों में यह एहसास पैदा करने में कामयाब हुई है कि वे छले गये हैं। इस एहसास के उन्मादी संस्करण जब-तब प्रचारित कर भाजपा ने पाकिस्तान से शत्रुता की भावना और उसका मुकाबला करने के लिए कठोरतम तैयारी (जिसमें परमाणु बम का निर्माण शामिल है) की जरूरत को एक प्रकार के सैन्य राष्ट्रवादी समाज में तब्दील कर दिया है। वह स्वयं इस सैन्य राष्ट्रवादी समाज की सबसे भरोसेमन्द प्रतीक बनती जा रही है।

उदारीकरण के दौर में इस प्रतीक-रचना का बड़ा महत्व है। यह सर्वविदित नहीं है, पर होना चाहिए कि उदार अर्थव्यवस्था का दर्शन हथियारों के व्यापार के सहारे ही फलता-फूलता रहा है। दुनिया के सबसे धनी देश अपने समाजों में जीवन की वास्तविक जरूरतों को बाजार के विकास का आधार नहीं बना सके हैं। राष्ट्रीय शत्रुताओं को निरन्तर प्रोत्साहन दे कर और इस तरह पैदा हुई 'जरूरत' की पूर्ति के लिए नये से नये हथियार बेच कर ही वे अपने नागरिकों को रोजगार और जीवन की सुविधाएँ दे सके हैं (इस दृष्टि में रुचि रखनेवाले पाठक नरिन्दर सिंह की ताजी पुस्तक 'द कीन्सियन फालआउट,' सेज, नई दिल्ली, 1996 देखें)। यह धन्धा तीसरी दुनिया के देशों में आर्थिक उदारीकरण को लागू करवा कर और फले-फूलेगा क्योंकि हथियारों के सबसे नियमित ग्राहक ये देश ही हैं। इस तरह भारत और पाकिस्तान की शत्रुता को प्रोत्साहित करने की राजनीति उदारीकरण की अर्थनीति का ही दूसरा पहलू ठहरती है। इन दो नीतियों की एकता को छिपाने के लिऐ सार्क देशों में परस्पर व्यापार को प्रोत्साहन देने की बात उदारीकरण का अंग बना कर बतायी जाती है। सार्क की घोर निराशाजनक शुरुआत और उसके सदस्य देशों की पश्चिम के अमीर देशों पर पारम्परिक रूप से चली आ रही निर्भरताएँ हमें परस्पर व्यापार के प्रचार का खोखलापन समझने में मदद दे सकती हैं। सचाई बड़ी साफ और सीमित है : उदारीकृत अर्थव्यवस्था में दक्षिण एशिया के देशों में परस्पर और इन देशों के भीतर विषमताएँ और शत्रुताएँ बढ़ेंगी।

बहुराष्ट्रीय कम्पनियाँ इन देशों की भीतरी संरचनाओं में बेरोकटोक अपने मारक सींग धँसायेंगी और हर स्तर पर असुरक्षा के कलुष पैदा करते हुए अपनी धाक और बन्दूकों की जरूरतें बढ़ाती चली जायेंगी। इस परिदृश्य में हिन्दू और मुसलमान के बीच, भारत और पाकिस्तान के बीच वैमनस्य का निरन्तर पोषण और दोहन करनेवाली विचारधारा, जो भाजपा को उसकी पहचान देती चली आ रही है, अनिवार्यतः बड़ा महत्वपूर्ण योगदान देगी।

उदारीकरण के सन्दर्भ में भाजपा की चुनौती आज कुछ ज्यादा ही गम्भीर जान पड़ती है, क्योंकि सभी दल उदार अर्थनीति को बगैर पूरी तरह सोचे-समझे अपनी सहमति दे चुके हैं। उदारीकरण को उन्होंने कोटा-परमिट राज के सुखद अन्त के रूप में ही देखा है; समाज में पहले से व्याप्त विषमताओं, प्रकृति और प्राकृतिक संसाधनों पर बढ़ते दबावों और सीधे प्रकृत्ति से अपनी दैनिक जिन्दगी की जरूरतों की पूर्ति करनेवाले विशाल जन-समूहों की दृष्टि से उदारीकरण की समीक्षा किसी दल ने नहीं की है। विदेशी हितों का उदारीकरण से सम्बन्ध भी एक सतही स्तर पर ही समझा गया है। नरसिंह राव सरकार और विशेषकर मनमोहन सिंह ने निश्चिन्तता का जो भाव राजनीतिक माहौल में भर दिया है, वह भाजपा का विकल्प बनने का सपना देख रही तथाकथित 'तीसरी शक्ति' के लिए सबसे ज्यादा भारी सिद्ध हो रहा है। हर तरह की प्रगतिशीलता आज प्रवंचना का डर जगाती है। आश्चर्य नहीं कि भाजपा और उसके सहकारी संगठन प्रवंचना को और गहरे स्तरों में जा कर लोगों को दिलासा देने में समर्थ हो जाते हैं। इस धन्धे में उनकी कामयाबी लम्बे अभ्यास का फल है, कोई संयोग नहीं।

अर्थनीति के स्टंट

यदुनाथ मुखर्जी

आइए, 28 नवम्बर '95 से शुरू करें। उस दिन शाम को पूर्व राष्ट्रपति जॉर्ज बुश के सम्मान में दिल्ली स्थित अमेरिकी दूतावास में एक रात्रिभोज का आयोजन किया गया था। उसमें विभिन्न देशों के राजदूतों के अलावा हमारे यहाँ के तमाम राजनीतिक नेताओं और जाने-माने पत्रकारों को भी बुलाया गया था। संयोग से उसी दिन उत्तर प्रदेश के स्थानीय निकायों के चुनाव परिणाम भी आ चुके थे। भारतीय जनता पार्टी के लिए यह हर्षोल्लास का दिन था। उस दिन जो घटना घटी, उसका उल्लेख पत्रकार दीनानाथ मिश्र ने इस तरह किया है, 'चूँकि यह दिन उत्तर प्रदेश के चुनाव परिणाम का था, भाजपा नेताओं को बधाइयाँ मिलना स्वाभाविक था। दर्जनों राजदूतों ने भाजपा नेताओं को यह बधाई दी। अमेरिकी राजदूत वाइजनर ने राजनयिक शालीनता और औपचारिकता के लिए पूर्व राष्ट्रपति बुश, आडवाणी और मुरली मनोहर जोशी को एक विशेष कक्ष में बैठाया। वहाँ इन नेताओं ने औपचारिक टिप्पणियों का आदान-प्रदान किया।'

यह तो हम तत्काल नहीं जान सकते कि इन नेताओं ने किन विचारों का आदान-प्रदान किया। लेकिन इतना अवश्य ही समझ सकते हैं कि महाराष्ट्र सरकार और एनरॉन के बीच डाभोल पावर प्रोजेक्ट पर ठेके के संशोधन सम्बन्धी संतोषजनक समझौता वार्ता पर जॉर्ज बुश ने क्षोभ प्रकट नहीं किया होगा। इतना तो हम समझ ही सकते हैं कि 'हिन्दुत्व' के प्रतिनिधियों के साथ 'नयी विश्व व्यवस्था' के ठेकेदार का यह वार्तालाप और दर्जनों राजदूतों द्वारा भाजपाई नेताओं को दी गयी बधाइयाँ मात्र औपचारिक नहीं हैं। अगर ऐसा नहीं है, तो प्रश्न उठना स्वाभाविक है कि आखिर जिस 'हिन्दुत्व' के भय से भारत के राजनीतिक हलके भयाक्रान्त हैं, उसके बढ़ते प्रभाव से विश्व पूँजीवाद के प्रतिनिधियों में तनिक भी डर क्यों नहीं है ? उन्हें क्यों यह नहीं लगता कि भाजपा के गद्दीनशीन होते ही 'हिन्दू राष्ट्र' के अहंकार से ग्रस्त सवर्णवादी हिन्दू जाति और वर्ग की श्रेष्ठता के

दम्भ से चूर हो कर एक बड़े समूह—दलितों, पिछड़ों, सिखों, मुसलमानों आदि के प्रति अधिक आक्रामक और हिंसक हो जायेंगे और इस तरह अलगाववाद को बढ़ावा देंगे ? उन्हें क्यों नहीं लगता कि इससे भारतीय बाजार से मुनाफा कमाना असंभव हो जायेगा ? यह प्रश्न इसलिए और भी जरूरी है कि उन्हें पहले ऐसा ही लगता रहा है। भारतीय साम्यवादियों के दोनों धड़े जब संधियों को 'अमेरिका-परस्त' और श्रीमती गांधी को 'समाजवाद-परस्त' कह कर अपनी मौकापरस्ती छुपाने का प्रयास कर रहे थे, ठीक उसी समय यानी 1971 के मध्यावधि चुनाव के दौरान और चुनाव के ठीक बाद सिण्डिकेट-स्वतन्त्र-जन संघी जमात को लताड़ते हुए न्यू यॉर्क टाइम्स ने कुछ महत्वपूर्ण विचार प्रस्तुत किये थे। विश्व पूँजीवाद के खास रहनुमा न्यू यॉर्क टाइम्स ने '71 के चुनाव के ठीक पहले यह सम्पादकीय लिख कर भारतीय दक्षिणपंथियों को नकार दिया था कि अगर वे सत्ता में आये, तो फिर एक बार पाकिस्तान के खिलाफ युद्ध भड़कायेंगे और भारतीय मुसलमानों पर कहर बरपायेंगे। चुनाव के ठीक बाद 7 अप्रैल '71 के सम्पादकीय में उसने श्रीमती गांधी को बधाई देते हुए यह लिखा कि 'इस जीत से जनतान्त्रिक व्यवस्था के अधीन भारत में शान्तिपूर्ण विकास के बारे में पुनः आशा का संचार हुआ है।'' उसी सम्पादकीय में राष्ट्रपति निक्सन को याद दिलाया गया कि अपने वादों के मद्देनजर वे भारत की चौतरफा मदद करें। पाठक निश्चय ही सहमत होंगे कि 28 नवम्बर 1995 को दिल्ली स्थित अमेरिकी दूतावास में जो घटना हुई है, उसमें व 1971 में हुई घटनाओं में एक मौलिक अन्तर है। 1951-71 के दौरान के और 1971-95 के दौरान के भारतीय जन संघ और भाजपा में फर्क को समझे बिना इस अन्तर को समझना सम्भव नहीं है।

संघ परिवार की आर्थिक नीतियों को इसीलिए दो हिस्सों में बाँट कर देखना चाहिए। 1951-71 के काल में भारतीय जन संघ की अर्थनीति और 1971 के बाद और खासकर भारतीय जनता पार्टी बनने (1980) के बाद उसकी अर्थनीति में काफी अन्तर है। ठोस रूप से कहें तो कहना होगा कि जन संघ की स्वतन्त्र और स्पष्ट आर्थिक नीतियाँ थीं, लेकिन 1971 में चुनावी विपर्यय में बाद से ही खासकर आर. एस. एस. के संचालकों के सामने यह स्पष्ट हो गया था कि उनके राजनीतिक संगठन को अगर बहुसंख्यक जनता का समर्थन दिलाना है, तो 'ए बंच आफ थाट्स' (विचारों का संग्रह) नामक गुरु गोलवलकर की पुस्तक को 'प्रेरणा स्रोत' मानना ठीक नहीं होगा। उस पुस्तक में गुरु जी ने कहा था, ''ऐसा कोई प्रमाण नहीं मिलता जिससे यह साबित हो सके कि वर्ण व्यवस्था ने हमारे सामाजिक विकास को अवरुद्ध किया हो।' (पृ. 108)। जाहिर है, इससे जो निष्कर्ष निकलना चाहिए था, गुरुजी वहाँ पहुँचे बिना कैसे रह सकते थे। सो उन्होंने यह भी कहा, 'सरकार ने कुछ वर्गों को हरिजन, आदिवासी और अनुसूचित जातियों की संज्ञा दे कर ईर्ष्या

और अलगाव की प्रवृत्ति को बढ़ावा दिया है। उन्हें विशेष सुविधाएँ तथा आर्थिक प्रलोभन दिये जाते हैं ताकि उन्हें दबाये रखें।' (वही, पृ. 110)। गुरुजी के चेलों ने 1967 में अपने चुनाव घोषणापत्र में 'विचारों का संग्रह' से प्रेरणा ले कर यह दोहराया, 'भारत के संविधान ने सम्पूर्ण देश के लिए एक ही नागरिकता तथा समान अधिकार दिये हैं। लेकिन इसके विपरीत कहीं-कहीं जाति, प्रांत, भाषा के आधार पर विशेष सुविधाओं की माँग की जाती है। पिछड़ेपन में निहित स्वार्थ को विकसित नहीं होने दिया जायेगा और जन संघ इसे रोकेगा।' 1969 में अपने पटना अधिवेशन में जन संघियों ने राजाओं के प्रिवी पर्स और अन्य खास अधिकारों के खात्मे को विचार करने योग्य मुद्दा नहीं माना। और, श्रीमती गांधी ने जब यह कार्ड खेला, तो जन संघ राजाओं के साथ हो लिया। 1971 के चुनाव में जन संघ को जबरदस्त धक्का लगा। लेकिन उसी चुनाव में संसद सदस्य के रूप में चुने गये 28 राजा-महाराजों में 15 जन संघ के, 7 सिण्डिकेट के और 6 स्वतन्त्र पार्टी के टिकट पर ही जीत कर आये। संघ परिवार के हिमायती एंडरर्सन और दामले ने 'ब्रदरहुड इन् सैफ्रन' (विस्तार पब्लिकेशंस, नयी दिल्ली, 1987) में लिखा है कि इस चुनावी हादसे के बाद ही जन संघ ने 'पापुलिज्म' (लोकप्रियतावाद) की ओर चलना तय किया। उन्होंने यह नहीं लिखा कि संघ परिवार के दिशा निदेशक ने जन संघ को ऐसा करने के लिए निर्देश जारी किया था। संघ परिवार के सैद्धान्तिक मुखपत्र ऑर्गनाइजर' के 20 मार्च 1971 में प्रकाशित सम्पादकीय में जन संघ के नेताओं को जम कर लताड़ते हुए और उन्हें सही राह बताते हुए जो कुछ लिखा गया था, आज उसे गहराई से समझना होगा।

सम्पादकीय में निम्नलिखित सुझाव थे :

- प्रिवी पर्स के सवाल पर राजाओं के साथ होने के बजाय उसे राजाओं और अदालतों को ही निपटने के लिए छोड़ देना चाहिए था।
- जन संघ को बैंक राष्ट्रीयकरण के विरोध में नहीं खड़ा होना था।
- 'रेडिकल भूमि सुधार' का विरोध नहीं करना था।
- अगर सरकार शहरी सम्पत्ति की सीमा पाँच लाख तय करती है तो जन संघ को सम्पत्ति उससे कम, मसलन, एक लाख करने की माँग करनी चाहिए।
- हरिजन, आदिवासी, जनजातियों से उनका अलगाव ठीक नहीं है।

इन तमाम सुझावों के मद्देनजर आर. एस. एस. वालों को जनविरोधी कैसे कहा जा सकता है ? नहीं, इस भ्रम में मत रहिए। इन सब सुझावों के बाद, उसी सम्पादकीय ने यह भी स्पष्ट कर दिया था कि विरोधी पार्टी होने के नाते जन संघ को इन सरकारी कदमों का विरोध क्यों नहीं करना चाहिए ? 'क्योंकि स्टंटों को नीति उपदेश के सहारे नहीं, अपितु सुपर-स्टंटों के सहारे शिकस्त दी जानी

चाहिए।' तब से आर्थिक-राजनीतिक तमाम मुद्दों पर भाजपाई स्टंटबाजी बदस्तूर जारी है। वे एक तरफ केंटकी के खिलाफ दहाड़ते हैं और दूसरी ओर, अन्तर्राष्ट्रीय व्यापार मेले में भाजपाई शासित राज्य पेवेलियनों में कोक और पेप्सी के स्टाल लगाते हैं। एक तरफ उनकी दिल्ली सरकार गो-रक्षा और भारतीय अर्थनीति में गहन सम्बन्ध के बारे में करोड़ों रुपयों का विज्ञापन जारी करती है, तो दूसरी ओर उसी व्यापार मेले में दिल्ली मण्डप में गो-मांस की जानकारी के बारे में स्टाल भी लगती है। भूमण्डलीकरण और उदारीकरण का इस युग में और एक विश्व व्यवस्था के तहत 'स्वदेशी' के स्टंट के बारे में 6 दिसम्बर '95 को फिक्की के 69वें वार्षिक सत्र के अवसर पर आयोजित बैठक को संबोधित करते हुए 'हमारे भावी प्रधानमंत्री' वाजपेयी ने जो कुछ भी कहा, वह गौरतलब है। 'भाजपा भविष्य में आर्थिक सुधार और उदारीकरण पर पूरी तरह कटिबद्ध रहेगी' कह कर वाजपेयी ने भारतीय उद्योगपतियों को कोई नया संदेश नहीं दिया, 'स्वदेशी' का राग अलापनेवाले और उपभोक्ता सामग्री के उत्पादन क्षेत्र में बहुराष्ट्रीय निगमों को 'घुसने पर प्रतिबन्ध' लगानेवाले यह अच्छी तरह जानते हैं कि वे विशुद्ध स्टंट का सहारा ले रहे हैं। फिक्कीवालों के सामने 'व्यापार और उद्योग को तमाम अनचाहे नियमों और प्रतिबन्धों' से मुक्ति दिलाने सम्बन्धी श्री वाजपेयी के आश्वासन को देखते हुए यह समझा जा सकता है कि भारतीय उद्योगपतियों को संतुष्ट करने के लिए भाजपा किस हद तक जा सकती है।

दीनदयाल उपाध्याय ने 'राष्ट्र चिन्तन' नामक किताब में जन संघी आर्थिक सोच को परिभाषित करते हुए लिखा था, 'वास्तविकता यह है कि अधिकाधिक उपभोग का सिद्धान्त ही मनुष्यों के दुःखों का कारण है। उपभोग की लालसा यदि पूरी की जाये तो वह बढ़ती ही चली जाती है। वर्ग-संघर्ष, जिस पर समूचा साम्यवाद खड़ा है, ऐसे उपभोग के कारण ही उत्पन्न होता है। भारतीय मतवाद जब वर्ग-संघर्ष का खंडन करता है, तब उसका तात्पर्य यही होता है कि उसने उपभोग के बजाय न्यूनतम उपभोग को आदर्श बनाया है।' (पृ. 51)। काम करते चलो, लेकिन फल की आशा न रखो—इस संघी सोच को आज भाजपा कैसे दोहरा सकती है ? सो उसने, उसी सोच को सैद्धान्तिक कसरत के सहारे नये ढंग से पेश किया है। 1991 में अध्यक्षीय भाषण देते हुए मुरली मनोहर जोशी ने भाजपाई तीन आयामी आर्थिक दृष्टिकोण को इस तरह पेश किया था, 'उत्पादन में वृद्धि, वितरण में न्याय और उपभोग पर संयम'' यानी उत्पादन में ठहराव और वितरण में भेदभाव के लिए सरकार को कोसा जा सकता है, लेकिन इसके कारण बढ़ते जन असंतोष को संगठित करने और व्यापक जनांदोलन खड़ा करने के बजाय जनता को 'उपभोग पर संयम' का पाठ पढ़ाया जा सकता है अथवा उनमें पनप रहे असंतोष को विपथगामी किया जा सकता है। आसमान छूती महँगाई, मुद्रास्फीति, व्यापक

बेरोजगारी, तालाबन्दी आदि मुद्दों पर सबसे शक्तिशाली विपक्षी पार्टी होने के नाते और देश भर में 'सबसे बड़े' मजदूर संगठन भारतीय मजदूर संघ की मालिक होने के नाते वह मजदूर, किसान-छात्र-नौजवानों के आन्दोलनों में क्यों नहीं दिखाई पड़ती?

इस बिन्दु पर विस्तृत रूप से चर्चा किये बिना 'स्वदेशी वालों के व्यावहारिक स्वरूप को समझना सम्भव नहीं है। भारतीय मजदूर संघ की विकास दर देखिए, 'ब्रदरहुड इन सैफ्रन' से हमें निम्नलिखित आँकड़े मिलते हैं। 1963 से '69 के बीच भारतीय मजदूर संघ की सदस्य संख्या 30 हजार से 4 लख 25 हजार हो गयी। फिर 1977-80 के बीच 12 लाख से बढ़ कर उनकी सदस्य संख्या 18 लाख हो गयी। उन्होंने निम्नलिखित सारणी (पृष्ठ 132) में अन्य मजदूर संगठनों और भारतीय मजदूर संघ के बारे में (31 दिसम्बर 1980 को भारत सरकार द्वारा स्वीकृत) जो तथ्य दिये हैं, वे इस प्रकार हैं :

ट्रेड यूनियनें	कुल पंजीकृत यूनियनें	सदस्य संख्या
इंटक	1,505	22,36,128
भा. म. संघ.	1,333	12,11,345
एच. एम. एस	409	7,35,027
एटक	1,080	3,44,746
सीटू	1,474	3,31,037

इस सारणी पर गौर फरमाइए तो आपको बहुत आसानी से कुछ महत्वपूर्ण सूचनाएँ मिल जायेंगी। मसलन लगभग 1300 पंजीकृत यूनियनों के संचालक भारतीय मजदूर संघ के पास औसतन एक हजार सदस्य वाली यूनियनें हैं। वहीं लगभग 2500 यूनियनों के बावजूद भाकपा और माकपा के पास सिर्फ 6 लाख सदस्य हैं। यानी औसतन उनकी यूनियनों में 250 मजदूर हैं। अर्थात बड़े उद्योगों में भारतीय मजदूर संघ का कब्जा है। सरकारी स्वीकृति के अनुसार फिलहाल भारतीय मजदूर संघ सबसे बड़ा मजदूर संगठन है। लेकिन रेल, डाक-तार, एल. आइ. सी., बैंक, कोयला-इस्पात-तेल उद्योग, बंदरगाह मजदूरों के आन्दोलनों में उसकी उपस्थिति न के बराबर है। कोयला उद्योग में इंटक, एटक, सीटू और एच. एम. एस. ही असरदार यूनियनें मानी जाती हैं। लेकिन भारतीय मजदूर संघ दावा करता है कि यहाँ भी उनकी सदस्य संख्या एक लाख 50 हजार से कम नहीं है। जहाँ तक सर्व भारतीय किसान संगठन की बात है, वह सिर्फ कागजी है। 4 मार्च 1979 को संघ परिवारवालों ने जो किसान संगठन बनाया था, उसके बारे में यह प्रचारित किया गया था कि '14 राज्यों में फैले इस संगठन की सदस्य संख्या 2 लाख 15 हजार है।' लेकिन स्थापना के तीन साल बाद भा. म. संघ के प्रतिष्ठाता

दत्तोपंत थेंगड़ी ने यह स्वीकार किया कि 'उस किसान संगठन का कोई खास प्रभाव नहीं पड़ा' (ऑर्गनाइजर, मई 1982)।

इस तरह यह देखा जा सकता है कि 'उपभोग पर संयम' अथवा नियन्त्रण के हिमायती छोटे तबके के मजदूर, किसान आन्दोलनों से कोसों दूर हैं। यहाँ एक गम्भीर प्रश्न उठना स्वाभाविक है। और वह प्रश्न है, साम्यवादियों के गढ़ के रूप में जाने जाते औद्योगिक क्षेत्रों में ही पिछले लगभग पन्द्रह सालों से लगातार साम्प्रदायिक दंगे क्यों भड़कते रहे हैं ? 'सबसे ज्यादा दूरदर्शी, संघर्षशील और संगठित' के रूप में मार्क्सवाद ने जिस मजदूर वर्ग को क्रान्ति का नेता वर्ग माना, कही सबसे उन्नत तकनीक से जुड़ने के बाद भी और वामपंथी यूनियनों के साथ जुड़े रहने के बाद भी सबसे पिछड़े विचार का अनुयायी क्यों बनता रहता है ? इस लेख में इस विषय पर विस्तारित चर्चा करना न तो संभव है और न ही जरूरत। अलबत्ता इतना कहना अप्रासंगिक नहीं होगा कि उन्नत तकनीक और पिछड़ी मानसिकता की रस्साकशी के बीच भारतीय मजदूर के व्यापकतम हिस्से अपनी माँगें पूरी करवाने के लिए लाल झंडा हाथों में थामते हैं, पर चेतना के स्तर पर वे संघ परिवार के सोच के प्रति आकर्षित होते रहते हैं।

इसी पृष्ठभूमि में खड़े हो कर भाजपाई आर्थिक नीतियों को देखने से यह स्पष्ट हो जाता है कि बाकी राजनीतिक दलों की आर्थिक नीतियों के मुकाबले उनकी आर्थिक नीतियों में खास अन्तर नहीं रहा। अप्रैल 1980 में भाजपा की स्थापना के बाद यह कहा गया, 'पार्टी का मत है कि कांग्रेस सरकार के लम्बे शासन काल में ऐसा अपव्यय किया गया, जिससे घाटे का बजट निरन्तर बढ़ता ही चला गया। इस प्रक्रिया से मुद्रास्फीति को बढ़ावा मिला। सरकार संतुलन स्थापित करने में असफल रही तथा योजनाओं को उसने मात्र राजनीतिक उद्देश्यों की ही पूर्ति का लक्ष्य माना।' औद्योगिक नीति के प्रश्न पर 'आर्थिक विकास की गति बनाये रखने के लिए और राष्ट्रीय हितों को संरक्षण प्रदान करने के लिए' उन्होंने 'एक सुदृढ़ सार्वजनिक क्षेत्र की आवश्यकता' पर बल दिया। सभी उद्योग, व्यापार, कृषि क्षेत्र में विकेन्द्रीकरण का पक्षपोषण किया। रुग्ण उद्यमों को संयुक्त क्षेत्र में सौंपने को कहा। भाजपा ने खास बात यह कही कि 'उपभोक्ता वस्तुओं के उत्पादन को लघु तथा मध्यम क्षेत्रों के उद्योगों तक ही सीमित रखा जाना चाहिए।' भूमि सुधारों के बारे में उसने न सिर्फ भूमि सुधारों, बल्कि कृषि के पुनर्गठन करने की वकालत की, 'पार्टी कृषि के लिए निर्धारित कर्ज का पचास प्रतिशत छोटे किसानों को दिये जाने के पक्ष में है, जो गैर-कृषि रोजगार के अवसर उत्पन्न करने का प्रयास करेंगे।' गरीबी, उन्मूलन कार्यक्रम के तहत योजना आयोग से उन्होंने यह माँग की कि 'अंत्योदय, काम के बदले अनाज, सस्ते मकान, पौष्टिक आहार, ग्रामीण पेय जल योजना, प्रौढ़ शिक्षा, प्राथमिक स्वास्थ्य केन्द्र, परिवार

कल्याण आदि का विस्तार किया जाये।' सार्वजनिक वितरण प्रणाली की विफलता के कारण पनपी राशन सामग्री की व्यापक कालाबाजारी पर उसने जम कर प्रहार किया। थोक मूल्यों में हो रही साप्ताहिक वृद्धि दर पर रोष व्यक्त करते हुए उसने यह कहा कि 'परचून की दुकान में इस कारण जो लूट मचती है, उसका तो कोई हिसाब ही नहीं है।' इस तरह देखें, तो भाजपाई आर्थिक नीतियों को जनविरोधी कैसे कहा जा सकता है ? हाँ, व्यावहारिक धरातल पर खड़े हो कर यह अवश्य देखा जा सकता है कि कांग्रेस की जनविरोधी आर्थिक नीतियों के खिलाफ 1980 से अब तक भाजपा ने लोगों को गोलबन्द करने में कोई पहल नहीं की। उसने प्रमुख राजनीतिक रणनीति के तौर पर 'हिन्दुत्व' का कार्ड खेला और बदले में 'धर्मनिरपेक्षता' का प्रहार झेला। बीच में से राव-सिंह जोड़ी डगमगाती भारतीय आर्थिक नाव की उद्धारक बन कर उभरी, जिसे आज हर राजनीतिक पार्टी व्यावहारिक रूप से समर्थन करने के लिए मजबूर ही नहीं, कटिबद्ध भी है।

राव-सिंह जोड़ी यह बखूबी जानती थी और इसीलिए पिछले चार वर्षों में वह कई दफे यह कह चुकी है कि भविष्य में चाहे कोई भी पार्टी सत्ता में आये, उनकी बनायी आर्थिक नीति बदस्तूर जारी रहेगी। जहाँ तक भाजपा का सवाल है, वह तो कह ही चुकी है कि मनमोहन सिंह उनकी बनायी अर्थनीति पर ही अमल कर रहे हैं। 'उपभोग सामग्री उत्पादन के क्षेत्र में बहुराष्ट्रीय निगमों को' घुसने न देने के लिए कसमें खानेवाली भाकपा की असलियत के बारे में स्वर्गीय मधु लिमये 'मेनस्ट्रीम' में बहुत कुछ लिख गये हैं और भाजपाई स्टंट को समझने के लिए उनके द्वारा प्रस्तुत तथ्य ही पर्याप्त हैं। मनमोहनी अर्थनीति के बारे में विश्वनाथ प्रताप सिंह ही ऐसे एकमात्र नेता हैं, जिनकी सत्यता पर संदेह की कोई गुंजाइश नहीं है। अभी हाल ही में न्यू यॉर्क स्थित हार्वर्ड विश्वविद्यालय में 'भारत और चीन : भिन्न जड़ें और अलग रास्ते' विषय पर सेमिनार के बाद प्रश्नोत्तर के दौरान जब हमारे भूतपूर्व प्रधानमंत्री से भारत की नयी आर्थिक नीति पर विद्वानों ने उनके विचार जानने चाहे, तो श्री सिंह ने कहा, 'एक विरोधी पार्टी के नेता होने के नाते मैं इस सम्बन्ध में अगर अपनी व्यक्तिगत राय रखूँ, तो मैं विरोध पक्ष का नेता नहीं रह सकूँगा।' कहते हैं, विद्वान श्रोता श्री सिंह के इस बेबाक बयान से (उनके अनुसार 'ट्रांसपेरेंट डुप्लिसिटी' से) बेहद प्रभावित हुए।

भाजपा श्री सिंह की भावुकता में बहने की गलती क्यों करेगी ? वह 'कांग्रेसी स्टंट के खिलाफ सुपर स्टंट' से लोगों को भरमाने और चौंकानेवाली पार्टी है। चालाकी और स्टंटबाजियों में पारंगत भाजपा नेताओं को यह पता है कि कुछ गिने-चुने कलमचियों के अलावा आम जनों की याददाश्त बहुत कमजोर हुआ करती है। उन्हें पता है कि निरक्षर, अर्धशिक्षित और पिछड़े विचारों से लैस जिन बहुसंख्यक मतदाताओं को उन्हें 'हिन्दुत्व' से लुभाना है, वे उनके परस्पर विरोधी बयानों यानी

स्टंटों से बेखबर हैं। 'साफ-सुथरी' और 'जनपक्षीय' अर्थनीति से लैस भाजपा में भ्रष्टाचारियों और अपराधियों की बढ़ते जमात के बारे में हवाला कांड को छोड़ दिया जाये, तब भी कुछ प्रमाणित तथ्यों पर फिर भी सवाल उठाना ही पड़ेगा। अक्टूबर '93 में भाजपाई नेताओं ने, खासकर आडवाणी ने, संवाददाताओं को यह विश्वास दिलाया था कि 'भ्रष्टाचारियों और अपराधियों के लिए भाजपा में कोई जगह नहीं है।' आडवाणी ने घोषणा कर दी कि 'भाजपा अब से सिर्फ चेक की मारफत ही चुनावी चंदा स्वीकार करेगी।' इस तरह के स्टंटों का प्रचार जब जोरों पर था, ठीक उसी समय उत्तर प्रदेश विधान सभा में चुने गये हिस्ट्रीशीटरों के बारे में सर्वेक्षण से हमें यह जानकारी भी हासिल हो रही थी कि वहाँ इस तरह के 'जो 106 सदस्य हैं, उनमें से 44 भाजपा से और 33 मुलायम सिंह के खेमे से संबंधित हैं।' 18 सितम्बर 1994 को 'टेलीग्राफ' संवाददाता के साथ वार्ता के दौरान वाजपेयी ने यह माना कि 'हमें भी चार राज्यों में शासन भार मिला था, लेकिन सत्ता के स्वाद ने सभी को भ्रष्ट कर दिया' कभी-कभी मैं ऊब जाता हूँ और सोचता हूँ कि सब कुछ छोड़ दूँ।'' इससे पूरी तरह ऊब चुके वाजपेयी जी को, ठीक एक साल बाद गुजरात संकट के दिनों में बाघेला को हमने मनाते हुए देखा, जिसने, उनके पार्टी प्रवक्ताओं के अनुसार, लगभग 'पचास लाख रुपये खर्च कर पंचतारा होटल में विक्षुब्ध पार्टी विधायकों को ठहराने का इंतजाम किया था।' पार्टी प्रवक्ताओं ने ही हमें सूचना दी थी कि एकमात्र वाजपेयी जी ही बाघेला को मना सकते हैं, क्योंकि वह उनके 'खास चेलों में से हैं।'

इस तरह, 'साफ-सुथरी' भाजपा और हमारे 'भावी प्रधानमंत्री' की जो तस्वीर हमें देखने को मिलती है, उससे क्या उम्मीद की जा सकती है ? अब भाजपाई आर्थिक सलाहकार जय दुबाषी कह रहे हैं कि 'सांस्कृतिक राष्ट्रवाद (पढ़िए धार्मिक राष्ट्रवाद) यानी 'हिन्दुत्व' के मुद्दे से ज्यादा जरूरी है राजनीतिक राष्ट्रवाद (यानी स्वदेश) और आर्थिक राष्ट्रवाद (स्वदेशी) पर बल देना।' कौन नहीं जानता कि आर्थिक राष्ट्रवाद पर अमल करने की पहली शर्त है कि अंदरूनी तौर पर सामंती-पूँजीवादी लूट के खिलाफ और बाहरी तौर पर साम्राज्यवादियों की लूट और हस्तक्षेप के खिलाफ लगातार जनांदोलन संगठित किया जाये। भाजपा के आर्थिक चिन्तन और राजनीतिक कर्म में इस संबंध में अभी तक तो कोई सरोकार नजर नहीं आते।

दलित जैसे हैं, वैसे ही रहें

कँवल भारती

भारतीय जनता पार्टी, उत्तर प्रदेश के एक पदाधिकारी कमलेश कुमार ने अपने एक लेख में लिखा है, 'भाजपा को सवर्णों की पार्टी तथा अनुसूचित दलित तथा पिछड़ा विरोधी पार्टी के रूप में चित्रित किया जाता है। यह सरासर असत्य है। देश में सर्वप्रथम भाजपा ने दलितों और पिछड़ों के लिए आरक्षण व्यवस्था के पक्ष में प्रस्ताव पारित किया। जब वी.पी. सिंह का जनता दल अस्तित्व में भी नहीं आया था, भाजपा ने दलित और पिछड़ों के लिए आरक्षण नीति घोषित की। मण्डल कमीशन के अनुसार पिछड़ों के लिए उच्चतम न्यायालय ने जो आदेश पारित किया, वह वही है, जिसे भाजपा जनता दल के अस्तित्व के पूर्व ही स्वीकार कर चुकी थी। अयोध्या में राम जन्मभूमि मन्दिर का शिलान्यास समस्त धर्माचार्यों, महामण्डलेश्वरों, सन्तों और स्वयं शंकराचार्य की उपस्थिति में एक अनुसूचित बन्धु से कराया। सत्ता में भागीदारी की दृष्टि से गुजरात में सामान्य लोक सभा निर्वाचन से अनुसूचित बन्धु को टिकट दिया और निर्वाचित कराया। उत्तर प्रदेश में भी भाजपा ने अनुसूचित नेता श्री संघप्रिय गौतम, श्री रामरतन राम को राज्य सभा का सदस्य बनाया।'[1] इसी क्रम में भाजपा नेता अब यह भी जोड़ सकते हैं कि उत्तर प्रदेश में उसी ने बसपा को समर्थन दे कर प्रथम दलित महिला मुख्यमंत्री के रूप में मायावती की सरकार बनवायी।

यह सम्पूर्ण कथन असत्य है, यह हम नहीं कहते। लेकिन जिन कारणों से भाजपा को सवर्णों की पार्टी तथा दलित विरोधी पार्टी के रूप में माना जाता है, उनका निराकरण इस सम्पूर्ण कथन से नहीं होता है। वे कारण पूरी तरह अभी भी भाजपा में मौजूद हैं, जिन्हें दूर करने का लघु प्रयास भी भाजपा की क्रिया में नहीं है। भाजपा सिर्फ इसलिए दलित समर्थक पार्टी नहीं हो जाती कि उसने आरक्षण का समर्थन किया है या अपने यहाँ दलित प्रकोष्ठ खोल दिया है या एकाध दलित को सांसद बनवा दिया है। यह काम तो कांग्रेस ने काफी अच्छे ढंग से

किया है, इतने अच्छे ढंग से कि सारे दलित कांग्रेस का वोट बैंक माने जाते थे। लेकिन आज स्थिति क्या है ? कांग्रेस के प्रति दलितों का रुख क्यों बदल गया ? दलित आज जागरूक हो गया और इस यथार्थ से परिचित हो गया कि कांग्रेस ने उसके वोट पर अपनी सरकार बनाने का काम किया है, खुद उसकी सरकार बनाने का मार्ग कभी प्रशस्त नहीं किया। इसलिए भाजपा के कमलेश कुमार ने अपनी पार्टी की जो उपलब्धियाँ ऊपर गिनायी हैं, वैसी उपलब्धियाँ कोई भी पार्टी गिना सकती है। यह दलित प्रेम नहीं है, बल्कि ये भारतीय राजनीति की लोकतांत्रिक आवश्यकताएँ हैं।

ये लोकतांत्रिक आवश्यकताएँ भी सिर्फ प्रकोष्ठ खोल कर पूरी की जाती हैं। भाजपा ने भी यही किया है। अनुसूचित जाति मोर्चा, अनुसूचित जन जाति मोर्चा, अल्पसंख्यक मोर्चा आदि भाजपा के प्रकोष्ठ हैं। प्रकोष्ठ इन जातियों या समुदायों के लिए विशेष कार्य करने के लिये नहीं बनाये जाते, बल्कि ये इस मकसद से बनाये जाते हैं कि इन जातियों और समुदायों को पार्टी से जोड़ा तो जाये, पर उनका दखल पार्टी में न हो। दूसरे शब्दों में पार्टी में सवर्ण वर्चस्व पर कोई आँच नहीं आये। एक प्रकार से ये प्रकोष्ठ पार्टी की केन्द्रीय समिति में हाशिये पर माने जाते हैं और विशेष भूमिका नहीं निभाते। अभी भाजपा अध्यक्ष लालकृष्ण आडवाणी ने अपनी पार्टी की 49 सदस्यीय नयी राष्ट्रीय कार्यकारिणी समिति की घोषणा की है, उसमें सूरज भान को अनुसूचित जाति मोर्चा का अध्यक्ष नियुक्त किया गया है। वह अनुसूचित जाति के नेता हैं। इसलिए अनु. जा. मोर्चा में लिये गये। इसमें कोई बड़ी बात नहीं है। बड़ी बात यह है कि भाजपा ने अपनी राष्ट्रीय कार्य समिति में सामान्य पदों पर कोई जिम्मेदारी किसी दलित को क्यों नहीं सौंपी ? दो ही बातें हो सकती हैं : या तो भाजपा में दलित नेता नहीं हैं या उन्हें सामान्य पदों की जिम्मेदारी भाजपा देना नहीं चाहती। यह बात सही भी है कि भाजपा में जुझारू दलित नेता नहीं हैं, पर जो हैं और कम से कम संघप्रिय गौतम तथा रामरतन राम को तो भाजपा अपनी उपलब्धि बताती ही है, उन्हें पार्टी की राष्ट्रीय कार्य समिति में किसी योग्य क्यों नहीं समझा गया ? इसका एक ही कारण है और वह यह कि भाजपा का सवर्ण नेतृत्व दलित सवाल पर अपने राजनीतिक सोच के लिए कोई खतरा मोल लेना नहीं चाहता।

यह राजनीतिक सोच क्या है ? इसे भाजपा के सामाजिक समरसता के दर्शन से समझा जा सकता है, जिसे उसने दीनदयाल उपाध्याय के एकात्म मानववाद से ग्रहण किया है। दर्शन पर आने से पहले भाजपा की दलित चेतना की कुछ और घटनाएँ भी देख ली जाएँ तो विषय को समझने में आसानी होगी।

दलित चेतना के खिलाफ यदि कोई पार्टी बाकायदा मुहिम चला रही है, तो वह भाजपा ही है। देश में जब भी दलितों की भागीदारी का प्रश्न उठाया गया,

तभी भाजपा ने कोई न कोई समानान्तर आन्दोलन खड़ा किया। 1990 में जब वी. पी. सिंह ने मंडल आयोग की सिफारिशें लागू कीं, तो भाजपा ने उसका स्वागत नहीं किया था, बल्कि वी. पी. सिंह को जयचन्द तक की उपाधि दे डाली थी। वी. पी. सिंह और भाजपा के बीच आरक्षण के मुद्दे पर कितना जबरदस्त टकराव था, यह उस समय के अखबार बता सकते हैं। वी. पी. सिंह की सरकार भाजपा के समर्थन से चल रही थी। भाजपा ने आरक्षण को स्वीकार नहीं किया और अपना समर्थन वापस ले कर वी. पी. सिंह की सरकार गिरा दी। इतना ही नही, 1990 में जो देश भर में आक्षरण के विरोध में सवर्णों के उग्र प्रदर्शन हुए तथा हिंसा, आगजनी और आत्मदाह की लोमहर्षक घटनाएँ घटी थीं, उन्हें भी पर्दे के पीछे से भाजपा ने ही चलाया था।

अनुसूचित जाति तथा पिछड़ों के लिए आरक्षण की व्यवस्था को भाजपा ने मजबूरी में स्वीकार किया है। यह मजबूरी पूरी तरह राजनीतिक है, अन्यथा वह आज भी यही विचार रखती है कि आरक्षण जाति के आधार पर नहीं, बल्कि आर्थिक आधार पर होना चाहिए। लेकिन वह यह नहीं बताती कि अस्पृश्यता जाति के आधार पर है या आर्थिक आधार पर ?

भाजपा और विहिप का मन्दिर आन्दोलन क्या था ? वह वास्तव में मंडल आन्दोलन को दबाने के लिए ही आरम्भ किया गया था। जब लालकृष्ण आडवाणी ने सोमनाथ से अपनी रामरथ यात्रा शुरू की थी, तो बिहार में कुछ पत्रकारों ने पूछा था कि उन्होंने यह मात्रा क्यों निकाली ? इसका आडवाणी जी ने उत्तर दिया था, 'क्योंकि वी. पी. सिंह ने मंडल रिपोर्ट लागू कर दी।' कितनी स्पष्ट है भाजपा की दलित चेतना, जो दलितों-पिछड़ों को मन्दिर से जोड़े रखने के लिए अधीर रहती है, पर शासन-सत्ता में उनकी भागीदारी के प्रश्न को राष्ट्र की एकता के लिए घातक मानती है।

25 अगस्त 1992 को वी. पी. मंडल के गाँव मधेपुरा (बिहार) से जनता दल नेता शरद यादव ने मंडल रथ यात्रा आरम्भ की थी। भाजपा ने इसका भी विरोध किया था। उसने जहाँ आरक्षण विरोधी संघर्ष समितियों को आन्दोलन छेड़ने की हरी झंडी दिखायी, वहीं विश्व हिन्दू परिषद ने देश के 16 हजार गाँवों में रामपादुका भ्रमण का कार्यक्रम चलाया। यह कार्यक्रम मंडल को तो नहीं दबा सका, क्योंकि मंडल का प्रचार भी जबरदस्त ढंग से हो रहा था, परन्तु देश के कई हिस्सों में इसने सांप्रदायिक दंगे जरूर भड़काये।

1992 में ही दलित राष्ट्रपति का प्रश्न भी वी. पी. सिंह ने उठाया था। इस प्रश्न पर भारतीय राजनीति में जैसा ध्रुवीकरण हुआ था, वैसा ही पूना पैक्ट के समय 1932 में हुआ था। सभी विपक्षी दल (यहाँ तक कि कुछ जनता दली भी) योग्यता का सवाल उठा कर दलित राष्ट्रपति के मुद्दे पर असहमति व्यक्त कर रहे

थे। वी. पी. सिंह ने जी. जी. स्वेल को राष्ट्रपति के लिए अपना प्रत्याशी बनाया था, जबकि कांग्रेस ने डॉ. शंकरदयाल शर्मा को उम्मीदवार के रूप में खड़ा किया था। इसमें सन्देह नहीं कि भाजपा ने राष्ट्रपति पद के लिए दलित प्रत्याशी जी. जी. स्वेल का समर्थन किया था, परन्तु पार्टी के कट्टर हिन्दूवादी सदस्यों ने न सिर्फ पार्टी निर्णय का विरोध किया था, बल्कि चुनाव में उन्होंने जी. जी. स्वेल के विरुद्ध डॉ. शंकरदयाल शर्मा को अपना वोट दिया था। इन विरोधियों में भाजपा की वरिष्ठ नेता विजयाराजे सिंधिया और तब के राष्ट्रीय सचिव मदनलाल खुराना भी थे। यही नहीं, भाजपा में महन्त अवैद्यनाथ ने भी राष्ट्रपति चुनाव में वोट न देने की घोषणा कर जी. जी. स्वेल के विरोध की पहल की थी, जिसके आधार पर भाजपा के तमाम ब्राह्मण और राजपूत विधायकों ने खुल कर कांग्रेस प्रत्याशी के पक्ष में मतदान किया था।

भाजपा को एक अविभाजित पार्टी माना जाता है और इसका कारण उसका अनुशासन बताया जाता है। परन्तु वास्तव में जिसे अनुशासन बताया जाता है, वह सवर्ण हितों के प्रश्न पर भाजपा में ध्रुवीकरण है। उत्तर प्रदेश में 1993 के चुनावों में यह ध्रुवीकरण सबसे ज्यादा सशक्त हुआ। सितम्बर 1993 में लखनऊ में भाजपा के अवध क्षेत्र के सम्मेलन में तत्कालीन भाजपा के प्रदेश उपाध्यक्ष हरीशचन्द्र श्रीवास्तव ने अपने उद्घाटन भाषण में कहा था, 'हमें बसपा, सपा या जनता दल के किसी भी गठबन्धन से भयभीत होने की आवश्यकता नहीं है। जितना भी इस प्रकार का ध्रुवीकरण होगा, भाजपा की ताक़त उतनी ही बढ़ेगी।[2] यह स्पष्ट रूप से दलित-पिछड़ों के ध्रुवीकरण के खिलाफ सवर्ण ध्रुवीकरण का आह्वान था। इसी का परिणाम था कि अवध क्षेत्र में भाजपा के पक्ष में सवर्णो ने 1993 के चुनावों में दलितों को सपा-बसपा गठबन्धन को वोट नहीं डालने दिये। जहाँ दलितों ने वोट डाले, वहाँ उन्हें सजा दी गयी। बस्ती में सपा प्रत्याशी रामप्रसाद चौधरी पर गोलियों से हमला किया गया। गोण्डा में गुरैठी गाँव के दलित मतदाताओं को चुनाव के दिन सवर्णों ने गाँव से ही नहीं निकलने दिया। गाजीपुर में बसपा प्रत्याक्षी विश्वनाथ प्रसाद मुनीम की हत्या कर दी गयी। बलिया के चार गाँवों में दलितों को मतदान केन्द्रों पर जाने से बलपूर्वक रोका गया। फैजाबाद में सबसे अधिक संघर्ष हुए। टाण्डा के नरकटवा क्षेत्र में एक दलित को गोली से भून दिया गया। सोहावल के सरियावा बल्लीपुर गाँव में सवर्णों ने बसपा कार्यकर्ता अभयराज पासी को गोली से उड़ा दिया। पिरखौली, लखौरी, रामनगर, दक्षिणपारा गाँवों में दलितों को लाठियों से खदेड़ कर मारा गया। अयोध्या के दलपतपुर में सवर्णों ने वोट डालनेवाले दलितों के घर जला दिये। सुलतानपुर के चाँदा क्षेत्र में पैयगूपुर गाँव में सवर्णों ने दलितों पर लोमहर्षक कहर ढाया। यही घटनाएँ प्रतापगढ़, मैनुपरी, एटा, मथुरा और सहारनुपर के गाँवों में हुईं। ये सारी घटनाएँ दलितों की सत्ता

में भागीदारी के खिलाफ सवर्णों का आक्रोश थीं। यह कहा जा सकता है कि इन घटनाओं के पीछे सिर्फ भाजपा का ही हाथ नहीं हो सकता, अन्य दलों का हाथ भी इनके पीछे था। यह हो सकता है, क्योंकि इन चुनावों में कांग्रेस के सवर्ण राजनीतिज्ञ भी भाजपा के पक्ष में ध्रुवीकृत हो गये थे। यही कारण था कि इन चुनावों में कांग्रेस की हालत सबसे ज्यादा खस्ता हुई थी और भाजपा को सबसे अधिक सीटें प्राप्त हुई थीं। इन घटनाओं से क्या यह साबित नहीं होता कि दलितों को अपने साथ जोड़ने की अपेक्षा उन्हें राजनीति से बाहर करने में भाजपा की ज्यादा दिलचस्पी है ?

यदि पूना पैक्ट को समझ लिया जाये, तो भाजपा के दलित चिन्तन को आसानी से समझा जा सकता है। पूना पैक्ट ने दलितों को राजनीतिक और संवैधानिक अधिकार जरूर दिये थे, पर उनके शासक बनने का मार्ग बन्द रखा था। यह पैक्ट इसलिए हो गया था, क्योंकि इसमें महात्मा गांधी के प्राण दाँव पर लगे हुए थे। इस पैक्ट का काँग्रेस ने भरपूर लाभ उठाया। उसने सवर्ण-बहुल क्षेत्रों को दलितों के लिए आरक्षित किया और कांग्रेस तथा उसके सवर्ण मतदाताओं ने उन दलित प्रत्याशियों को चुना, जो अयोग्य थे और कांग्रेस तथा सवर्णों के हाथों की कठपुतली बन सकते थे। दलित एक प्रकार से कांग्रेस की ही झोली में थे। यदि दलितों में नेतृत्व उभरा भी, तो कांग्रेस के पैसे ने उसे भी खरीद लिया। आज की भाजपा और तब की जन संघ बनियों की पार्टी थी और दलित चेतना से काफी दूर थी। किन्तु भारतीय राजनीति में कांशीराम के उदय ने दलित समाज को क्रान्तिकारी दिशा दी। कांग्रेस की झोली में पड़े दलितों में नयी चेतना जागी और वे कांग्रेस से निकल कर बहुजन समाज पार्टी में लामबन्द हो गये। रातों-रात भारतीय राजनीति के मूल्य बदल गये। हाशिये पर रहनेवाले डॉ. आम्बेडकर भारतीय राजनीति के केन्द्र बिन्दु ही नहीं, उसकी आवश्यकता बन गये। सलकारी बाई, महात्मा फुले और पेरियार तक प्रासंगिक हो गये। सामाजिक न्याय का नारा राजनीति के आकाश में गूँजने लगा। कांशीराम ने ब्राह्मणवाद के लिए 'मनुवाद' शब्द का प्रयोग किया और जाति तथा वर्ण की व्यवस्था के खिलाफ सामाजिक परिवर्तन का देशव्यापी आन्दोलन छेड़ दिया।

इसने हिन्दुत्व की व्यवस्था को हिला दिया। शासक जाति के रूप में ब्राह्मणों के प्रभुत्व के लिए खतरा पैदा हो गया। इस खतरे को भाजपा ने पूरी शिद्दत के साथ महसूस किया। फलतः भाजपा ने हिन्दू राजनीति का बिगुल बजाया। हिन्दू हितों के लिए ध्रुवीकरण की प्रक्रिया आरम्भ हुई और राष्ट्र की अखण्डता के नाम पर दलित माँगों की आलोचना की गयी। पहली दफा भाजपा में दलित प्रकोष्ठ बना और दलितों को भाजपा से नहीं, बल्कि हिन्दुत्व से जोड़ने की मुहिम चलायी गयी।

1991 में भाजपा की उत्तर प्रदेश में सरकार बनी और कल्याण सिंह मुख्यमंत्री

बने। सरकार बनने के बाद भाजपा ने लखनऊ में रवीन्द्रालय में विजयोत्सव मनाया, जिसमें मनु की आदमकद प्रतिमा पर माल्यार्पण किया गया। फिर भाजपा शासन में हिन्दुत्व के आन्दोलनों का जो दौर शुरू हुआ, उसमें विहिप की यात्राएँ निकलीं और सन्तों की धर्मसंसदें हुई। सन्त वामदेव ने भारतीय संविधान को हिन्दू विरोधी बताया और मनुस्मृति के आधार पर शासन चलाने की माँग की। और इसी क्रम में भाजपा सरकार ने भारतीय संविधान निर्माता की मृत्यु तिथि पर बाबरी मस्जिद का विध्वंस कर कर संविधान की सचमुच ही हत्या कर दी। जितनी तेजी से दलित चेतना सामाजिक परिवर्तन की दिशा में अग्रसर हो रही थी, उतनी ही तेजी से भाजपा के हिन्दुत्व आन्दोलन ने उसे दबाने का भरपूर यत्न किया।

दरअसल, भाजपा की दलित चेतना यह है कि दलित हिन्दू बाड़े में रहें और शासित श्रेणी के रूप में रहें। उन्हें वह हर सुविधा प्रदान की जा सकती है, जो वे चाहें। परन्तु वे सत्ता में अपनी भागीदारी का प्रश्न न उठायें। इसलिए, जैसा कि डॉ. शिवकुमार अस्थाना ने लिखा है, 'भाजपा के लिए यह भी एक अनिवार्य मिशन है कि वह दलित, पिछड़े तथा अल्पसंख्यकों के ध्रुवीकरण को रोके अर्थात इन वर्गों को प्रशिक्षित करके आदिवासी पिछड़े कबीलों के समान आज की विकसित राजनीति में उनको क्षुद्र व्यवहार करने से रोके।'[3]

भाजपा ने अभी तक अपने मनुवादी होने का खंडन नहीं किया है। इसके विपरीत मनुस्मृति और मनुवाद के समर्थन में भाजपा और संघ की पत्रिकाओं में लेख प्रकाशित कर वर्ण और जाति की व्यवस्था को स्वीकार किया गया है। इस सम्बन्ध में 23 जनवरी 1994 को प्रकाशित पांचजन्य के 'सामाजिक न्याय अंक' का अवलोकन किया जा सकता है। यही नहीं, हाल में उत्तर प्रदेश में भाजपा अध्यक्ष कलराज मिश्र ने यहाँ तक कहा था—'हम मनुवादी हैं, मनु की सन्तान हैं और मनु की आचार संहिता पर चलनेवाले हैं।' इन वक्तव्यों का स्पष्ट अर्थ यही है कि भाजपा वर्ण और जाति की व्यवस्था को अक्षुण्ण रख कर उसके अन्दर ही दलितों का विकास चाहती है। क्या यह दलितों को स्वीकार हो सकेगा ?

उमा भारती कहती हैं, 'गीदड़ नहीं, शेर की तरह खड़े हों वंचित' (संघ द्वारा 'दलित' के लिए नया शब्द)। उन्होंने अपने एक लेख में लिखा है, 'वर्तमान जाति प्रथा उन लोगों की देन है, जो धर्म, संस्कृति और पुरानी परंपराओं की आड़ ले कर सत्ता को अपने हाथ में बनाये रखने का दुष्चक्र चलाते रहे हैं। वचितों को सामाजिक सम्मान देने के लिए कथित सवर्णों को अपनी मानसिकता बदलनी होगी। मैंने इस दौर में भी देखा है कि सत्ता मिलने के बाद भी वंचितों को सम्मान नहीं मिला है, इसके लिए हमें जातिगत और परंपरागत व्यवसाय को बदलना होगा।'[4] क्या भाजपा ने इस दिशा में कोई कार्यक्रम चलाया ? स्पष्ट है कि नहीं। फिर भाजपा क्या चाहती है ?

भाजपा चाहती है दलित, जो भक्त हनुमान की तरह राम (अर्थात सवर्णों) के चरणों में सेवक बन कर रहें, जैसा कि बंगारू लक्ष्मण हैं, जो यह कहते हैं कि हिन्दुत्व की विरासत पर (राज्य सत्ता पर नहीं) पहला अधिकार वंचितों का है। ये भाजपाई दलित नेता अपने एक लेख 'सामाजिक मंथन की आवश्यकता' में लिखते हैं, 'राम ने लंका पर विजय प्राप्त करने के लिए अयोध्या से सेना नहीं मँगायी थी, उनका साथ दिया था, हनुमान और वानर सेना ने। ये आज के तथाकथित वंचित ही थे। इन लोगों ने सीता को ढूँढा, इसलिए राम ने सबको छोड़ा, लेकिन हनुमान को आजीवन साथ रखा। हनुमान कोई और नहीं थे, वे वंचितों, दलितों के प्रतीक थे।'[5] यह है भाजपा की दलितों के लिए विरासत।

लेकिन दलित इस सम्पूर्ण विरासत पर आज प्रश्न उठाता है। वह हनुमान को अपनी दासता का प्रतीक मानता है। भाजपा इसे जातिवादी सोच कहती है और उस पर विचार तक करना नहीं चाहती। भाजपा ने दलितों को सन्तुष्ट करने के लिए एक नया शब्द निकाला है—समरसता। इसका मतलब है जैसे शरीर के सभी अंग असमान हैं, पर सभी महत्वपूर्ण हैं और उनके बीच एक समरसता बनी हुई है, उसी प्रकार समाज में भी विभिन्न वर्गों और जातियों के बीच समरसता होनी चाहिए। यानी वर्ण और जाति की व्यवस्था महत्वपूर्ण है, उनके बीच जो द्वन्द्व उभर रहे हैं, उन्हें आपस में समरसता पैदा करके दूर किया जाये। भाजपा नेता डॉ. मुरली मनोहर जोशी कहते हैं कि 'यह शिक्षा प्रणाली और पश्चिमी विचार का मिला-जुला परिणाम है कि देश में हमने विविधताओं को विषमता, अपनी व्यवस्थाओं को विभेद और अपनी तमाम परंपराओं को रूढ़ि के रूप में स्वीकार किया।' उनका कहना है कि 'इसलिए हमने समाज की आन्तरिक समरसता का अनुभव नहीं किया। उसी के निर्माण की अब आवश्यकता है।'[6]

यानी भाजपा का दर्शन दलितों के लिए यह है कि वे हिन्दुत्व की सम्पूर्ण विरासत पर गर्व करें, विषमताओं, व्यवस्थाओं और परंपराओं को स्वीकार कर सामाजिक सरमसता का निर्माण करें।

सन्दर्भ

1. वर्तमान कमल ज्योति (भाजपा का मासिक पत्र), 1 मार्च 1994, पृष्ठ 8
2. वही, 16-30 सितम्बर 1993, पृष्ठ 15
3. वही, 16 दिसम्बर, 1993 ,पृष्ठ 3 (सम्पादकीय)
4. पांचजन्य, 23 जनवरी 1994 (सामाजिक पाप अंक), पृष्ठ 17
5. वही, पृष्ठ 13
6. वर्तमान कमल ज्योति, 1 मार्च 1994, पृष्ठ 13

संस्कृति के सवाल

मुरली मनोहर प्रसाद सिंह

सबसे पहले आग किसने जलायी, औजार किसने बनाया, बीज किसने बोया, पहिया किसने बनाया, भाप के इंजन का आविष्कार किसने किया—इस प्रकार के अनगिनत प्रश्न हैं, जो मानव जाति के सांस्कृतिक विकास की क्रमबद्ध समझ हासिल करने में मदद करते हैं। न्यूटन ने ठीक ही कहा था कि अतीत की उन महान हस्तियों के कंधों पर खड़े हो कर ही वे दूर तक देख पाये थे। मानव जाति के विकास में संस्कृति की नींव रखनेवाली सभी महान विभूतियों की निःसंदेह युगांतरकारी और क्रांतिकारी भूमिका थी। पर आज महान विरासत के मृत अंशों को कंधे पर लादे-फाँदे हम यदि चलना भी चाहें तो चल नहीं सकते।

भारतीय संस्कृति के सृजनात्मक विकास की समस्याओं के अध्ययन के लिए सम्पूर्ण मानव जाति के सांस्कृतिक विकास के विभिन्न युगों की ठोस उपलब्धियों और विशेषताओं के परिप्रेक्ष्य को दरकिनार करने से अंधराष्ट्रवादी भूलभुलैया में फँसने का खतरा पैदा होता है। इसीलिए भारत के पिछले युगों की सांस्कृतिक परंपराओं को मानव इतिहास की विभिन्न मंजिलों के ठोस सन्दर्भों में ही परखा जाना चाहिए। अर्थात आदिम संस्कृति, दास प्रथात्मक संस्कृति, सामंती संस्कृति, पूँजीवादी संस्कृति आदि के अलग-अलग युगों में भारत की संस्कृति का विकास किस प्रकार हुआ, इन विभिन्न युगों में निरन्तरता क्या थी और नयी उद्‌भावनाएँ क्या थीं, विभिन्न राष्ट्रीय-जातीय संस्कृतियों के बीच आदान-प्रदान से क्या परिवर्तन हुए तथा विगत सांस्कृतिक रूपों में मृत एवं जीवंत अंशों के लिए परिरक्षण तथा परित्याग की कोई वृत्ति थी या नहीं ? भारत की संस्कृति अन्य संस्कृतियों से समानता क्या रखती थी और उस समानता के बावजूद अपनी विशिष्ट राष्ट्रीय छाप किस प्रकार विकसित कर पायी ?

सांस्कृतिक अनुशीलन के इन प्रश्नों पर चर्चा से कतरा कर भारत की आध्यात्मिक संस्कृति की महानता का ढोल पीटने का मतलब है बुनियादी सवालों

से कतराना। संस्कृति मानव निर्मित संवृत्ति या फेनोमेना है। इसके दो रूप हैं—पहला भौतिक और दूसरा आत्मिक। भोजन, आवास, वस्त्र, परिवहन आदि भौतिक संस्कृति के अंतर्गत आते हैं और जादू, धर्म, मिथक, कला, साहित्य, दर्शन, नीतिशास्त्र, विज्ञान आदि आत्मिक संस्कृति के अंतर्गत। पर इन दोनों के बीच अविच्छिन्न संबंध रहा है। संस्कृति के ये दोनों रूप मानवीय सृजनशीलता से ही विकसित और परिष्कृत होते हैं।

संस्कृति पर चर्चा के इस व्यापक परिप्रेक्ष्य में भाजपा की संस्कृति और कांग्रेस की संस्कृति के मुहावरे कुछ अटपटे भले ही लगते हों, पर समकालीन बौद्धिक चर्चा में इन मुहावरों को अच्छी-खासी स्वीकृति मिल गयी है। विश्व संस्कृति, राष्ट्रीय संस्कृति, जातीय-प्रादेशिक संस्कृति से अलग यह राजनीतिक दल की संस्कृति है क्या चीज ? हवाला प्रकरण के पहले कांग्रेस और भाजपा की अलग-अलग संस्कृति के दावे किये जा रहे थे और अलग-अलग पहचान पर स्वयं भाजपा के नेतागण ही मुग्ध भाव से जोर डालते थे। 1996 के संसदीय चुनाव के बाद कांग्रेस के विकल्प के तौर पर अपने को पेश करने के क्रम में अपनी अलग संस्कृति के दावे स्वयं आडवाणी ने किये थे। कांग्रेस से भिन्न इस भाजपाई संस्कृति को परिभाषित करते हुए आडवाणी तथा अटलबिहारी वाजपेयी ने सांस्कृतिक राष्ट्रवाद की अपनी व्याख्या भी रखी थी। पर भिन्नता रखनेवाली इस पार्टी के प्रस्तावित भावी प्रधानमंत्री श्री वाजपेयी ने हिन्दी इंडिया टुडे (29 फरवरी 1996) के संवाददाता को बताया कि जनसभाओं में लोग अब हवाला कांड के अलावा दूसरी चीजों पर कुछ सुनना ही नहीं चाहते। सांस्कृतिक राष्ट्रवाद पर भी कुछ सुनना नहीं चाहते। भिन्न संस्कृति का यह अभियान जिस भयंकर दुष्चक्र में फँस गया है, उसके गहरे अवसाद और शब्दातीत आर्तनाद को अपने सर्वोत्तम तरीके से वाजपेयी ही रख सकते हैं।

'आज के भारत के राजनीतिक संकट का हल सिर्फ भाजपा कर सकती है, अतः वही एकमात्र विकल्प है।'—भाजपा नेताओं का यही दावा है। 'विकल्प प्रदान करनेवाले' इस राजनीतिक दल की संस्कृति पर चर्चा वस्तुतः एक ऐसी प्रक्रिया को समझने का अवसर प्रदान करती है जिसके अंतर्गत संस्कृति, अर्थव्यवस्था और सत्ता संघर्ष तीनों सम्मिलित हैं। 'परिवर्तन और विकास के सांस्कृतिक आयाम' नामक अपनी पुस्तक में पूरनचन्द्र जोशी ने इस 'त्रिमुखी प्रक्रिया' के विश्लेषण की नयी पद्धति को अपना अनुमोदन प्रदान किया है (पृ. 36)।

एक राजनीतिक पार्टी की संस्कृति की चर्चा ऐसी कोई बेतुकी बात भी नहीं है। यद्यपि भाजपा एक राजनीतिक पार्टी है, पर उसकी परिकल्पना, उसका गठन करनेवाला और उसे निरंतर अपने निर्देशन-नियमन में रखनेवाला संगठन (राष्ट्रीय स्वयंसेवक संघ) खुद को सांस्कृतिक संगठन बतलाता रहा है। 'द ब्रदरहुड इन सेफ्रन'

में वाल्टर के. एंडर्सन तथा श्रीधर दामले ने इस तथ्य को रेखांकित किया है कि गोलवलकर ने राष्ट्रीय स्वयंसेवक संघ के कार्यकर्ताओं के लिए कांग्रेस में सदस्यता का प्रस्ताव रखा था और राजनीतिक दृष्टि से संघ तथा कांग्रेस के एकीकरण की पेशकश की थी। पर 17 नवम्बर 1949 की कांग्रेस कार्यसमिति की बैठक में उक्त पेशकश ठुकरा दी गयी थी। (वही, पृ. 124) अंजाम यह कि कांग्रेस की संस्कृति से एकाकार होने की अभिलाषा के पूरा न होने पर गोलवलकर ने अपने राजनीतिक बाजू के तौर पर एक राजनीतिक पार्टी के गठन और निर्माण के लिए पंडित नेहरू के नेतृत्ववाली अस्थायी सरकार के मंत्री श्यामा प्रसाद मुखर्जी की सहायता से भारतीय जन संघ की स्थापना करवायी। 29 अक्टूबर 1951 के दिन इस नयी पार्टी का घोषणापत्र जारी किया गया, जिसमें हिन्दू धर्म, हिन्दू परंपरा आदि को विशेष रूप से रेखांकित किया गया (वही, पृ. 173)। भारतीय जन संघ किस प्रकार भारतीय जनता पार्टी के रूप में नये नाम से 1979 में सामने आया, इस इतिहास में फिलहाल जाना अप्रासंगिक है। पर इतना याद रखना आवश्यक है कि दोहरी सदस्यता के प्रश्न पर विवाद में संघी लोग 'संघ परिवार' से अलग होने को तैयार न थे। राष्ट्रीय स्वयंसेवक संघ ने और भी दर्जनों संगठन बना रखे हैं—मजदूरों के लिए, युवाओं के लिए, छात्रों के लिए, महिलाओं के लिए तथा संस्कार-रोपण के लिए। अतः भाजपा की संस्कृति पर चर्चा वस्तुतः संघ परिवार और उसके अभियान की ही चर्चा है, दोनों को अलग-अलग करके देखना असंभव है।

मजेदार बात यह है कि भाजपा के अभियान की मूल भाषा संस्कृति की भाषा है। सम्पूर्ण समाज के मानस का निर्माण करनेवाले सांस्कृतिक-वैचारिक उपादानों, मसलन, शिक्षा, धर्म, दर्शन, सभ्यता, पर्व-त्योहार, रीति-रिवाज, चरित्र, आचार-विचार, शासन प्रणाली, राष्ट्रत्व, इतिहास परंपरा, संचार माध्यम आदि सभी चीजों का बड़े ही व्यवस्थित ढंग से इस अभियान में उपयोग किया जा रहा है। 'विचार नवनीत' में गोलवलकर ने 'राष्ट्रीय पुनर्गठन की कल्पना' के अंतर्गत उपर्युक्त सभी पहलुओं को संस्कृति के अंतर्गत समाविष्ट कर रखा है। अतः सत्ता संघर्ष का प्रश्न उनकी दृष्टि में संस्कृति के प्रश्न का ही एक हिस्सा है, कहना चाहिए, अधीनस्थ अंग है। किसी हिन्दू का राष्ट्रत्व अथवा राष्ट्रप्रेम हिन्दू धर्म में निष्ठा के बिना स्वीकार ही नहीं किया जा सकता। अगर आप धरम-करम में यकीन नहीं रखते, तो हिन्दू होने के बावजूद आप राष्ट्रवादी नहीं हो सकते, देशभक्ति के तमाम आचरणों के बावजूद आपका 'राष्ट्रत्व' संदिग्ध है। इसे गोलवलकर ने बड़े ही स्पष्ट ढंग से कहा है—'हिन्दू धर्म के प्रति विश्वास में ही हिन्दू का राष्ट्रत्व होता है।' (वही, पृ. 182)। धर्म और राष्ट्रीयता की अलग-अलग कोटियाँ नहीं रह जातीं, बल्कि एकसार और यकसाँ हो जाती हैं।

अब सवाल उठता है कि किस प्रकार के हिन्दू धर्म के प्रति विश्वास ? यानी

संघी ब्रांड के हिन्दुत्व में विश्वास। संघी ब्रांड के हिन्दुत्व में ईश्वरत्व का साक्षात्कार भी हिन्दू समाज तक ही सीमित रहता है और हिन्दू समाज भी ऐसा, जिसमें जाति प्रथा उसका अनिवार्य मूलभूत अंग हो। जिन दिनों रामकृष्ण, विवेकानन्द, गांधी आदि के प्रभाव से वेदान्त की मानववादी व्याख्या का जोर था और सारी दुनिया के पीड़ित जनों की सेवा में ईश्वर के साक्षात्कार की कल्पना प्रचलित हो रही थी, उन्हीं दिनों धर्म के इस व्यापक 'मानवीय सार' का गोलवलकर ने विरोध किया। उनकी स्पष्ट मान्यता सामने आयी–'इसलिए मानव-मन एवं मेधा की सीमाओं को समझते हुए हमारे पूर्वजों ने कहा कि मानवता इत्यादि की बातें ठीक हैं, किन्तु उस स्तर तक पहुँच पाने के पूर्व उस सर्वशक्तिमान की कल्पना कुछ सीमाओं के साथ ग्रहण करना चाहिए जिसको कि समझा और अनुभव किया जा सके और जिसकी सेवा की जा सके। उन्होंने कहा कि हिन्दू समाज ही वह विराट् पुरुष है, सर्वशक्तिमान की स्वयं की अभिव्यक्ति।' (वही, पृ. 26)। किसी अन्य समाज के प्राणियों में सर्वशक्तिमान की स्वयं की अभिव्यक्ति हो ही नहीं रही, सिर्फ हिन्दू समाज में हो रही है। इसलिए हिन्दू के लिए मानवता इत्यादि की बातें औपचारिकता मात्र अर्थात उपेक्षणीय हैं।

नव्य वेदान्त के प्रभाव के तहत जो कुछ भी सुधार आन्दोलन या दीनजनों की सेवा के कार्य हो रहे थे–सबको अहिन्दू करार दिये बिना काम नहीं चल सकता था। इतना ही नहीं, सर्वशक्तिमान के साक्षात्कार के लिए चतुर्वर्ण के पालन पर भी जोर देने की आवश्यकता थी। अतः ऋग्वेद के विवादास्पद प्रक्षिप्त अंश 'पुरुष सूक्त' की व्याख्या करते हुए गोलवलकर ने कहा, 'सूर्यचन्द्र उसकी आँखें हैं, नक्षत्र और आकाश उसकी नाभि से बने हैं। ब्राह्मण उसका मुख, क्षत्रिय भुजाएँ, वैश्य उसकी जंघाएँ तथा शूद्र पैर हैं। इसका अर्थ है कि समाज जिसमें यह चतुर्विध व्यवस्था है अर्थात हिन्दू समाज हमारा ईश्वर है।' (वही, पृ. 26)। इस तरह स्पष्टतः जाति प्रथा, ऊँच-नीच, अस्पृश्यता पर आधारित प्राचीन सामाजिक संरचना को गोलवलकर पूरी तरह अपना अनुमोदन प्रदान करते हैं। 'विचार नवनीत' के एक दूसरे अध्याय 'पूर्वकालीन गौरव' में यह सिद्ध किया गया है कि जाति प्रथा ने 'सामाजिक ऐक्य के संपादन में महान योगदान किया है।' (वही, पृ. 105)

इस खास ब्रांड के हिन्दुत्व में यदि निष्ठा नहीं है तो जाहिर है कि आपका राष्ट्रत्व संदिग्ध है। पर जिन लोगों ने हिन्दू धर्म छोड़ कर इस्लाम या ईसाई धर्म कबूल कर लिया, वे कैसे देशप्रेमी या राष्ट्रवादी हो सकते हैं ? गोलवलकर फैसला सुनाते हैं, 'धर्म परिवर्तन के साथ उनकी राष्ट्र के प्रति प्रेम एवं भक्ति की भावना समाप्त हो गयी है।' (वही, पृ. 125)। स्वतंत्र भारत के संविधान तथा कानून के राज्य में निष्ठा तथा आचरण, देश की स्वाधीनता की लड़ाई में बलिदान, सीमा पर एक सिपाही की हैसियत से प्राणोत्सर्ण की भावना, कृषि और औद्योगिक

उत्पादन में योगदान, कला और संस्कृति की साधना द्वारा राष्ट्रीय गौरव के उत्थान में योगदान आदि से राष्ट्रत्व प्रमाणित नहीं होता, राष्ट्र के प्रति भक्ति का भी निर्णय नहीं होता। हिन्दू धर्म के प्रति निष्ठा से ही राष्ट्रत्व का निर्णय होगा।

इसलिए हिन्दू राष्ट्र की स्थापना के अभियान में गोलवलकर अपने स्वयंसेवकों को स्थिति की गम्भीरता बतलाते हैं–'देश के अन्दर कितनी ही मुसलिम बस्तियाँ हैं अर्थात कितने ही लघु पाकिस्तान, जहाँ कि देश का सामान्य कानून कुछ संशोधनों के साथ लागू होता है और जहाँ दुष्टों के मन की लहर ही अन्तिम निर्णय है।' (वही, पृ. 172)। देश के अन्दर के इन लघु पाकिस्तानों के साथ क्या सलूक किया जाये ? इन 'दुष्टों' को क्या सजा दी जाये ? 'श्री कृष्ण ने सुस्पष्ट रीति से तथा सदा के लिए घोषित कर दिया है कि धर्म की स्थापना का अर्थ है, दुष्टों का विनाश–विनाशाय च दुष्कृताम्।'' (वही, पृ. 250)।

आज के भारत में धर्म की स्थापना का ऐसा आन्दोलन, जो कानून के राज्य, नैतिक आचरण और सहज मानवीय अनुकम्पा के विरोध में खड़ा हो, जन साधारण की आर्थिक तबाही के नीतिगत स्रोतों की खोज के प्रश्न पर आँखों में धूल झोंकता हो और हिन्दुत्व-राष्ट्रत्व दोनों की रक्षा के लिए मुसलमानों, ईसाइयों और बौद्धों को शत्रु के रूप में परिभाषित करता हो, जाहिर है, सम्पूर्ण परिवेश को राजनीतिक धर्मयुद्ध में तब्दील करने का ही प्रयास है। मूल रूप में कहीं से यह सांस्कृतिक या धार्मिक कार्य है ही नहीं। सांप्रदायिक दंगे तथा अन्य जघन्य क्रियाकलाप पर आधारित एक फासीवादी मानसिकता ही राजनीतिक प्रपंच का रूप ग्रहण कर रही है। 'दुष्टों' को सबक सिखाने के पीछे परपीड़न मात्र नहीं है, बल्कि हिंसा और उन्मादित भीड़तंत्र की ताकत के बल पर असहमत लोगों को निरुपाय और खामोश रखने की सोची-समझी चाल है।

लोग कहते हैं कि भाजपा के पास उदार छविवाला एक ही तो नेता हैं वाजपेयी जी। 'मुस्लिम बस्ती' को लघु पाकिस्तान बता कर उकसावे की कार्रवाई सिर्फ गोलवलकर कर रहे होते तो गनीमत थी। अटल बिहारी वाजपेयी उनसे कुछ कम नहीं हैं। उर्दू को दूसरी राजभाषा का दर्जा दिलाने के सवाल पर लोक सभा में बहस के दौरान उन्होंने भी इसी समझ को दोहराया–'मेरा निवेदन है कि उर्दू को जिन कारणों से आन्दोलन का विषय बनाया जा रहा है, उसमें उर्दू भाषा के विकास की भावना नहीं है। उर्दू के झंडे तले सब मुसलमानों को एकत्रित करने और विभाजन के पूर्व की मुसलिम लीगी राजनीति के पुनरुज्जीवित करने की भावना काम कर रही है। इससे हमारा मतभेद है। हमारा कहना यह है कि आप राजभाषा बनाने का निर्णय करेंगे तो हर कार्यालय में छोटा पाकिस्तान बन जायेगा।' (संसद में तीन दशक, खंड 2, पृ. 246)। 29 मार्च 1973 के दिन जब लोक सभा में उल्लिखित उर्दू विषयक बहस हो रही थी, तो उन्होंने यह भी टिप्पणी की थी कि

'दूसरी राजभाषा की माँग के पीछे सांप्रदायिक कारण हैं', 'अलगाव की राजनीति काम कर रही है।'

भारतीय संविधान में धार्मिक अल्पसंख्यकों की सुरक्षा से सम्बन्धित प्रावधानों पर भी अटलबिहारी इसी धुआँधार शैली में कोपवृष्टि करते रहे, 'मैं पूछना चाहता हूँ कि आखिर रिलीजस माइनारिटी का क्या मतलब है ? मैं भाषाई अल्पसंख्यकों को समझ सकता हूँ। किसी को अपना मजहब मानने में कोई कठिनाई हो तो उसे दूर किया जाये, मगर यह रिलीजस माइनारिटी की परिकल्पना और वह भी राजनीति में मेरी समझ में नहीं आती। मजहब एक व्यक्तिगत चीज है, उसका कौमियत के साथ कोई सम्बन्ध नहीं है। मगर आज माइनारिटी के नाम पर, माइनारिटी की भाषा के नाम पर एक पृथक्ता की मनोवृत्ति को पैदा किया जा रहा है और यह पृथक्ता की मनोवृत्ति अगर हम समय रहते दबायेंगे नहीं तो यह हमारे राष्ट्रीय कलेवर को जर्जर कर देगी।' (वही, पृ. 180, खंड 2)

मजेदार बात यह है कि पाकिस्तान और बांग्लादेश में हिन्दुओं, ईसाइयों आदि पर होनेवाले अत्याचारों के प्रसंग में वाजपेयी जी इस 'माइनारिटी' या 'अल्पसंख्यक' की हिफाजत की खूब बात करते हैं और करनी भी चाहिए। पर भारत का प्रसंग आने पर संविधान में 'अल्पसंख्यकों की सुरक्षा' के सवाल पर सांप्रदायिक सिंह गर्जना करने से नहीं चूकते। मुसलमानों के प्रसंग में जहाँ वे 'मजहब और कौमियत' को अलग-अलग चीजें मानते हैं, वहीं हिन्दुओं का प्रसंग आने पर 'धर्म और राष्ट्रत्व' को एक और अभिन्न मानते हैं। अन्य धर्मावलम्बियों के लिए मजहब महज उपासना पद्धति है, पर हिन्दुओं के लिए धर्म उपासना पद्धति नहीं, संस्कृति है, राष्ट्रत्व है, सभ्यता है, आचार शास्त्र है।

ऊपर जितने उद्धरण दिये गये हैं, उनसे यह भ्रम न होना चाहिए कि ईसाइयों और बौद्धों के प्रति संघ परिवार की कोई सहिष्णुतावादी अवधारणा है। 'विचार नवनीत' में भारतवासी ईसाई समुदाय के बारे में निम्नलिखित स्थापनाएँ हैं–

- 'ईश्वर, पैगम्बर और धर्म के नाम पर वे केवल अपनी राजनीतिक महत्त्वाकांक्षाओं को आगे बढ़ाना चाहते हैं।' (वही, पृ. 179)
- 'अनेक प्रमुख ईसाई धर्म प्रचारक इस बात को असंदिग्ध रूप से प्रायः घोषित कर चुके हैं कि उनका एक ही लक्ष्य है–इस देश को 'ईसा के साम्राज्य' का एक प्रान्त बनावें।' (वही, पृ. 178)
- 'उनकी धार्मिक गतिविधियाँ केवल अधार्मिक ही नहीं, राष्ट्रविरोधी भी हैं।' (वही, पृ. 179)
- 'इस प्रकार की भूमिका है हमारे देश में निवास करनेवाले ईसाई सज्जनों की। वे यहाँ हमारे जीवन के धार्मिक एवं सामाजिक तंतुओं को ही नष्ट करने के लिए प्रयत्नशील नहीं हैं, वरना विविध क्षेत्रों में और यदि संभव

हो तो सम्पूर्ण देश में राजनीतिक सत्ता भी स्थापित करना चाहते हैं।' (वही, पृ. 183)

- 'संत जेवियर के विषय में कहा जाता है कि उस समय वह अपने जीवन में परम आनन्द का अनुभव करता था जब नवीन धर्मान्तरित जन अपने पूर्व के देवी-देवताओं को पैरों से कुचलते थे, मन्दिरों को ढहाते थे तथा अपने माता-पिताओं और वृद्ध जनों, जो हिन्दू रह जाते थे, को अपमानित करते थे।' (वही, पृ. 183)

इस देश को ईसा के साम्राज्य का प्रान्त बनाने की कोशिश करना, राष्ट्र विरोधी गतिविधियाँ करना, हिन्दू देवी-देवताओं को पैरों तले कुचलवानेवाले संत जेवियर को गौरवान्वित करना—ईसाई समाज के इतने सारे जघन्य कृत्यों की सूचना पा कर अगर हिन्दू समाज क्रोधोन्मत्त हो जाये तो क्या आश्चर्य ! संघ परिवार की यही तो इच्छा है। आखिर दुष्टों को सजा देना ही धर्म की स्थापना है।

बौद्धों के बारे में संघ परिवार के नेताओं और चिंतकों की धारणाएँ भी गौरतलब हैं। गोलवलकर के पहले बौद्धों के सम्बन्ध में विनय दामोदर सावरकर बहुत कुछ कह गये थे। 'द सिक्स ग्लोरियस एपोक्स ऑफ इंडियन हिस्ट्री' नामक सावरकर की पुस्तक में बौद्धों को राष्ट्रद्रोही माना गया है। 'बौद्धों की पुश्तैनी गद्दारी' नाम से एक छोटा-सा अध्याय भी इस पुस्तक में शामिल किया गया है। वैदिक धर्म और राष्ट्रत्व दोनों को अभिन्न मानते हुए सावरकर ने पुष्यमित्र की पीठ ठोंकते हुए कहा—'पुष्यमित्र एवं उसके सेनापतियों को युद्ध के दौरान, परिस्थितिवश राज्यविरोधी गतिविधियों में लिप्त भारतीय बौद्धों को फाँसी देनी पड़ी और उन संघों को नष्ट करना पड़ा, जो राज्य-विरोधी गतिविधियों के केन्द्र बन गये थे। यह भारतीय साम्राज्य और उसकी स्वाधीनता को सुरक्षित रखने के लिए, दुश्मनों के साथ मेलजोल और दगाबाजी की न्यायोचित सजा थी। यह कोई धार्मिक उत्पीड़न नहीं था।' (पुरुषोत्तम अग्रवाल द्वारा उद्धृत, संस्कृति : वर्चस्व और प्रतिरोध, पृ. 121)

हिन्दू राष्ट्र की रक्षा के बहाने विधर्मियों की हत्या एक धार्मिक कार्य है, एक पुनीत कर्तव्य है और यह कोई धार्मिक उत्पीड़न नहीं है। इसे सांस्कृतिक राष्ट्रवाद कहेंगे या सांप्रदायिक इतिहास-दृष्टि ? बौद्धों ने सिर्फ पुष्यमित्र के समय में ही नहीं, बल्कि बाद में भी अपने धार्मिक-सामाजिक आन्दोलन द्वारा हिन्दुओं की जाति व्यवस्था भंग कर दी थी। गोलवलकर इस प्रसंग पर अपनी टिप्पणी करते हैं—'इतिहास हमें बताता है कि हमारे देश के पश्चिमोत्तर और पूर्वोत्तर भाग, जहाँ बौद्ध प्रभाव के कारण जाति व्यवस्था भंग हो गयी थी, मुसलमानों के भीषण आक्रमण के भयंकर शिकार हो गये।' (विचार नवनीत, पृ. 107)। सामंती समाज के अन्दर जाति व्यवस्था उत्पीड़न का औजार बन गयी थी और समाज में भयंकर

टूटन पैदा हो रही थी—इस हकीकत को समझने के बजाय बौद्धों को हिन्दू विरोधी और आक्रान्ताओं का एजेंट बताने की चेष्टा की जा रही है। तत्कालीन भारत के पतन के हर कारण 'बौद्ध युग' में ढूँढ़ लिये गये—'बौद्ध युग का भी हमारे लिए वही संदेश है। बुद्ध के पश्चात यहाँ उनके अनेक अनुयायी पतित हो गये। उन्होंने इस देश की प्राचीन परंपराओं का उन्मूलन आरंभ कर दिया। हमारे समाज में घोषित महान सांस्कृतिक सद्‌गुणों का विनाश किया जाने लगा। अतीत के साथ के संबंध सूत्रों को भंग कर दिया गया। धर्म की दुर्गति हो गयी। सम्पूर्ण समाज व्यवस्था छिन्न-विच्छिन्न की जाने लगी। राष्ट्र एवं उसकी दाय के प्रति श्रद्धा इतने निम्न तल तक पहुँच गयी कि धर्मान्ध बौद्धों ने बुद्ध धर्म का चेहरा लगाये हुए विदेशी आक्रान्ताओं को आमंत्रित किया तथा उनकी सहायता की। बौद्ध पंथ अपने मातृ समाज और मातृ धर्म के प्रति द्रोही बन गया।' (वही, पृ. 64)। कहीं वैदिक संस्कृति की दुहाई, कहीं मातृ समाज और मातृ धर्म की दुहाई—नतीजा यह कि पूरे इतिहास की तोड़मरोड़ और मनचाही व्याख्या द्वारा बौद्धों को भी शत्रु रूप में परिभाषित करना।

ऐतिहासिक परिप्रेक्ष्य के इस मनमाने धर्मान्ध भाष्य में दीनदयाल उपाध्याय द्वारा लिखित शंकराचार्य की जीवनी तो और भी दो कदम आगे चलती है। बौद्धों के विनाशक के रूप में शंकराचार्य की महिमा का बखान किया जाना है। अतः जीवनीकार सबसे पहले बादरायण का महत्त्व बतायेगा और इसी क्रम में कणाद के वैशेषिक दर्शन, गौतम के न्याय दर्शन, कपिल के सांख्य दर्शन और चार्वाक के लोकायत दर्शन को जाहिर है कि 'वेद विरोधी', 'राष्ट्रविरोधी' और 'परंपरा-विरोधी' घोषित कर देगा। दीनदयाल उपाध्याय के अनुसार ये सभी दर्शन, 'न तो ईश्वर को मानते थे और न वेदों को ही। वैदिक परंपरानुसार बनाये गये समस्त सामाजिक नियमों का भी वे विरोध करते थे।' (जगतगुरु शंकराचार्य, पृ. 21)। इनकी वजह से ही तत्कालीन भारत में हिन्दू लोग कृष्ण की गीता और वेदव्यास के बताये हुए मार्ग को भूलते जा रहे थे। इन दर्शनों का दुष्प्रभाव बतलाते हुए दीनदयाल उपाध्याय कहते हैं, 'समस्त देश अराष्ट्रीय वृत्तियों को अपनाते हुए सर्वनाश की ओर बढ़ता जाता था।' (वही, पृ. 22)। इस पृष्ठभूमि में कुमारिल भट्ट ने 'बौद्धों की छिपी दुर्भावनाओं, उनकी अराष्ट्रीय वृत्तियों' को समझ लिया। उक्त जीवनी के प्रकाशक ने पुस्तक की भूमिका में बताया है —''भारतीय बौद्धों ने सत्ता के लोभ में अपने-पराये का विवेक खोकर उनका सत्कार किया। उनके साथ सब प्रकार का सहयोग किया।'

इस तरह धर्म, दर्शन और राष्ट्रीयता—तीनों दृष्टियों से बौद्ध आंदोलन का अंतिम मूल्यांकन करे उसे 'राष्ट्र में फैला हुआ विष' मान लिया गया। जैन, शैव, शाक्त, नाथ, सिद्ध, आजीवक आदि तमाम अवैदिक मतों, पंथों तथा दार्शनिक

धाराओं को 'नास्तिकतावादी जड़वाद', 'अराष्ट्रीय विचारधारा' तथा 'घातक' बताया गया। संघ परिवार के सांस्कृतिक राष्ट्रवाद में वैदिक धर्म के अलावा किसी और के लिए अगर कोई स्थान है, तो वह शत्रु के रूप में ही है। वैदिक धर्म के साथ सामाजिक समरसता के झंडे के नीचे वर्णाश्रम तथा जाति प्रथा को भी निर्द्वन्द्व एकछत्र स्थान चाहिए। विश्व-बोध के स्तर पर आद्य भौतिकवाद को भी अलौकिक सत्ता की अवधारणा का शत्रु घोषित करना आवश्यक हो गया। इसी दलील के आधार पर सांख्य, वैशेषिक, न्याय, लोकायत आदि दर्शन भी वैदिक संस्कृति के शत्रु मान लिये गये हैं। यूनानी दर्शन के समानान्तर ज्ञान-विज्ञान के क्षेत्र का प्राचीन भारतीय भौतिकवादी चिन्तन भी संघ परिवार की भारतीय संस्कृति के मनगढ़ंत सूत्रीकरण में अराष्ट्रीय तथा नकारात्मक बन गया। ज्ञान-विज्ञान की दृष्टि से उन्नत पश्चिम तथा अध्यात्म की दृष्टि से उन्नत प्राचीन भारत की आंग्ल-अमरीकी दंतकथा से संघ परिवार के इस सांस्कृतिक अभियान का गहरा रिश्ता रहा है। आज फिर भारत की भौतिक समृद्धि के लिए पश्चिम पर निर्भरता या विश्व-पूँजीवाद का उपनिवेश बनने की नियति स्वीकार कराने का अच्छा फंदा संघ परिवार के अभिमान के माध्यम से तैयार हो रहा है। इस मामले में आज कांग्रेस की संस्कृति और भाजपा की संस्कृति में कोई अन्तर नहीं है, चूँकि अंतर्राष्ट्रीय मुद्रा कोष और विश्व बैंक की शर्तों पर अवलम्बित आर्थिक उदारीकरण को जोरदार समर्थन दोनों की ओर से हासिल है। जहाँ तक पूँजीपति-भूस्वामी वर्ग की पार्टियों के नाते भ्रष्टाचार, व्यापारिक घरानों से धन लेने और काले धन के बल पर 'हाईफाई' प्रचारतंत्र तथा भोगविलास के प्रश्न हैं, हवाला कांड ने दोनों के नैतिक अधःपतन का पूरा रहस्योद्घाटन कर दिया है। दुकानदार, पंडे-पुरोहित, दलालों की बिरादरी, सट्टा बाजार के डीलर तथा जल्दी अमीर बनने की भागदौड़ में शामिल शहरी, मध्य वर्गीय लोग—मूलतः अनुत्पादक वर्ग के लोग हैं। भाजपा इसी परजीवी समाज की सांस्कृतिक-राजनीतिक अभिव्यक्ति है, जो कांग्रेस के पतित वैभव को पाने की लालसा से बेचैन है। पूरनचन्द्र जोशी सही कहते हैं कि "भ्रष्टाचार और कुछ नहीं, अनुत्पादक परजीवी संस्कृति का लक्षण है।' (परिवर्तन और विकास के सांस्कृतिक आयाम, पृ. 209)।

कर्मण्य तथा श्रमशील जनगण के हितों के प्रति सनातन वैर भाजपाइयों को अंततोगत्वा सामंतवाद, पूँजीवाद और साम्राज्यवाद के सेवक की पंक्ति में पहुँचा देता है। जनसाधारण इस हकीकत से बेखबर रहें, अतः धर्म की रामनामी और हिन्दू समाज पर खतरे के नारे बहलाने-फुसलाने, भटकाने और धार्मिक विद्वेष फैलाने के कारगर हथियार बन जाते हैं।

भौतिक संस्कृति के निर्माताओं को भाजपा की संस्कृति में सिर्फ इतना स्थान प्राप्त है कि विश्वकर्मा पूजा का ढोंग कर लिया जाता है। पर मानव सभ्यता के

विकास में श्रम के औजारों में परिवर्तन की भूमिका पर सोचने-समझने के बजाय संघ परिवार मान बैठा है कि सब कुछ ईश्वर प्रदत्त है, पूर्वनिष्पन्न है तथा हमारी सभ्यता अनादि है। ऐतिहासिक विकास की प्रक्रिया का खंडन करते हुए गोलवलकर ने शाश्वत सत्य बता दिया–'हमारे समाज का मूल तथा कब से हम यहाँ सुसभ्य जीवन व्यतीत करते आ रहे हैं, इसी तिथि से इतिहास के विद्वान अनभिज्ञ हैं। एक प्रकार से हम अनादि हैं। हम आर्य लोग प्रबुद्ध थे। हम लोग प्रकृति और आत्मा के नियमों के ज्ञाता थे।' (विचार नवनीत, पृ. 46)

संघियों की दृष्टि में मानव जाति का या भारतवासियों का सारा इतिहास आर्य काल से ही शुरू होता है। न तो हिम युग था, न पुरापाषाण युग, न कांस्य युग। आर्य-पूर्व हड़प्पा सभ्यता भी नहीं थी और न सुमेर तथा मेसोपोटामिया की सभ्यताएँ।

असल में विज्ञान, इतिहास, संस्कृति, दर्शन आदि किसी भी क्षेत्र में अध्ययन और विश्लेषण की प्रणाली, तथ्यों और तर्कों की परख के वस्तुगत तौर-तरीकों आदि की दृष्टि से संघ परिवार के बड़े नेता और बजरंगी लगभग समान स्तर पर हैं। इतिहास में ऐसे क्षण आते हैं जब जिहादी लोग अपनी मुहिम को संस्कृति बताने लगते हैं, तो पढ़े-लिखे समझदार लोग सिर धुनने के बजाय संस्कृति की रक्षा के प्रश्न को गंभीर समस्या के रूप में उठाने के लिए विवश हो जाते हैं।

धर्मान्ध भीड़ अथवा जिहादियों के अभियान को संस्कृति बताया जाता है, पर चलचित्र, नाटक-थियेटर, नृत्यगान आदि को संस्कृति मानने पर गोलवलकर जैसे लोग आपत्ति करते हैं। संस्कृति की मुख्यधारा में सक्रिय कलाकारों के सृजनकर्म को हेय ठहराते हुए उन्होंने कहा–'हम एक दूसरी पराकाष्ठा देखते हैं कि नाच-गान, चलचित्र तथा नाटकों को ही हम संस्कृति मानने लगे हैं। निःसंशय रूपेण हलके मनोरंजन का एक दूसरा नाम संस्कृति हो गया है। यह इतनी हास्यास्पद एवं अपमानकारक सीमा तक पहुँच गया है कि नैतिक दुश्चरित्रता के कीचड़ में फँसे हुए चलचित्र के कुख्यात नट-नटी हमारे सांस्कृतिक प्रतिनिधि मंडलों में सम्मिलित किये जाते हैं।' (वहीं, पृ. 31)

गोलवलकर के इस उद्धरण से यह स्पष्ट है कि धर्मशास्त्र, ब्रह्मचिन्तन और पुराण को ही वे गंभीर संस्कृति मानते हैं, साहित्य, नृत्य, संगीत, थियेटर, फिल्म आदि को नहीं संस्कृति की अपनी उक्त धारणा को व्यापक तौर पर फलीभूत करने के लिए ही 'संस्कार भारती' की स्थापना की गयी है। दत्तोपंत ठेंगड़ी कलाओं में भी हिन्दू-मुस्लिम-ईसाई विभाजन करते हैं और हिन्दू कला के माध्यम से संस्कार-रोपण करने का अभियान चला रहे हैं। आधुनिक विश्व के समकालीन कला कर्म से भारतीय कलाकारों के आदान-प्रदान को सांस्कृतिक प्रदूषण मान कर चलने के कारण संघ परिवार 'संस्कार रोपण' की आवश्यकता अनुभव करता है। भारत

के 'आधुनिक शिक्षित मानस' से संघियों को बड़ी परेशानी का अनुभव होता है। दत्तोपंत ठेंगड़ी अपनी पुस्तिका 'हिन्दू कला दृष्टि' में कहते हैं--'हमारा देश चार दशक से भी पहले स्वाधीन हो गया, किन्तु यहाँ का आधुनिक शिक्षित मानस अब भी पहले की भाँति ही दास भाव से जकड़ा हुआ है। अंग्रेजी रंग में रँगा हिन्दू अब भी यही प्रयास करेगा कि भारत की हर स्थिति को यूरोपीय गज से नापे, भारत की हर समस्या को यूरोपीय दृष्टिकोण से देखे और भारत की हर वस्तु को यूरोपीय चश्मे से परखे।' (वही, पृ. 9)। समकालीन भारतीय कलाकृतियों में किसी एक 'दास भाव वाली' रचना की ठोस छानबीन और कला मीमांसा किये बगैर झाड़ूमार निष्कर्ष का यह तरीका भारतीय चिंतन का तो हो नहीं सकता, जर्मनी के नाजियों का भले ही हो। समकालीन कलाओं और साहित्य में 'अद्वैत परम सत्ता की अनुभूति' को प्रतिबिम्बित करने के ध्येय को ही दत्तोपंत ठेंगड़ी 'संपूर्णतापरक हिन्दू सौंदर्य बोध' का प्रस्फुटन मानते हैं। जो कलाकार वर्तमान जीवन के अनुभवगम्य यथार्थ की विविधताओं, जटिलताओं और विसंगतियों को व्यक्त करते हैं, वे दास भाववाले मान लिये गये।

विडम्बना यह है कि संस्कृति की बात करनेवाले सर संघ चालकों या संघी नेताओं में ऐसा कोई नहीं हुआ जो दर्शन, साहित्य या कला के विवेचन या गंभीर अध्ययन का परिचय देता। वाल्मीकि, कालिदास, भवभूति के साहित्य के आस्वादन की कहीं कोई झलक इनके भाषणों या ग्रंथों में दिखायी नहीं देती। तुलसी, कबीर जैसे मध्यकालीन भक्त कवियों की रचनाओं का भी किसी ने गंभीर अध्ययन नहीं किया। प्रेमचन्द, शरच्चन्द्र, रवीन्द्र, मामा वरेरकर, सुब्रह्मण्यम भारती आदि की तो चर्चा ही बेकार है। चित्रकला, संगीत, दर्शन और समाज विज्ञान--सभी क्षेत्रों के गंभीर ज्ञान के प्रति निर्लिप्त यह 'संघी संस्कृति' आखिर किस मुँह से भारतीय परंपरा और सांस्कृतिक नवोन्मेष का दावा पेश करती है ? क्या ऐसी ही बात गांधी, नेहरू, नम्बूदिरिपाद, जयप्रकाश, लोहिया, डांगे, रणदिवे, सुरजीत और विश्वनाथ प्रताप सिंह के बारे में कही जा सकती है ? निःसंदेह संस्कृति के क्षेत्र में धर्मनिरपेक्ष राजनीतिक दलों के नेता और कार्यकर्ता कोरे नहीं हैं। प्रचलित धारणा के अनुसार अटलबिहारी वाजपेयी को इसका अपवाद मानना चाहिए। चूँकि वे कविता लिखते हैं, अतः उन्हें अपवाद मानने की दलील पर विचार करना आवश्यक है। आइए, हम देखें कि वे कैसे अपवाद हैं। अभी पिछले दिनों उनकी 'मेरी इक्यावन कविताएँ' नामक कविता संग्रह का विमोचन समारोह हुआ था, जिसमें कांग्रेस संस्कृति के राजनेता नरसिंहाराव भी विराजमान थे। प्रस्तावित भावी प्रधानमंत्री को कवि सिद्ध करने के लिए कुछ ज्यादा ही हाईफाई और धूमधाम किया गया था। उक्त संग्रह के संपादक चंद्रिका प्रसाद शर्मा तथा फ्लैप पर सम्मति देनेवाले विष्णुकांत शास्त्री ने पूरे जोर-शोर से प्रयास किया कि अटलबिहारी को कवि मान लिया जाये। स्वयं

अटलबिहारी वाजपेयी ने भूमिका में ग्वालियर रियासत के मान्य कवि अपने पिता का हवाला देते हुए दावा किया कि कविता उन्हें 'विरासत में मिली है।' इस विरासत की पहचान देते हुए अटल जी बताते हैं : 'वीर और श्रृंगार रस की कविताएँ पसंद की जाती थीं। समस्यापूर्ति की शैली कवियों को एक विषय पर ध्यान केन्द्रित करने के लिए बाध्य करती। रचनाएँ छन्दबद्ध होतीं। तब तक अतुकान्त तथा रबड़ छन्द में लिखी कविताओं का इतना प्रचलन नहीं था। सर्वश्रेष्ठ समस्यापूर्ति के लिए पुरस्कार दिया जाता।'' दरबारी काव्य परंपरा में कवियों को आश्रयदाता या पुरस्कारदाता की ओर से 'विषय' दे दिया जाता था।'—समस्यापूर्ति की इस परंपरा का गौरवगान ध्यान देने योग्य है। उक्त टिप्पणी में मुक्त छंद के लिए रूढ़िवादी हलकों में प्रचलित निंदाजनक संज्ञा 'रबड़ छंद' भी ध्यान देने योग्य है।

पिछले सौ वर्षों की खड़ी बोली काव्य परंपरा ने एक ओर जहाँ दरबारी संस्कृति और रीतिवाद से दुर्द्धर्ष संघर्ष चला कर विकास किया, वहीं दूसरी ओर कृत्रिम छंद विधान और तुकबंदी के रूढ़िवाद को पराजित कर मुक्त छंद को प्रतिष्ठित किया। वाजपेयी अपनी इस समकालीन काव्य परंपरा की क्लासिक कृतियों से कुछ भी सीखने, ग्रहण करने और अपने काव्य-बोध को बदलने को तैयार नहीं हैं। काव्य सृजन को निजी रतिभावना (श्रृंगार) और हिन्दू पराक्रम (वीर रस) की शब्दक्रीड़ा माननेवाले रचनाकार के बारे में निःसंदेह यह कहा जा सकता है कि पुरानी दुनिया के रूढ़िवाद और कूपमंडूक संस्कार से वह स्वयं छुटकारा पाने को तैयार नहीं हैं। वाजपेयी की कविता की बानगी देखनी हो तो नसबंदी पर लिखी उनकी कविता 'आओ मर्दो, नामर्द बनो,' पढ़नी चाहिए। आपातकाल में इन्दिरा गांधी ने नसबंदी का अभियान चलाया। इससे वाजपेयी जी का पुरुषार्थ जाग उठा। मर्दानगी पर इस हमले के विरोध में और चूल्हे-चौके से स्त्रियों को छुटकारा दिलाये जाने की निन्दा करते हुए उन्होंने लिखा—

मर्दों ने काम बिगाड़ा है,
मर्दों को गया पछाड़ा है
झगड़े-फसाद की जड़ सारे
जड़ से ही गया उखाड़ा है
मर्दों की तूती बन्द हुई
औरत का बजा नगाड़ा है।
गर्मी छोड़ो अब सर्द बनो।

नसबंदी से 'पौरुषविहीनता' हो जाती है ? पौरुष की रक्षा में व्यंग्य की छींटाकशी स्त्री समाज पर की गयी नसबंदी पर दी गयी। अतः पुरुष को तो अब चूल्हा-चक्की सँभालना पड़ेगा। अटल जी इससे बड़े आहत होते हैं—'चौकड़ी भूल, चौका देखो,

चूल्हा फूँको मौका देखो।'

पिछले सौ वर्षों में स्त्री पराधीनता के वास्तविक पहलुओं को उद्घाटित कर हिन्दी कविता ने सामंती पुरुषवादी दृष्टिकोण को पीछे धकेलने में काफी हद तक सफलता पायी है। अटलबिहारी कवि के नाते इससे भी कुछ नहीं सीखते। इसमें भी अटज ली का ज्यादा दोष नहीं। संघ परिवार के सांस्कृतिक राष्ट्रवाद में स्त्रियों के प्रति जो दृष्टिकोण है, उसे ही समस्यापूर्तिवाली शैली में कवि रूपांतरित कर रहा है। पूछा जा सकता है कि क्या किसी भी लिहाज से अटल जी का काव्यबोध, संवेदनयंत्र और रचनाविधान समकालीन है ? समकालीन रचनाशीलता के प्रति ऐसा तिरस्कार उन्हें कवि या कलाकार के आसन पर पहुँचने से रोकता है। आज के भारत की विसंगतियों से टकरानेवाली रचनादृष्टि और जनपक्षी संवेदना के अभाव में अटलबिहारी की कविताएँ भाजपाई राजनीति की नारेबाजी मात्र बन गयी हैं।

चूँकि स्वाधीनता आन्दोलन से संघ परिवार का कोई रिश्ता नहीं था, अतः उसके विभिन्न मोड़ों, पड़ावों और उतार-चढ़ाव के दौर में विकसित सांस्कृतिक क्रियाकलाप से भी वे कटे रहे। समकालीन भारतीय साहित्य तथा अन्य सृजनात्मक विधाओं के क्षेत्र में उपलब्ध मर्मस्पर्शी कृतियों से संघी लोग किसी भी प्रकार के आत्मीय संस्पर्श का अनुभव नहीं करते। स्वाधीनता, समानता तथा लोकतंत्र के मूल्य उनकी संवेदना का हिस्सा अब तक तो बन नहीं पाये हैं। उनके बोध और उनकी संवेदना की यह सीमा संस्कृति की मुख्य धारा में उन्हें दाखिल नहीं करा पाती। अंजाम यह कि मुख्य धारा के संस्कृतिकर्मी यह समझ गये हैं कि संघियों का सांस्कृतिक अभियान संस्कृति की सर्वोच्चता की प्रतिष्ठा के लिए न हो कर एक राजनीतिक जिहाद, जुमलेबाजी, मुहिम और राजसत्ता हड़पने की सुचिंतित चाल मात्र है। प्रेमचन्द ने अपने जमाने के संप्रदायवादियों की संस्कृति को समझने की जो कुंजी दी थी, वह आज भी बखूबी लागू होती है—'संप्रदायवाद सदा संस्कृति की शपथ खाता है। शायद अपना असली चेहरा प्रकट करने में उसे शर्म मालूम पड़ती है। इसलिए वह उस गधे की भाँनि है जो चीते की खाल ओढ़ कर जंगल के पशुओं के बीच भय फैलाता फिरता है। संप्रदायवाद संस्कृति का बाना धारण करता है। हिन्दू कयामत के दिन तक अपनी संस्कृति अक्षुण्ण रखना चाहते हैं, मुसलमान अपनी।' ('कलम का सिपाही' में उद्धृत, पृ. 538)

स्वाधीनता आन्दोलन के पूरे दौर में संप्रदायवादी अपने इस सांस्कृतिक राष्ट्रवाद को राजनीतिक अभियान का रूप देने में सफल न हो सके। न तो हिन्दू महासभा को सफलता मिली और न राष्ट्रीय स्वयंसेवक संघ को। पर आज उन्हें सफलता क्यों मिल रही है ? हमारे अतीत की अनुदार शास्त्रीय परंपराओं तथा शासक पार्टी के रूप में कांग्रेस के पूँजीवादी राष्ट्रवाद की विफलताओं में ऐसा बहुत कुछ है जो सांप्रदायिक फासीवादी मुहिम के लिए उर्वर जमीन तैयार करता है;

ज्ञानोन्मेष और लोकप्रिय जनतंत्र की संभावनाओं के विस्तार के रास्ते में रोड़े अटकाता है। भारत विभाजन, संविधान में अल्पसंख्यकों की सुरक्षा के प्रावधान, कश्मीर समस्या, पाकिस्तान से तनावपूर्ण संबंध, सार्वजनिक प्रतिष्ठानों के भ्रष्टाचार, जनसाधारण की तबाही, भारत की ऋणग्रस्तता, बेरोजगारी, अशिक्षा, मुद्रास्फीति, महँगाई जैसे सवाल सांप्रदायिक ताकतों को उनकी राजनीतिक मुहिम के लिए अवसर प्रदान करते हैं। इस बीच कांग्रेस बड़ी तेजी से अपना जनाधार खोती जा रही है। वामपंथी और मध्यमार्गी दल कांग्रेस के जन-आधार को अपने पीछे लामबन्द करने में सफल नहीं हो पा रहे हैं। ऐसी राजनीतिक परिस्थिति में उस रिक्तता को कौन भरेगा ? एजाज अहमद ने उक्त रिक्तता के प्रसंग में यह संभावना व्यक्त की है कि 'आक्रामक किस्म का दक्षिणपंथी राष्ट्रवाद इस शून्य को भरने सामने आयेगा।' (हमारे दौर में फासीवाद, पृ. 34)

पिछले पाँच वर्षों में अमेरिकी साम्राज्यवाद के आगे घुटने टेक कर आर्थिक उदारवाद के नाम पर विकास की जो प्रक्रियाएँ अपनायी गयी हैं, वे समानता के बजाय असमानता तथा न्याय के बदले शोषण को पुष्ट करती हैं। पूरनचन्द्र जोशी का निष्कर्ष है कि विकास की ऐसी प्रक्रियाएँ 'धार्मिक रूढ़िवाद और धर्मान्धता की शक्तियों को ही बल' पहुँचाती हैं। (परिवर्तन और विकास के सांस्कृतिक आयाम, पृ. 754)। जब परिस्थिति इतनी अनुकूल हो, तो संघ परिवार इस अचूक सौभाग्य का हर लाभ उठायेगा और तदनुकूल तैयारी भी करेगा। इस सन्दर्भ में यह जाहिर हो जाना चाहिए कि आक्रामक किस्म के इस दक्षिणपंथी राष्ट्रवाद ने जर्मन फासीवाद से बहुत-कुछ सीखा है। गोलवलकर, आडवाणी और अटलबिहारी वाजपेयी के तथाकथित 'सांस्कृतिक चिन्तन' के बहुत सारे उपादान इसी विदेशी स्रोत से आये हैं। गणवेश, खाकी वर्दी, स्वस्तिक चिह्न, काली टोपी, ऊपर से मनोनीत नेतृत्ववाला स्वयंसेवक संगठन आदि नाजियों से ज्यों का त्यों ले लिया गया। पर शत्रु के रूप में यहाँ यहूदी नहीं, बल्कि मुसलमान, ईसाई और बौद्ध रख दिये गये। जर्मन राष्ट्रवाद के आहत दर्प के लिए यहूदी जिम्मेदार ठहराये गये थे। यहाँ हिन्दू राष्ट्रवाद के आहत दर्प के लिए मुख्य रूप से मुसलमान जिम्मेदार ठहराये जा रहे हैं।

इस आक्रामक किस्म के दक्षिणपंथी राष्ट्रवाद के लक्ष्यों को पूरा करने के लिए विजयशाली की पूजा पर जोर दिया जा रहा है। जिन्होंने प्रयत्न किया और असफल हो गये, उनकी 'असफलता का अर्थ है कि उनमें कोई गंभीर त्रुटि थी।' (विचार नवनीत, पृ. 260)। 'हमारी राष्ट्रीय परंपरा में अवतार' का अर्थ ही है कि वे सब सफल, पराक्रमी और वीर थे। (वही, पृ. 260)। अतः अपनी परंपरा की एक गढ़ी हुई कल्पना के तहत 'पूजा के केन्द्र' बतलाये गये। इतिहास में सफल पराक्रमी नायकों की खोज, उनकी पूजा और शक्तिशाली के आगे सबको नतमस्तक

झुकाने का अभियान 'अधिनायकवाद' के बीज बोता चलता है। गोलवलकर शक्ति की इस भाषा की आवश्यकता बताते हैं—'कठोर वास्तविकता यह है कि आज का जैसा संसार है वह एक ही भाषा—शक्ति की भाषा समझता है। केवल अपरिगित शक्ति के दृढ़ आधार पर ही राष्ट्र का उत्कर्ष होता है और उसकी यशस्वी स्थिति बनी रह सकती है।' (वही, पृ. 250)। पांचजन्य के 1993 के हिन्दुत्व विशेषांक में प्रकाशित भानुप्रताप शुक्ल का संपादकीय बाबरी मस्जिद के ध्वंस की कार्रवाई को गौरवान्वित करता है—'गत 6 दिसम्बर 1992 को श्री अयोध्या जी स्थित श्री राम जन्मभूमि पर भारत के सुप्तपौरुष का पुनः जागरण हुआ है।' इसी संपादकीय में सामी मतवादियों इस्लाम तथा ईसाई धर्म के अनुयायियों को पाप और पाखंड के प्रतीक के रूप में पेश किया गया है और आह्वान किया गया है—'हिन्दू अब पाप और पाखंड पर वज्राघात करेगा।' (वही, पृ. 9)। इसी अंक में लालकृष्ण आडवाणी का एक लेख है—'भारत राष्ट्र की प्राणरेखा है हिन्दुत्व।' मुसलमानों, ईसाइयों अर्थात सामी मतवाद से हिन्दुत्व के संघर्ष को आडवाणी ने फासीवादी विश्व परिप्रेक्ष्य प्रदान किया—'और मैं यह भी कहना चाहूँगा कि आज चारों ओर हिन्दुत्व का जो उभार दिख रहा है, वह विश्व में चल रहे सभ्यताओं के संघर्ष का एक हिस्सा है।' (वही, पृ. 11)। आडवाणी के सूत्रवाक्य की व्याख्या भानुप्रताप शुक्ल ने इस प्रकार रखी—'भारत जागेगा तभी संसार का कल्याण होगा; क्योंकि इस भूमण्डल का नेतृत्व और कल्याण करने का दायित्व नियति ने भारत, केवल भारत के लिए निश्चित कर रखा है। इस 'दायित्व' निर्वाह का माध्यम हिन्दू और उसका आधार हिन्दुत्व होगा।' (वही, पृ. 9)

इतिहास के उपर्युक्त नियतिवाद के हाथों जर्मन फासीवादी और हिटलर किस तरह पिटे, भानुप्रताप शुक्ल इसे भूल चुके हैं। फिर भी सभ्यताओं के संघर्ष में हिन्दुत्व की दिग्विजयी पताका फहराने की महत्त्वाकांक्षा किसी शेखचिल्ली की बहक मात्र नहीं है। हिन्दुत्व की विश्व विजय का यह बृहत मॉडल अंधराष्ट्रवादी उन्माद तो पैदा कर ही सकता है।

कर्ज के फंदे में फँसे हुए एक पिछड़े देश के अनुत्पादक परजीवी समुदाय को आक्रामक तौर-तरीकों से लामबंद करनेवाले संघ परिवार की ओर से संस्कृति के नाम पर जनसाधारण को अज्ञान, सड़े-गले रीति-रिवाज और अंधश्रद्धा की ओर धकेला जा रहा है। अब इसी मौके पर विज्ञान और टेक्नोलॉजी के बल पर अमेरिकी साम्राज्यवाद के नेतृत्व में विश्व-पूँजीवाद भारत को फिर से गुलाम बनाने में लगा है। भारतीय समाज के ऐसे गंभीर संकट के क्षणों में साम्राज्यवाद की चुनौती का मुकाबला करने के लिए आवश्यक तैयारी से विमुख कर समूचे देश की जनता को पुरानी दुनिया की तरफ ले जाने की कोशिश की जा रही है। इससे लाभ किसे होगा ? पिछले पाँच वर्षों का अनुभव बताता है कि हिन्दू आक्रामकता के इस

दक्षिणपंथी उभार का सर्वाधिक लाभ अमेरिका, विश्व पूँजीवाद तथा बहुराष्ट्रीय कंपनियों को ही मिला है। बाजार की अर्थव्यवस्था को सर्वशक्तिमान परमेश्वर का दर्जा देनेवाली शक्तियों और हिन्दू राष्ट्रवाद के उग्र आह्वान के बीच संबंध की छानबीन से ही कांग्रेसियों तथा भाजपाइयों की उस संस्कृति का खुलासा होगा, जो अपने मूल चरित्र में संस्कृति न हो कर प्रतिगामी राजनीति मात्र है। रघुवीर सहाय इस गुत्थी को वस्तुनिष्ठ विश्लेषण के फलक पर दो टूक ढंग से स्पष्ट कर बताते हैं : 'आजादी के बाद से राज्य की शक्ति से होनेवाले आर्थिक विकास के लाभ इस प्रकार बँटे हैं कि दो संस्कृतियों का टकराव बढ़ता रहा है। एक आविष्कार की संस्कृति है और दूसरी अनुकरण की। आविष्कार की संस्कृति समता और न्याय को आदर्श मान कर परंपरा को पहचानते हुए शिल्प, शैलियाँ और उपाय खोजना चाहती है जो जनता को गुलामी से मुक्त करे। यह खोज हमें सामाजिक मान्यताओं के संसार में पीछे नहीं ले जाती, नये मानव-संबंधों की दिशा में ले जाना चाहती है। अनुकरण की संस्कृति उन्नति और विकास के जिन दृष्टान्तों को आदर्श मानती है, वे विश्व की साम्राज्यवादी शक्तियों के बनाये हुए हैं और उनमें अविकसित देशों की प्रतिभा और प्राकृतिक संपदा के शोषण की प्रक्रिया निहित है।' (ऊबे हुए सुखी, आमुख) अनुकरण की यह संस्कृति एक ओर जड़ परंपरा का पूजन करती है, दूसरी ओर वर्चस्वशाली की सेवा करती है। इस परिप्रेक्ष्य में कांग्रेस तथा भाजपा का अंतर मिट जाता है।

सुखद बात यह है कि राष्ट्रीय स्तर के और प्रादेशिक स्तर के प्रतिभाशाली संस्कृतिकर्मियों के बीच खुले तौर पर अनुकरण की संस्कृति का संघी ब्रांड चल नहीं पा रहा है। पिछले 70 वर्षों से राष्ट्रीय स्वयंसेवक संघ अपना 'सांस्कृतिक संगठन' चला रहा है, पर संस्कृतिकर्मी उस तरफ झाँकने को भी तैयार नहीं हैं। हिन्दी या किसी भी भारतीय भाषा के साहित्य में ऐसा कोई भी बड़ा लेखक संघियों के शिविर में शामिल नहीं हुआ। समकालीन संस्कृति कर्म की मुख्यधारा के अन्दर अनेक अंतर्धाराएँ हैं--दक्षिणपंथी, वामपंथी और मध्यमार्गी के अतिरिक्त अराजकतावादी भी। यह आकस्मिक नहीं है कि इनमें संघियों का प्रवक्ता बनने के लक्षण जिस किसी में प्रकट होते हैं, उसे हाशिये पर पहुँचने में ज्यादा देर नहीं लगती।

भारतीयता का हिन्दूकरण

शंभुनाथ

भारतीयता पर अक्सर हमले हुए हैं, पर हर हमले के बाद इसका अर्थ विस्तृत हुआ। गठीली शाखाओंवाले वर्द्धमान पेड़ की जड़ों को चोट पहुँचाना भले संभव है, उसे फिर बीज में रूपांतरित नहीं किया जा सकता। खासकर भारतीयता की जड़ें इतनी पुरानी और इतने विस्तार में फैली हैं कि मूल ढूँढ़ना उनमें खो जाने के समान है। हजारों साल से विकसित भारतीयता को किसी एक व्याख्या में नहीं बाँधा जा सकता। फिर भी नये पुनरुत्थानवादियों ने उसे अंधों का हाथी बना दिया। संकीर्ण अवधारणाओं के आक्रमण की परिणति एक राजनीतिक खग्रास में हुई, भरी दुपहरिया में अँधेरा आ गया। भारतीय समाज में अभी दरारें भर ही रही थीं, सीअन के टाँके पड़ ही रहे थे और मिश्रित भारतीय राष्ट्रीयता अपना आधुनिक आकार ले ही रही थी कि देह के जोड़ों में दर्द घुमड़ने लगा।

हमारे समाज में संकीर्णता पहली बार पुरस्कृत और उदारता पहली बार तिरस्कृत नहीं हुई है। प्राचीन उदात्त दर्शन, ऊँची धारणाएँ और जीवन को समग्रताबोध की ओर ले जाने का संदेश देनेवाली महान कथाएँ खुद सबूत हैं कि भारतीय जमीन पर पहले भी संकुचित और पृथकतावादी दृष्टियों का कितना अधिक बोलबाला था। प्राचीन में हरा-हरा बहुत कुछ दिखता है, पर रेत की आँधियाँ नहीं दिखतीं। उपनिषदों में कर्मकांड की जगह आत्मबोध की श्रेष्ठता और महत्ता प्रतिपादित है। इसका यह अर्थ नहीं कि उन शताब्दियों में सभी लोग कर्मकांड और भोगवाद छोड़ कर आध्यात्मिक अखंडता के आनन्द में डूबे हुए थे। जैन-बौद्ध धर्मों द्वारा प्रचारित अहिंसा के दर्शन से यह सोच नहीं लेना चाहिए कि लोग बड़े अहिंसाप्रेमी थे, इसलिए ये दर्शन आये। वे सभी दर्शन और कथन अपने समय के सांस्कृतिक पिछड़ेपन के बौद्धिक प्रतिध्रुव थे। प्राचीन ऊँची धारणाएँ उस युग के समाज के कठोर रूढ़िवाद, भीषण पृथकतावाद, अंतःकलह, हिंसा, भोगपरकता और आलस्य की ही वैचारिक प्रतिक्रियाएँ थीं। उन विचारों को दंभवश सामाजिक

यथार्थ समझ लेने के कारण ही अक्सर अतीत बढ़ा-चढ़ा और वर्तमान गया-बीता लगता है।

'महाभारत' में जिस विस्तृत भारतवर्ष का वर्णन है, वह विविधताओं से भरी एक भू-सांस्कृतिक इकाई है, जहाँ गंगा, सिंधु सरस्वती, गोदावरी, नर्मदा, वितस्ता, सरयू, गोमती, कावेरी आदि नदियाँ बहती हैं। कहीं भी वह एक राजनीतिक इकाई या एक राष्ट्र नहीं है। इस महाकाव्य में बहुत-सी जातियों के वृत्तांत हैं। फिर भी महाभारत के केन्द्र में जातीय संघर्ष न हो कर पारिवारिक अंतःकलह है, जिसमें बहुत-सी जातियाँ लिप्त हो जाती हैं। 'विष्णु पुराण' में कहा गया है कि भारतवर्ष समुद्र के उत्तर और हिमालय के दक्षिण में है। यहाँ रहनेवाले भारती अर्थात विद्या की संतान हैं—'उत्तरं यत् समुद्रस्य हिमाद्रिश्चैव दक्षिणम्, वर्ष तत् भारतं नाम भारती यत्र सन्तिति'। ऋषियों और चिन्तकों ने भारत के लोगों को विद्या की संतान माना। शंकर ने 'अहं ब्रह्मास्मि' कह कर हर मानवीय आत्मा को गौरव देना चाहा। इस देश को एक वर्ग ने हमेशा साधना की भूमि के रूप में देखा। लेकिन राजनीतिक यथार्थ के स्तर पर भारतवर्ष आपस में लड़ते-झगड़ते, लूट-खसोट मचाते, रक्त से लथपथ देश का बिम्ब ले कर ही बार-बार इतिहास में उपस्थित हुआ है। बड़े गर्व से कहा जाता है कि हम दूसरे देशों में हमेशा प्रेम और ज्ञान का संदेश ले कर गये। हमने कभी दूसरे देशों में साम्राज्य स्थापित नहीं किया, दूसरे देशों को गुलाम नहीं बनाया। मगर यह कभी नहीं कहा जाता कि अपने ही देश के बहुत-से लोगों को कुछ ने इतिहास के हर दौर में कितनी क्रूरता से दबाया और अपने घरेलू उपनिवेशन को निरंकुश राज्य और जाति व्यवस्था के निर्मम ढाँचे में कितना स्थायित्व दे दिया। यहाँ हर आदमी अपने से कमजोर के प्रति दमनात्मक रुख रखता रहा है। 'दूसरों' के अस्तित्व को ले कर एक अहसास हो, इसके लिए ऋषियों, भक्तों और संतों को लगातार विभिन्न तरह से उपदेशात्मक वक्तव्य देने पड़े। उन्हें समझाना पड़ा कि धर्म क्या है। उन्हें व्यास की तरह चीखना भी पड़ा, 'दोनों हाथ उठकर मैं कहता हूँ। फिर भी कोई मेरी नहीं सुनता।' 'अंश' की पृथकतावादी चेतना से ऊपर उठे 'समग्रता' के द्रष्टा इसी भारतवर्ष में सदा बिलगाव का अनुभव करते रहे हैं। उनके युग में राम के रूप में भारत यथार्थ से अधिक एक दिवास्वप्न था।

भारतवर्ष अफ्रीका के पुराने बर्बर देशों-सा ही कबायली देश होता, यदि यहाँ आदर्शवादी बौद्धिक प्रतिध्रुव नहीं होते। दक्षिण के रास्ते से छठी सदी में आये एक चीनी यात्री इत्सिंग ने लिखा है, उसे यहाँ लोगों ने नंगा कर दिया, महज इसलिए कि उसके पास लोहा हो तो छीन लें। इसी चीनी यात्री ने भर्तृहरि के 'वाक्यपदीय' पर काम किया था। फाहियान, ह्वेनसांग जैसे यात्री भी गंधार, मालवा, श्रावस्ती, नक्षशिला, मगध, कोसल, अवंती, कोंकण या आंध्र नहीं आये थे। वे भारतवर्ष आये थे। फाहियान (399-411 ई.) बौद्ध धर्म और भारतीय संस्कृति को जानने में इतना

डूब गया कि अपने यात्रा-वृत्तांत में कहीं चन्द्रगुप्त द्वितीय का नाम तक नहीं लेता, जिसके राज में वह आया था। ऋषि, कवि, दार्शनिक, यात्री, भक्त और संत—ये ही सब तो थे, जिन्होंने भारतीयता का सौंदर्यबोध बढ़ाया। अन्यथा अपने लघु राज्य अथवा साम्राज्य से बँधे राजा और जमीनों से बँधे सामंतों में भारतवर्ष के गहन सौंदर्य को महसूस करने की नैतिक शक्ति कहाँ थी !

राजसत्ता की भूख भारतवर्ष और भारतीयता को जानने में हमेशा बाधा रही है। भारत को जाना था वैदिक साहित्य की रचना करनेवालों ने, महावीर, गौतम बुद्ध, अशोक, गुरु नानक, अकबर और महात्मा गांधी ने। भारत को जाननेवालों में थे उस लोक संस्कृति में रचे-बसे लोग, जिसे ज्ञान के पश्चिमी संसार में 'सबलटर्न कल्चर' या निम्नतर वर्ग की संस्कृति कहा जाता है। लोक संस्कृति में रचे-बसे लोगों में राजसत्ता वर्ग के प्रति आत्मसमर्पण और विरोध दोनों के भाव होते हैं। विरोध का भाव ही उन्हें राजसत्ता के संकीर्ण और शोषणमूलक दृष्टिकोण के पार देखने की शक्ति देता है। यही वजह है कि लोक संस्कृति के बीच से उठे बुद्धिजीवियों ने राजसत्ता की प्रचलित संकीर्णतावादी धारणाओं की परवाह न कर हमेशा एक समानांतर भावधारा और विचारधारा उपस्थित की, जबकि सत्ता वर्ग ने लोक संस्कृति पर संकीर्णता आरोपित की, पृथकतावाद बढ़ाया और लोगों की बौद्धिक चेतना को कुंठित कर भरसक अपारदर्शी बनाने की कोशिश की। रामानन्द विशिष्ट श्रेणी से आ कर भी 'सबलटर्न' से जुड़े। उनकी भारतीयता की चेतना की परिधि में दक्षिण ही नहीं, उत्तर के लोग भी आये; पिछड़े ही नहीं, मुसलमान भी आये। स्वाभाविक कारणों से रामानन्द की भारतीयता शंकर की चेतना से अधिक विकसित थी। सूरदास को पता नहीं होगा कि कोई सुल्तान भी है। तुलसी ने कहा, 'भलि भारत भूमि', जहाँ भगवान के सामने सभी बराबर हैं। तुलसी की लोकपरकता ने ही उनमें हिन्दुत्व-दंभ ज्यादा पनपने नहीं दिया, हालाँकि वह एक ऐसे समाज में रामकथा लिख रहे थे, जिसके शासक मुस्लिम थे।

लोक सामान्यतः अपने गाँवों में उदासीनता और पृथकता में जीवनयापन करता रहा है। वह रूढ़ियों को ढोता रहा है, लेकिन उच्चतर परंपराओं को भी बचाता आया है। ग्राम समाज में दोनों तरह के लोग होते थे—स्थिर और भ्रमणशील। भ्रमणशील व्यक्ति बाजार, नगर और तीर्थ जाते थे। अपनी उच्चतर परंपराओं से जुड़े होने के कारण उनका मन बाहरी दुनिया के प्रति खुला हुआ था। वे स्थिर ग्राम समाज और दूसरी जातियों के बीच सेतु होते थे। उनमें आत्मपहचान और मिश्रणशीलता दोनों गुण थे। दोनों गुण परस्पर विरोधी लग सकते हैं, पर भारतीय परिस्थितियों में ये एक-दूसरे के पूरक हैं।

जिस घटना को हम स्थानीय बाहरी जातियों का परस्पर घुलना-मिलना कहते हैं, उसे आत्मपहचान और मिश्रणशीलता दोनों संदर्भों में देखना होगा। मिश्रण के

बाद आत्मपहचान की तहें मिटतीं नहीं, केवल आँखों से ओझल होती हैं। खुद हिन्दुत्व के भीतर कई पहचानें हैं, कई तहें हैं जो भारतीयता के व्यापक और लचीले ढाँचे में मिटी नहीं हैं, केवल उनकी कठोरता समाप्त हुई है। इसी तरह गैर-हिन्दू जातियों ने आत्मपहचान की तहें सुरक्षित रखी हैं, सिर्फ यही एक वास्तविकता नहीं है। अंतर्मिश्रण में बहुत कुछ नया अपना कर इन्होंने अपनी बौद्धिक-सांस्कृतिक बुनावट का काफी रूपांतरण किया है और भारतीयता में भी बहुत कुछ जोड़ा है। यह एक गलत धारणा है कि भारत में आयी सभी जातियाँ घुल गयीं, केवल मुसलमान अलग रहे। आत्मपहचान और मिश्रण दोनों मामले सभी जातियों से जुड़े हैं। पिछले लगभग ढाई हजार सालों के उथल-पुथल और पुनर्निमाण से भरे भारतीय इतिहास को हिन्दू इतिहास में बदलना सिर्फ इसीलिए गलत नहीं होगा कि नवजागरण ने इतिहास का एक भारतीय परिप्रेक्ष्य विकसित किया, बल्कि इसलिए भी गलत होगा कि वह नस्लवादी और धार्मिक प्रभुत्ववाद का इतिहास बन जायेगा, जो देश का सच्चा इतिहास कभी नहीं होगा।

भारतीयता के विकास में द्वन्द्व, अंतःक्रिया और अंतर्मिश्रण—तीनों की समान भूमिका है। लड़ते-भिड़ते और घुलते-मिलते हुए विभिन्न जातियों ने भारतवर्ष में भारतीय सभ्यता विकसित की है। इसमें हिन्दू धर्म का निर्णायक योगदान है, लेकिन यह सभ्यता भारतीय सभ्यता ही है, हिन्दू सभ्यता नहीं। इस सभ्यता की बुनियादी संरचना की तीन मुख्य खूबियाँ हैं। सभी धर्मों, जातियों और क्षेत्रों के लोग हमेशा कुछ मामलों में अपनी विशिष्ट पहचान रखते आये हैं और बाकी मामलों में सामान्य सर्वभारतीय विशेषता। कुछ मामलों में इनका परिप्रेक्ष्य वैश्विक भी रहा है, जैसा कि दुनिया की हर विकासशील जातियों के जीवन में है। विशिष्ट पहचान; सामान्य सर्वभारतीय विशेषता और वैश्विकता—ये 'भारतीय त्रिआयाम' हैं। इन्हें भारतीयता और भारतीय मानस का बौद्धिक त्रिभुज भी कहा जा सकता है। आधुनिक भारत का अस्तित्व इसी अनोखे त्रिभुज पर निर्भर करता है। किसी जाति या समुदाय का कोई कोण कभी बहुत ऊँचा और कोई बहुत नीचा हो सकता है, लेकिन इस बौद्धिक त्रिभुज के बिना भारत का हर आदमी अधूरा है।

नवजागरण की एक बंड़ी भूमिका भारतीयता को सांस्कृतिक वास्तविकता से एक राजनीतिक वास्तविकता में बदलने की रही है। महान परंपराओं में निथुरी हुई भारतीयता की अवधारणा इसी काल में सामाजिक परिपक्वता हासिल करती है। ज्यों-ज्यों ब्रिटिश साम्राज्यवाद से भारतीय जनता के अन्तर्विरोध गहरे होते जाते हैं, भारतीयता का सूर्य आसमान चढ़ता है। अंग्रेजों की नजर में सभी 'नेटिव' थे, चाहे वे हिन्दू हों या मुसलमान। मुगलों ने गाँवों को छेड़ा नहीं था, अंग्रेजों ने छेड़ा और जोड़ा। रेलगाड़ियों के जाल ने भी भारतीयता के सोच में सामाजिक विस्तार ला दिया।

नवजागरण के साथ आत्मपहचान का मामला भी जुड़ा हुआ था। इसलिए भारतीयता की बृहत्तर अवधारणा के निषेध में गये बिना धार्मिक आत्मपहचान ने भी अपना रंग पकड़ा जो साम्राज्यवाद से टकराहट का ही एक स्तर था। इसी दौर में कुछ हिन्दुत्ववादी बिम्ब खड़े होते हैं। वे सारे के सारे भारतीयता की धारणा के विरोध में खड़े होते हैं, ऐसी बात नहीं है। बल्कि कुल मिला कर यह दौर रही-सही दरारों के भरने और टूटे दिलों को करीब लाने का था। बुद्धिवाद, समाज सुधार और 1857 का स्वाधीनता संग्राम इसमें मुख्य कारक बने। भारतेन्दु हरिश्चन्द्र कट्टर वैष्णव थे, पर वे 'बंगाली, मराठी, पंजाबी, मदरासी, वैदिक, जैन, ब्राह्मों, मुसलमान सब एक का हाथ एक पकड़ो' कहते हैं और हिन्दुओं के शास्त्र को पंसारी की दुकान कह कर खिल्ली भी उड़ाते हैं। वह हिन्दू धर्म का नहीं, हिन्दुत्व के संकीर्ण और रूढ़िवादी ढाँचे का मजाक उड़ाते हैं। आज जैसा धार्मिक आतंक नहीं, बल्कि एक अद्‌भुत आलोड़न था उस समय के समाज में। 19वीं सदी से भारतीयता ने हिन्दू और मुसलमान या ब्राह्मण और शूद्र से ऊपर उठ कर बुराइयों को पहचानने की दृष्टि उपस्थित कर दी थी। नजीर अकबरावादी (1735-1832) की एक कविता बड़े अद्‌भुत ढँग से हिंस्रता के साथ-साथ आदमी में छिपी उसकी संभावना को भी उजागर करती है—

याँ आदमी पे जान को वारे है आदमी
और आदमी पे तेग को मारे है आदमी
पगड़ी भी आदमी की उतारे है आदमी
चिल्ला के आदमी को पुकारे है आदमी
और सुन के दौड़ता है सो है, वह भी आदमी।

भारतीय नवजागरण की उपर्युक्त पंक्तियाँ साधारण नहीं हैं। इसी तरह 1857 के स्वाधीनता संग्राम के काल में अजीमुल्ला खाँ ने लिखा था, 'तोड़ो गुलामी की जंजीरें, बरसाओ अंगारा। हिन्दू-मुसलमाँ-सिख हमारा भाई-भाई प्यारा।' एक आदमी दूसरे आदमी का भाई होने लगा। भले यह सब महज कवियों का सोच हो और पूरा भारतीय समाज तब इस सोच तक न पहुँचा हो, पर इससे वह दिशा समझ में आनी चाहिए, जिधर इन दो शताब्दियों में इतिहास अंततः बढ़ा।

हिन्दू-मुसलमान और भारतीय की धारणा से होते हुए यह आदमी का आदमी की अवधारणा की ओर बढ़ना रेखांकित किये जाने योग्य है। इसके द्वारा नये सिरे से अपने को तलाशने की जातीय कोशिशों ने भारतीय मानस के वैश्विक मानवीय कोण को विकसित किया, जिसकी परिणति अंध राष्ट्रवाद-विरोध और विश्वमानवतावाद में हुई। रवीन्द्रनाथ ठाकुर ने शान्तिनिकेतन में 'बंगाल भारती' या 'भारत भारती' न बना कर 'विश्व भारती' बनायी। उन्होंने लिखा, 'पाश्चात्य जातियों को अपनी

सभ्यता पर जो गर्व है, उसके प्रति श्रद्धा रखना अब असंभव है।...यूरोप में साक्षात क्रूरता अपने नखदंत बाहर निकाल कर विभीषिका की तरह बढ़ती जा रही है। मानव जाति को पीड़ित करनेवाली इस महामारी का जन्म पाश्चात्य सभ्यता से हुआ।' प्रेमचन्द ने भी पहले विश्व युद्ध की बर्बरता के संदर्भ में लिखा, 'राष्ट्रीयता वर्तमान युग का कोढ़ है, उसी तरह जैसे मध्यकालीन युग का कोढ़ सांप्रदायिकता थी।' प्रसाद ने करुणा की अभिनव बरसात की कल्पना करते हुए कहा, 'बरसो प्रभात हिमकण-सा, आँसू इस विश्व सदन में।' उन्होंने महज हिन्दी प्रदेश के संदर्भ में ही परिवर्तन की परिकल्पना नहीं की। पुरानी धार्मिक-जातीय पहचानों को त्याग कर मानवीय पहचान और विश्व-दृष्टि की ओर उन्मुख होने का अर्थ न धर्म को त्यागना था और न राष्ट्रीय परंपराओं को।

भारतीय जीवनधारा में बहुत-सी जातियों के सह-अस्तित्व ने प्राचीन काल से ही अंध-राष्ट्रवाद या किसी भी किस्म के अलगाववाद को बरदाश्त नहीं किया, क्योंकि साधारण लोक साझा संस्कृति को ले कर चला। उसने जीवन के सत्य को कभी राजसत्ता की नजर से नहीं देखा। इसलिए राजसत्ता के पक्ष में धर्म, जाति और राष्ट्र की जब भी कोई व्याख्या आयी हो तो वह व्याख्या भले कूपमंडूकता, अलगाववाद और अंध-राष्ट्रवाद से प्रेरित हो, लेकिन लोक संस्कृति के पक्ष से अथवा उससे जुड़ कर कोई व्याख्या आयी तो उसमें हमेशा एक उच्चतर मनुष्य बोध, साझा चेतना और विश्व दृष्टि रही है। 'सबलटर्न' की ओर झुके अशोक, हर्षवर्द्धन, अकबर और नेहरू जैसे सत्ताधारी लोग देश के निरंकुश राजाओं-बादशाहों से इसी अर्थ में भिन्न थे कि इन्होंने कभी भी कूपमंडूकता, अलगाववाद और अंध-राष्ट्रवाद के तत्त्वों को उत्तेजित नहीं किया, जो निरंकुश स्वेच्छाचारी शासन के लिए जरूरी होते हैं। जब हम भारतीय परंपरा और संस्कृति के सन्दर्भ में राष्ट्रवाद की कोई अवधारणा तैयार करते हैं तो हमें इस सवाल से सामना करना ही पड़ेगा कि हम निरंकुश राजसत्ताओं की संस्कृति के सन्दर्भ में यह अवधारणा तैयार कर रहे हैं या साधारण लोक की संस्कृति के सन्दर्भ में। इधर सांप्रदायिक ताकतें जिस 'सांस्कृतिक राष्ट्रवाद' को उछाल रही हैं, वह कूपमंडूकता, अलगावाद और अंधराष्ट्रवाद के तत्त्वों को उत्तेजित करनेवाली निरंकुश राजसत्ताओं की संस्कृति है, साधारण लोक की संस्कृति नहीं। सांस्कृतिक राष्ट्रवादियों का लक्ष्य है हिन्दुओं का अपना औरंगजेब खड़ा करना, जो मिश्रित भारतीय जीवनधारा के एकदम प्रतिकूल है।

अतः नवजागरण के काल में जिन बर्बरताओं के सन्दर्भ में उच्चतर मनुष्यता बोध और विश्वमानवतावाद का दृष्टिकोण उभरा, वह न केवल प्राचीन भारतीय 'सबलटर्न' के ही उच्च आदर्शों का विकास था, बल्कि उसका विरोध इन दोनों से था—(क) कूपमंडूकता, अलगाववाद और अंध-राष्ट्रवाद के तत्त्वों को उत्तेजित करनेवाली निरंकुश एशियाई राजसत्ताओं की संस्कृति और (ख) संकीर्ण उपयोगितावाद

और 'राष्ट्र' की पश्चिमी अवधारणा। निःसंदेह भारतीय नवजागरण के विचारकों ने जिस तरह भारतीय लोक संस्कृति की अपनी परंपराओं का विकास किया, उन्होंने पश्चिम की ज्ञान-विज्ञान के क्षेत्र में हुई उपलब्धियों को भी चुना। वे खुले मन के, उदार और विवेकवान लोग थे। पश्चिम में भी सदा दो पश्चिम रहे हैं। वहाँ भी ऐसे विचारक हुए, जो संकीर्ण उपयोगितावाद और अंध-राष्ट्रवाद का विरोध करते हुए विश्वमानवतावादी दृष्टिकोण रखते थे—उनमें से कई व्यक्ति भारत जैसे गुलाम देशों के औपनिवेशिक शोषण का विरोध भी करते थे। कहा जाता है कि पश्चिम अचेतन रूप से भारतीय नवजागरण और स्वतन्त्रता का एक मुख्य उत्प्रेरक तत्त्व बना, तब झूठ नहीं कहा जाता, लेकिन इसे बढ़ा-चढ़ा कर पेश करना गलत है। भारतीय नवजागरण निरंकुश भारतीय राजाओं-बादशाहों द्वारा हजारों साल से दमन की गयी लोक संस्कृति की छिपी प्रतिरोध शक्ति का ही आधुनिक विस्फोट है। भारतीय नवजागरण एक परिवर्तन ही नहीं, परंपरा भी है। इसने भारतीयता की धारणा को फिर से इंद्रधनुष की तरह प्रत्यक्ष कर दिया। इसने एक नयी विश्व दृष्टि दी और कूपमंडूकों, अलगाववादियों तथा अंधराष्ट्रवादियों को देश की मुख्य जीवनधारा से एकबारगी अलग-थलग कर दिया।

भारतीयता और भारतीय राष्ट्रीयता की व्यापक धारणा कभी रवीन्द्रनाथ ठाकुर ने इस रूप में रखी थी, 'आओ हे आर्य, आओ अनार्य, हिन्दू-मुसलमान ! आओ आज तुम अंग्रेज, आओ-आओ क्रिश्चियन। आओ ब्राह्मण, मन को करें साफा सबका हाथ थामें, आओ पतित, अपने सारे अपमान के बोझ से मुक्त होओ। (भारत) माँ के अभिषेक के लिए तेजी से आओ, सबके स्पर्श से पवित्र हुए तीर्थजल से मंगलघट अभी पूरा भरा नहीं है। आओ आज, भारत के महामानव के सागरतट पर।' (गीतांजलि) रवीन्द्रनाथ उस जमाने में एक दूसरी ही बात कहते हैं, जब अछूतोद्धार और शुद्धीकरण के लिए दलितों-मुसलमानों को गंगाजल से नहलाया जा रहा था। यह अछूतों से ही आह्वान था कि वे खुद आगे बढ़ कर तीर्थजल को पवित्र करें। साफ तो खुद ब्राह्मण को होना था; रवीन्द्रनाथ खुद ब्राह्मण थे।

उपर्युक्त पंक्तियों में जिस बात की ओर लोगों का ध्यान नहीं जाता, वह है कि मंगलघट अभी भी भर नहीं पाया है। अभी भी सबका हाथ सबने नहीं थामा है। भारतेन्दु ने भी काफी पहले यही कहा था, 'सब एक का हाथ एक पकड़ो। सांस्कृतिक राष्ट्रवाद के समर्थक हमारी संस्कृति का एक ही उत्स मानते हैं और बहुलता को भारतीय दृष्टि का अंग स्वीकार नहीं कर उन उग्र धार्मिक प्रतीकों को संस्कृति का पर्याय बनाने का प्रयास करते हैं, जिनसे जनता के मन में कूपमंडूकता, अलगाववाद और अंध-राष्ट्रवाद पैदा हो। सिर मूड़ कर शुद्धीकरण करनेवाले सोच नहीं सकते कि उन्हें खुद अपना मन कितना रगड़-रगड़ कर धोना है। दलितों के साथ बैठ कर राम खिचड़ी खाने की दया दिखानेवाले रोटी का संबंध जोड़ भी लें,

लेकिन बेटी के संबंध पर भाग खड़े होंगे। इन चालाकियों से अलग थी महामानव और भारतीय महाजाति की अवधारणा—'एसो आजि भारतेर महामानवेर सागर तीरे' ! नवजागरण को विकासशील अवस्था में यह आह्वान संकीर्णताओं का एक बौद्धिक प्रति-ध्रुव ही था।

भारतीय महामानवता का समुद्र इस देश की सभी जातियों और धर्मों का एक विकासशील भावादर्श है, जो राजसत्ता द्वारा थोपे जानेवाली जातीयता, जातिवाद, धर्मांधता, क्षेत्रीयता या मराठी, बँगला, तमिल या हिन्दी जाति की अवधारणा के पार ले जाता है। यह एक महाजाति की अवधारणा है, जो हर जाति को सामान्य सर्वभारतीय विशेषताओं की ओर ले जाती है। उन्हीं दिनों सुब्रह्मण्य भारती (1882-1921) ने एक तमिल साप्ताहिक 'इंडिया' नाम से निकाला था। उन्होंने अपनी जातीय पहचान न छोड़ते हुए यह जरूर कहा था, 'जब भी कहते हैं मधुर तमिल की भूमि, हमारे कानों में आ गिरता है मीठा मधु' ! लेकिन उनकी जातीय पहचान भारतीय महाजातीयता की ओर उन्मुख थी—'कावेरी घाटी की पान की कोमल पत्तियों के बदले हम गंगा-जमुना के मैदानों का गेहूँ बटोर लेंगे। केरल के हाथी दाँत के उपहारों के साथ हम करेंगे अभिनंदन पराक्रमी मराठों की शौर्यगाथा गानेवाले कवियों का। करेंगे कुछ ऐसा उपाय जिससे काँची में बैठे-बैठे हम सुन सकें वाराणसी के शास्त्रार्थों को। कर्नाटक के खरे सोने के उपहारों के साथ हम करेंगे अभिनंदन राजस्थान के वीरों का। अपने होंठों पर भारत देश का नाम ले कर आओ फेंकें हम अपने भय और गरीबी को।" ये कवि की 'भारतदेश' की पंक्तियाँ हैं। बँगला के नाटककार द्विजेंद्रलाल राय ने एक नाटक लिखा 'मेवाड़ पतन' जिसमें उन्होंने दिखाया कि मेवाड़ धन-धान्य से कितना समृद्ध है, जबकि मेवाड़ में धान्य पैदा ही नहीं होता ! मुख्य बात है नवजागरण के रचनाकारों की अंध-राष्ट्रवाद की सीमा से बाहर निकल कर महाजातीयता अथवा भारतीयता का अनुभव व्यक्त करने की छटपटाहट। यह भारतीयता उदारता और संपन्नता के बिम्बों के साथ उभर रही थी।

हजारों साल से विच्छिन्नता और पृथकता में जीने के बाद भारत के लोगों में भारतीयता की बेचैनी राष्ट्रीय मुक्ति आंदोलन की प्रक्रिया में लगातार तीव्र होती जा रही थी। अपने ही झुंड में रहने की प्रवृत्ति एक तरह की कबायली मानसिकता या पशु-प्रवृत्ति है—'कुनद हमजिंस बा हमजिंस परवाज। कबूतर बा कबूतर काज बा काज।' हमजिंस अपने हमजिंस के साथ उड़ा करता है, जैसे कबूतर कबूतर और कौआ कौआ के साथ। भारतीय जनता ने अपने साम्राज्यवाद-विरोधी संघर्ष की प्रक्रिया में विभिन्न कालों की निरंकुश राजसत्ताओं द्वारा आरोपित बिरादरी, जाति, धर्म, क्षेत्र आदि के भेदभाव से उबरने का संकल्प व्यक्त किया। उसकी दृष्टि आर्थिक शोषण की ओर भी गयी, जिसे बिरादरी, जाति, धर्म, क्षेत्र आदि के मिथ्या

विभाजन स्थायी बना कर रखते हैं। फलतः भारतीयता की अवधारणा भारतीय जनता की मुक्ति का प्रवेशद्वार बन कर आयी।

भारतीयता इस देश की लोक संस्कृति की आकांक्षा है, जिसे आधुनिक ज्ञान की विभिन्न शाखाओं और विज्ञान ने सींच कर विकसित किया। विज्ञान की दृष्टि से देखे गये 1995 के सूर्य ग्रहण ने हिन्दू-मुसलमान-ईसाई सभी को एक-सा अनुभव दिया। भारतीयता को विकसित करने में जितना बड़ा योगदान लोक संस्कृति की जुझारू परंपराओं का है, उतना ही आधुनिक ज्ञान-विज्ञान का भी। फिर भी जिस देश में जातीय आत्मविमुग्धता और दंभ बहुत ज्यादा हो, मसलन 'आमार सोनार बाँग्ला,' 'तमिलनाडु' या हाल में लखनऊ को 'लखनपुर' बनाने की माँग या बम्बई का बदल कर रखा गया नाम 'मुम्बई', वहाँ भारतीयता को परंपरा और आधुनिकता की ऊर्जा द्वारा एक अवधारणा से सामाजिक वास्तविकता की ओर अभिमुख करना बड़ा कठिन काम है। रवीन्द्रनाथ की उपर्युक्त कविता के 'मंगलघट अभी भी पूरा भरा नहीं है' की जगह कहना होगा कि 'मंगलघट' अभी भी पूरी तरह खाली नहीं हुआ है। 'जातीय' शब्द में अर्थ के दो लहरमान हैं। आदमी कब तक भारतीय महाजातीयता के उच्च लहरमान पर खड़ा रहेगा और कब अपने संकुचित धर्म या जाति के चौखटे में घुस कर अचानक आक्रामक हो उठेगा, आज कहा नहीं जा सकता। लोकतंत्र की विफलताओं ने लोक संस्कृति, विज्ञान और मानव विवेक द्वारा स्थापित एकता के सूत्रों को बिखेर दिया है। पुनः उन सूत्रों को तभी समेटा जा सकेगा, आदमी की विचलनशील मनोदशा को पुनः 'उदात्त', 'समग्र' और 'उच्चतर' की ओर तभी मोड़ा जा सकेगा, जब लोकतंत्र को सुधारा जाये। उसे मानवीय बनाया जाये।

अंग्रेज तब प्रसन्न होते थे, जब भारतीय बुद्धिजीवी राजसत्ता की बुभुक्षा में हिन्दुत्व या इस्लाम के आधार पर स्वत्व की आकांक्षा प्रकट करते थे और भारतीय उपमहाद्वीप में अनगिनत राष्ट्रत्व के अंकुर खोजे जाते थे। वे तब भी बहुत प्रसन्न होते थे, जब बुद्धिजीवी अपनी विचारधारा को वैश्विक आयामों में फैलाते थे—अपना अंतर्राष्ट्रीयकरण करते थे। वे उद्विग्न केवल तब होते थे, जब 'भारतीयता' का मामला उठता था। जिन्ना और गांधी या आंबेडकर और गांधी के मतभेदों में उन्हें हमेशा रस मिलता था।

अपने पूर्व-संबंधी अध्ययन को अंग्रेज 'ओरियंटलिज्म' कहते थे। एक सज्जन थे ऑटन, जो 1909 से 1916 तक कलकत्ता के प्रसिडेंसी कॉलेज में इतिहास पढ़ाते रहे। उन्होंने भारत को काफी नजदीक से देखा था। लगभग सौ साल जीनेवाले ऑटन की एक पुस्तक पिछले सालों छप कर आई, 'माई मेमोरिज ऑफ इंडिया'। वह एक अच्छे अंग्रेज थे, फिर भी पश्चिमी साम्राज्यवादी संस्कारों से आक्रांत। सभी ओरियंटलिस्टों को लगता था कि अंग्रेज भारत को सभ्य बनाने के मिशन पर हैं।

ऑटन को अरविन्द घोष नहीं भाते थे क्योंकि वे राजनीति में सक्रिय थे, जबकि छोटे भाई मनमोहन अच्छे लगते थे, क्योंकि ये अंतर्राष्ट्रीयतावादी थे। ऑटन को वे सभी भारतवासी अच्छे लगते थे, जो पोलो-क्रिकेट खेलते हों और अंग्रेजों के साथ टेबुल पर बैठ कर लंच लेते हों। उन्हें भारतीय होना संकुचित होना लगता था। वह शांतिनिकेतन घूमने गये तो उन्हें यह एक हिन्दू संस्था नजर आयी, पर रवीन्द्रनाथ ठाकुर वैश्विक लगे। उनके अनुसार, 'शक और हूण भले एक देह में मिल गये, लेकिन मुस्लिम आक्रमणकारियों ने अपने धर्म और भाषा को बचा कर रखा'। लगता है, वे उर्दू भी बाहर से ले कर आये थे। ईसवी 1000 से 1526 तक के भारत को ऑटन ने 'अभावग्रस्त दुखी हिन्दू भारत' कहा।

भावातिरेक में अकबर की महानता का वर्णन करते हुए अपनी पश्चिमी नजर का प्रक्षेपण ऑटन ने इस प्रकार किया, 'अकबर एक नयी रोशनी का बादशाह था, लेकिन उसमें भारतीय ढंग की आत्मगरिमा भी थी।' अंग्रेजों को आत्मगरिमा के भारतीय प्रसंग इस देश को सभ्य बनाने की राह में बाधक लगते थे। वे चाहते थे कि यह देश सांप्रदायिक हो जाये या अन्तर्राष्ट्रीयतावादी, क्योंकि भारतीयता साम्राज्यवाद के लिए खतरे की घंटी है। वर्तमान दौर के साम्राज्यवाद की आकांक्षा भी इससे अलग नहीं है, यह हमें मालूम है।

प्राचीन काल से ही भारतीय परिभाषा के 'धर्म' या 'हिन्दू धर्म' में एक उदार वैश्विक दृष्टिकोण रहा है, जिसका संकुचित राजनीतिक रूप आज 'हिन्दुत्व' है। 'हिन्दू धर्म' एक उदार, सहिष्णुताप्रधान और बहुलतावादी जीवन धारा है, जबकि 'हिन्दुत्व' एक राजनीतिक सिक्का है। बाजार में मैले नोट या सिक्के ज्यादा चलते हैं, बुरी मुद्रा हमेशा अच्छी मुद्रा को चलन से बाहर कर देती है। हिन्दू धर्म साधारणतः जिन चीजों को 'हिन्दुत्व' कहा जा रहा है, उनसे बहुत व्यापक और विस्तृत है। कोई भी धर्म जब राजनीतिक सिक्का बन जाता है तो स्वाभाविक है कि वह 'रिड्यूस्ड' हो जाता है। 'कलकत्ता समाचार' एक पुराने विचारों का सुधारवाद-विरोधी पत्र था। जब बनारस में हिन्दू विश्वविद्यालय खोलने की बात चल रही थी, इस संरक्षणवादी हिन्दी पत्र ने आशंका प्रकट की थी, 'आजकल की शिक्षा ने हिन्दू लेमनेड-हिन्दू होटल, हिन्दू पावरोटी, हिन्दू बिस्कुट, हिन्दू चा, हिन्दू बरफ आदि बनाने की धर्मशालिनी बुद्धि उत्पन्न कर दी है। हम डर गये हैं और इसलिए पूछना चाहते हैं कि इस प्रकार की यूनिवर्सिटी तो नहीं होगी !' (जनवरी, 1915) यह परंपरागत ढाँचे के धार्मिक दिमाग की खलबली थी। इसी अंक में 'हिन्दू सभा' पर टिप्पणी करते हुए यह पत्र मुम्बई हाई कोर्ट का एक फैसला उद्धृत करता है, जो काशीनाथ त्रयंबक तैलंग का था, 'हिन्दू नाम जातिवाचक है, धर्मवाचक नहीं। जब मुसलमान इस देश में पहलेपहल आये तब वे मुसलमान इस देश के आदिवासियों को हिन्दू कहते थे। इसी तरह पोर्चुगीज, डच, फरासीस, अंग्रेज

आदि ईसाई जातियों से यहाँवालों का जब संबंध हुआ, तब वे मुसलमानों को छोड़ सब को 'जेंटू' या हिंदू कहते थे।' दिसम्बर 1995 का उच्चतम न्यायालय का फैसला भी लगभग इसी लाइन पर है और हिन्दू और हिन्दू धर्म को 'मजहब' या 'रिलीजन' के संकीर्ण अर्थ में नहीं लिया जा सकता। लेकिन हिन्दुत्व का राजनीतिक इस्तेमाल इसका सरासर मज़हबीकरण नहीं तो और क्या है ? हिन्दू धर्म का मजहबीकरण उसकी स्वायत्तता और बहुलता पर ही खतरा नहीं है, विकासशील भारतीयता के मार्ग में भी एक बहुत बड़ी बाधा है।

वर्तमान युग से पहले धर्म मूल्यों को बचाने के लिए ही बार-बार उभरा था, दंभ, भेदभाव और हिंसा फैलाने के लिए नहीं। धर्म का एक काम यह भी था, धर्मांधता से निकालना। अपनी सीमा में शंकर ने यही किया और अपने जमाने का खूनखराबा रोकने की कोशिश की। कबीर ने दूसरे ढंग से यही कोशिश की। कोई बताये कि तुलसी ने अपने काव्य में कितनी बार हिन्दू शब्द का प्रयोग किया और दंभ दिखाया ? 19वीं सदी में सुधारवादी संगठनों ने धर्म को आलोचना के दायरे में लाने में सफलता पा ली थी। ब्रह्म समाज-आर्य समाज हों या रामकृष्ण-विवेकानन्द, इन्होंने भेद में अभेद की खोज की। एक थे रामतीर्थ, जो पंजाब में 1873 में जनमे थे। उन्हें मुश्किल से 33 साल की जिन्दगी मिली थी। वह इंग्लैंड, अमेरिका, मिस्र, जापान आदि कई देशों में घूम आये थे। उस जमाने के ऐसे स्वामी या संन्यासी चंद्रास्वामी जैसे पाखण्डी और करोड़ों में खेलनेवाले नहीं होते थे। रामतीर्थ उर्दू-फारसी भी अच्छी जानते थे। एक बार उनसे किसी ने पूछा, 'आप कोई सभा-संगठन क्यों नहीं बनाते ?' रामतीर्थ ने जवाब दिया, 'भारत में जितनी सभाएँ काम कर रही हैं, सब मेरी ही हैं। ईसाई, हिन्दू, पारसी, आर्य समाजी, सिख, मुसलमान और वे सभी जिनकी नसें, अस्थियाँ, रक्त और मस्तिक की रचना मेरे इष्ट देव भारतभूमि का अन्न और नमक खा कर हुई हैं, वे सब मेरे भाई हैं, नहीं, मेरी आत्मा ही हैं।' उस दौर का धर्म मानवीय अंखडता का स्रोत था, सांप्रदायिक विखंडता का हथियार नहीं।

गांधी ने 1924 में कहा था, 'यदि मुझे माला और चरखा दोनों में से किसी एक को चुनना हो तो मैं चरखा रूपी माला फेरना ही पसन्द करूँगा।' नवजागरण ने जीवन की प्राथमिकताओं में क्रान्तिवादी परिवर्तन लाना शुरू कर दिया था, उसी का नतीजा था यह कथन। भारतीय इतिहास में 1921-30 का समय कई दृष्टियों से काफी महत्वपूर्ण है। यही वह समय है, जब राष्ट्रीय पुनर्निर्माण की ईंटें रखी जा रही थीं। भारतीय भविष्य को लोकतांत्रिक, समाजवादी और आधुनिक ढाँचा देने की तैयारियों के समानान्तर एक खास अवसाद के माहौल में सांप्रदायिक और पुनरुत्थानवादी ताकतें इसी काल में सुसंगठित हुईं। फिर भी वह युग समग्रता में धर्म के लौकिकीकरण का युग था। उस युग में इस आवाज की ताकत बढ़ी-चढ़ी

थी कि बहुत-से विषयों को धर्म से ऊपर उठ कर देखो, मसलन शिक्षा, विज्ञान, इतिहास, उद्योग-धन्धे, कला-साहित्य, कानून, राजनीति, मानवाधिकार, राष्ट्रीय पुनर्निर्माण आदि। इन विषयों की धर्म के ढाँचे में कल्पना ही नहीं की जा सकती थी। धर्मनिरपेक्षता को उसके वास्तविक संदर्भों से काट कर देखने से भ्रम उत्पन्न होता है। किसी ने कभी नहीं कहा कि आप अपने पर्व-त्यौहार, पूजापाठ या सन्तान के विवाह के समय भी धर्मनिरपेक्ष रहें।

हम नये सामाजिक विकास को मुख्यतः तीन हिस्सों में बाँट कर देख सकते हैं—'ग्राम समाज', 'नागरिक समाज' और 'राजनीतिक समाज'। परंपरागत 'ग्राम समाज' की अवस्था में जो पृथक पहचानें थीं, वे पहले तो धीरे-धीरे, लेकिन पिछले लगभग डेढ़ सौ सालों से बहुत तेजी से अंतर्मिश्रण से गुजरीं। बड़ी संख्या में भारतीय जनता का एक हिस्सा साधारणतः अपने को किसी धर्म या जाति से अधिक देश के नागरिक के रूप में देखने लगा। सभी प्रदेशों और जातियों के काफी लोग अब दूसरे प्रदेशों में दूसरी जातियों के साथ स्थायी रूप से रहते हुए जीवनयापन कर रहे हैं। अनेक हिन्दुओं ने मुसलमानों के इलाके में घर बनाये हैं और अनेक मुसलमानों ने हिन्दुओं के इलाके में। अनगिनत परिवार अंतर्जातीय और अंतर्धामिक विवाह से बने हैं। अनगिनत लोग अपने विवेक से अपने को सिर्फ मनुष्य समझते हैं। इनमें से कुछ वैश्विक आयाम से भी जुड़ा महसूस करते हैं। क्या हिन्दू फासीवाद का आतंक पैदा करनेवालों ने कभी सोचा है कि जब अंध जातीय-धार्मिक दंभ के नारे लगते हैं, तब उपर्युक्त लोगों के दिलों पर क्या बीतती है—मानवता का संपूर्ण विकास कितना थर्रा जाता है ? क्या किसी संप्रदायवादी ने विवाह के बंधन में बँधनेवाले तहमीना खातून और सुकुमार मित्र का दर्द पहचाना है ? तहमीना खातून पश्चिम बंगाल के बारासात कॉलेज में भर्ती न पा सकी, क्योंकि उसने अपना नाम तहमीना मित्र रखने से इन्कार कर दिया। सुंदरवन के होटल में उन्हें रहने की जगह नहीं मिली और जब इन्होंने संदेशखाली थाना में शिकायत की, तब पुलिस ने उलटे इन्हें ही दोष दिया।

आजादी के बाद हिन्दू-मुस्लिम, मराठी-हिन्दी-बँगाली, उत्तराखंडी-झाड़खण्डी, ब्राह्मण-दलित आदि की धारणा से ऊपर उठते हुए 'नागरिक' की अवधारणा का विकास होने लगा था। विशिष्ट पहचानों के कठोर संस्कारों और रूढ़ियों की बाधा के बावजूद 'नागरिक' 'मनुष्य' और 'नया मनुष्य' के बिम्ब उसी तरह बनने लगे थे, जिस तरह उन्नीसवीं सदी में भारतमाता के बिम्ब बने थे। लगभग 1980 से ऐसा राजनीतिक जहर घुलने लगा कि 'नागरिक समाज' का ढाँचा तेजी से चरमराने लगा। विविधता निरंकुश केन्द्रीकरण की प्रवृत्तियों के कारण भिन्नता में बिखरने लगी। मनुष्य हिन्दू-मुसलमान, ब्राह्मण-दलित और स्थानीय पहचानों में लौटने लगे। पहले राजनीति समाज के लिए थी, पर तेजी से एक खास तरह की राजनीति ने

समाज को ही अपना साधन बना लिया और धर्म, जाति, क्षेत्र तथा अतीत के दूसरे अंतर्विरोधों के राजनीतीकरण की प्रक्रिया में 'राजनीतिक समाज' का जंगल खड़ा कर दिया। 'नागरिक समाज' का विघटन एक तरह से मनुष्य का ही विघटन है और अगर साधारण भारतवासी देर तक बौद्धिक उनींदेपन में रहे तो भारतीयता का विघटन भी सन्निकट है।

भारतीयता का हिन्दूकरण भारतीयता के विघटन की ओर बढ़ा कदम है। निःसंदेह लोकतांत्रिक विफलताओं का ही नतीजा है भारतीयता की विकासशील धारणा से सांप्रदायिक ताकतों की यह खूँरेजी। स्वाधीनता संग्राम और लोकतांत्रिक आन्दोलन के प्रभावशाली दौर तक ये ताकतें इतिहास की कचरापेटी में थीं। ये पिछले डेढ़ दशकों के अवसाद के दौर में सामने आयीं, जिस तरह इस सदी के तीसरे दशक में अवसाद के दौर में ही जनमी थीं। इन्होंने भारत को 'राम की भूमि', भारतीयता को 'हिन्दुत्व' और भारतीयकरण को 'मध्ययुगीनीकरण' में घटा कर प्रस्तुत किया। हिन्दुत्व के राजनीतिक व्याख्याकार लालकृष्ण आडवाणी हिन्दू प्रभुत्ववाद की स्थापना के उद्देश्य से कहते हैं, 'भारतीय राष्ट्रवाद का मूल इस देश की युगों पुरानी संस्कृति में निहित है, जो अनिवार्यतः हिन्दू है।' (नवम्बर '95 के बम्बई अधिवेशन में भाषण)। हिन्दू धर्म की बहुलतावादी प्रवृत्ति के चिह्न के रूप में अपने ही दल में उभरे असंतोष को दबाने के उद्देश्य से वह यह भी कहते हैं, 'हिन्दुत्व है अनुशासन और एक आत्मानुशासन (वही)।' युगों पहले कब था ऐसा अनुशासन कि कोई आवाज ही नहीं उठाये ? हिन्दू धर्म में भिन्नमुखी सैकड़ों आवाजें हैं और हजारों चीत्कारें हैं, जबकि आडवाणी पूरे हिन्दू धर्म को आर. एस. एस. की शाखा बनाना चाहते हैं और सभी हिन्दुओं को अनुशासित गणवेशधारी। वे शान्तिप्रिय चींटियों के बिल से महागर्व के साथ चिंघाड़ते हुए हाथी निकाल लें, युगों पुरानी यह संस्कृति ही वह तहस-नहस न देख सकेगी, जो वह करना चाहते हैं।

पिछले ढाई-तीन हजार साल की उथल-पुथल और पुनर्निर्माण से भरे भारतीय इतिहास ने 'राष्ट्र' की अवधारणा में लगातार कुछ न कुछ जोड़ा है। यह अवधारणा गणसमाज, प्रदेश, महाजनपद या राज्य तक सीमित नहीं है, जो प्राचीन साहित्य में आये हैं। प्राचीन ऋषियों, कवियों और दार्शनिकों ने यहाँ के बृहत्तर भू-सांस्कृतिक परिदृश्य को हमेशा महान भारतवर्ष के रूप में पहचाना है, निरंकुश राजाओं ने भले इसे हमेशा अनगिनत राष्ट्रों के रूप में देखा। यह एक गहरी विडम्बना है कि सांप्रदायिक ताकतें हिन्दू धर्म के प्रति घटावपरक रुख रखती हैं, ताकि उसका उदारता, बहुलता और मिश्रणशीलता के सन्दर्भों में अर्थविलोप कर मजहबीकरण किया जा सके। ये ताकतें 'राष्ट्र' की प्राचीन अवधारणा के प्रति स्फीतिपरक रुख अख्तियार कर लेती हैं, ताकि प्राचीन राष्ट्रत्व का अर्थविस्तार हो सके और उसे

पश्चिमी अवधारणा के 'राष्ट्र-राज्य' तक पहुँचाया जा सके। यही वजह है कि संघ परिवार ने भारतीयता, भारतीय जैसे पुराने मुहावरों को तिलांजलि दे दी, क्योंकि इनसे उसकी उँगुलियाँ जल जाती थीं। उसने सीधे हिन्दुत्व, हिन्दू जागरण और सांस्कृतिक राष्ट्रवाद जैसे उत्तेजक प्रभुत्ववादी मुहावरे चुने। इस तरह परंपरा की दुहाई देनेवाले संघ परिवार ने अपने सारे कौशल अपनी परंपरा के बाहर से अपनाये। इसने भारतीयता और भारतीय राष्ट्रीयता के विकास में निर्णायक भूमिका निभानेवाले नवजागरण और स्वतन्त्रता आन्दोलनों तक को अँगूठा दिखा दिया, "भारत का राष्ट्रत्व न तो ब्रिटिश शासन की देन है, न ही उस स्थिति में स्वतन्त्रता आन्दोलन की, (आडवाणी का वही भाषाण, पांचजन्य, 26 नवम्बर, '95)। भारत का राष्ट्रत्व यदि युगों पहले ही अस्तित्व में आ चुका था, तो उसे बनाने में आम हिन्दू की क्या भूमिका थी, एक हिन्दू राजा दूसरे हिन्दू राजा के खून का प्यासा क्यों था और एक ही राष्ट्रत्व में इतना अन्याय क्यों था कि शूद्र की छाया भी अछूत हो ? जो मकसद अंग्रेज पूरा कर रहे थे, हमारे इतिहास को पिछड़ा बता कर, संघ परिवार वही मकसद पूरा करना चाहता है उसे हिन्दू राष्ट्रत्व के इतिहास में संकुचित करे।

यह एक हकीकत है कि कोई तार्किक आधार न होते हुए भी भारतीयता के हिन्दूकरण की प्रवृत्ति बढ़ी है। लंगड़ी अवधारणाएँ अश्वमेध के घोड़े की तरह दौड़ रही हैं और तार्किक आधार होते हुए भी नवजागरण, भारतीयता, लोकतंत्र धर्मनिरपेक्षता, समाजवाद जैसी अवधारणाओं में फफूँदी दिख रही है। यह संभव है कि राजसत्ता के सुख के लिए कुछ विशिष्ट वर्गी नेता निराश जनता के एक बड़े हिस्से को थोड़े समय के लिए सांप्रदायिकता की आँधी में बहा ले जायें। यह भी संभव है कि हिन्दू धर्म की परंपरागत स्वायत्तता, बहुलता तथा मिश्रणशीलता को बरकरार रखने के नजरिये को आज संरक्षणवाद कहा जाये और उसके मजहबीकरण को ही नया विकास या क्रान्ति। यह बहुत संभव है कि इस परिवेश में जो अपने को 'भारतीय' 'नागरिक' या 'मनुष्य' के रूप में देखते हों, वे अकेलापन महसूस करें—बीसवीं सदी एक चढ़ाई नहीं, ढलान-सी दिखे। लेकिन लोक संस्कृति, विज्ञान और मानव विवेक ही अंततः मजहबी बेड़ियों पर भारी पड़ेंगे। मजहब कभी धर्म में भले बदल जायें, लेकिन धर्म के राजनीतिक मजहबीकरण में दीर्घस्थायी सफलता संदिग्ध है।

ब्राह्मणवाद की कथा

मस्तराम कपूर

'हिस्टरी ऑफ हिन्दू इम्पीरियलिज्म' स्वामी धर्मतीर्थ की पुस्तक का पाँचवाँ संस्करण है जो 1992 में दलित एज्यूकेशनल लिटरेचर सेंटर, मद्रास से छपा है। यह पुस्तक सर्वप्रथम लाहौर से 1941 में छपी थी और उसका शीर्षक था 'दि मेनेस ऑफ हिन्दू इम्पीरियलिज्म'। दो संस्करणों के बाद इसे वर्तमान नाम दिया गया। स्वामी धर्मतीर्थ (1893-1978) संन्यास ग्रहण करने से पूर्व परमेश्वर मेनन थे और बी. ए., एल.एल.बी. करने के बाद केरल में वकील तथा पत्रकार रहे। उन्होंने दक्षिण भारत के महान समाज सुधारक एवं संत स्वामी नारायण गुरु से संन्यास की दीक्षा ली थी। पुस्तक में भारतीय इतिहास को वैदिक काल (2000-1400 ईसा पूर्व), इंडो आर्यन राज्य (1400-900 ईसा पूर्व), ब्राह्मण साम्राज्यवाद (900-600 ईसा पूर्व), बौद्धकाल या भारतीय राष्ट्रीयता का स्वर्णिम काल (600 ईसा पूर्व-800 ईस्वी), मुस्लिम शासन काल, ब्रिटिश काल आदि में विभाजित किया गया है। अधिकांश इतिहासकारों की तरह स्वामी धर्मतीर्थ भी आर्यों को बाहर से आया मानते हैं। पाँच-छह शताब्दियों तक पंजाब के क्षेत्र में (संभवतः सरस्वती घाटी) में रहने के बाद आर्य गंगा घाटी में कुरु, पांचाल, कोसल, विदेह आदि समृद्ध द्रविड़ राज्यों के सम्पर्क में आये और दोनों सभ्यताओं के मेल से नयी सभ्यता का निर्माण हुआ, जिसे भारतीय सभ्यता कहा जा सकता है।

इस पुस्तक की विशेषता यह है कि इसमें भारतीय सभ्यता के पूरे इतिहास को भारतीय राष्ट्रीयता और ब्राह्मणवाद के द्वन्द्व के रूप में देखा गया है। डॉ. लोहिया ने जिसे उदार हिन्दू बनाम कट्टर हिन्दू का द्वन्द्व अथवा वाल्मीकि बनाम वशिष्ठ का द्वन्द्व कहा है, उसे इस पुस्तक में भारतीय राष्ट्रवाद और ब्राह्मण साम्राज्यवाद का द्वन्द्व कहा गया है और हिन्दू राष्ट्रवाद को ब्राह्मणवाद का ही पर्याय माना गया है।

वैदिककालीन दशराज युद्ध और बाद के रामायण तथा महाभारत के युद्धों

को ब्राह्मण गुरुओं के षड्यन्त्र का परिणाम कहा गया है। उपनिषद काल और बौद्ध काल के ब्राह्मणों की शक्ति पर काफी हद तक अंकुश लगा, किन्तु बौद्ध धर्म के ह्रास और निष्कासन के बाद (जिसमें ब्राह्मणवाद की षड्यंत्रकारी भूमिका प्रमुख रही) ब्राह्मणवाद अत्यंत शक्तिशाली बन गया। मुस्लिम राज्य में सभी गैर-मुस्लिमों को (जिनमें बौद्ध, शैव, वैष्णव, शाक्त आदि कई धर्मों को माननेवाले लोग थे) एक ही शब्द 'हिन्दू' से पुकारा जाने लगा और उन पर सब नियम-कायदे थोपे गये जो ब्राह्मणों ने अपने स्वार्थों की सिद्धि के लिए बनाये थे। इन ब्राह्मणवादी नियम-कायदों के अधीन वे लोग भी जबरदस्ती शामिल किये गये, जिनका ब्राह्मणवादी सभ्यता, उनके देवी-देवताओं, पूजा विधियों और रहन-सहन की प्रणाली से कभी कोई संबंध नहीं रहा था, जैसे शूद्र एवं आदिवासी जातियाँ। ब्रिटिश राज के अधीन भी यही सिलसिला चला। इस प्रकार मुस्लिम काल और ब्रिटिश काल में समूचे हिन्दू समाज (गैर-मुस्लिम, गैर-ईसाई भारतीय समाज पर) ब्राह्मणवाद का शिकंजा कस गया। लेखक ने इस ब्राह्मणवादी वर्चस्व को ही हिन्दू साम्राज्यवाद कहा है और इसे विदेशी साम्राज्यवाद से भी अधिक भयानक बताया है।

इस ब्राह्मण साम्राज्यवाद का उदय 900-600 ईसा पूर्व में कैसे हुआ, इसके संबंध में लेखक कहता है, 'यद्यपि वर्ण विभाजन ने अभी जाति का स्वरूप नहीं ग्रहण किया था, पुरोहित वर्ग ने अपने को शेष जनता से अलग कर ब्राह्मण जाति के रूप में स्थापित कर लिया था तथा अपने विशेष हितों का विकास कर लिया था और ये हित प्राचीन काल से आधुनिक काल तक समग्र भारतीय समाज की प्रगति के विरोधी रहे। उन्होंने जन्म के कारण ही अपने को सर्वश्रेष्ठ मानना शुरू कर दिया और यह दावा करने लगे कि समाज के शेष सभी वर्गों को उनकी अधीनता एवं नेतृत्व को स्वीकार करना चाहिए। वे यह भी दावा करने लगे कि राजा की ऐहिक सत्ता ब्राह्मणों की आध्यात्मिक सत्ता के अधीन है और इसलिए ब्राह्मणों को राजदंड अथवा करों से मुक्ति मिलनी चाहिए।...वास्तव में ब्राह्मण एक पृथक राष्ट्र बन गये, जिनका एकमात्र स्वार्थ था शेष जनता पर धार्मिक एवं सामाजिक वर्चस्व स्थापित करना और भारतीय जनता का शोषण करना। उनका स्वार्थ धर्म का प्रचार नहीं था, बल्कि उसे गुप्त रख कर उस पर एकाधिकार बनाये रखने का था।...उनके लिए यह महत्वपूर्ण नहीं रहा कि कौन जीतता है या कौन हारता है। भारतीय राजा हो या विदेशी हमलावर, वे उसका समर्थन करते थे, जो सारे समाज पर ब्राह्मणों के वर्चस्व को स्वीकार करते थे।...'

लेखक का मानना है कि इसी स्वार्थी प्रवृत्ति के चलते उन्होंने वैदिक काल में वेन का वध कराया और पृथु को राजा बनाया। इसी प्रवृत्ति के कारण उन्होंने हिरण्याक्ष, हिरण्यकशिपु और बलि की हत्या करायी, राम-रावण का युद्ध कराया और अन्त में कौरवों-पांडवों को लड़ा कर महाभारत का विनाशकारी युद्ध कराया।

रामायण की कथा में सीता-वनवास और शम्बूक वध के अप्रिय प्रसंग भी ब्राह्मण वर्चस्व के आगे क्षत्रिय राजाओं के दीन समर्पण के उदाहरण हैं।

महाभारत के युद्ध में क्षत्रिय राजाओं को आपस में लड़ा कर उनका विनाश करने के बाद (क्षत्रियों के साथ उनकी प्रतिद्वन्द्विता उपनिषद काल से ही चल रही थी, जब क्षत्रियों के अध्यात्म ज्ञान के आगे कर्मकांडी ब्राह्मणों को पराजित होना पड़ा था) कुछ सदियों का अंधकार युग आया, जिसमें ब्राह्मणों ने स्मृतियों-सूत्रों की रचना कर अपने वर्चस्व को मजबूत किया। क्षत्रिय शक्ति के क्षीण हो जाने से उन्हें समाज पर अपनी जकड़ मजबूत करने का अवसर मिला। जब बुद्ध ने उस अंधकार युग में नये प्रकाश का प्रवेश कराया, तब भारतीय समाज ब्राह्मण साम्राज्यवाद के जुए के नीचे कराह रहा था।

लेखक कहता है, 'इसके बाद आर्यों का नाम नहीं रहा। उन्होंने अपने रक्त और अपनी संस्कृति का मिश्रण भारतीयों के रक्त और उनकी संस्कृति से कर लिया और वे राजनीतिक अखाड़े से गायब हो गये। इसके बाद के शासक क्षत्रिय, ब्राह्मण या शूद्र हुए, लेकिन वे सभी भारतीय थे, हालाँकि उनके पास आर्यों की विरासत थी और उनकी रगों में आर्यों का खून दौड़ता था। भारतीय राष्ट्रवाद और ब्राह्मण साम्राज्यवाद की दो प्रतिद्वन्द्वी शक्तियों की होड़ चली और तब तक चलती रही जब तक दोनों विदेशी साम्राज्यवाद के अधीन नहीं हो गयीं। 600 ईसा पूर्व के बाद का भारतीय इतिहास इन दो शक्तियों के टकराव का इतिहास रहा है और यह टकराव भारत की सामाजिक, धार्मिक एवं राजनीतिक क्रान्तियों में अंतर्धारा की तरह रहा।' इस काल-बिन्दु पर ब्राह्मण साम्राज्यवाद का स्वरूप इस प्रकार था–

1. देश छोटे-छोटे राज्यों और गणों में बँट गया था, जो आपस में लड़ते थे और ब्राह्मणों ने अपने को इन राज्यों का सलाहकार, मंत्री, पुरोहित आदि बना लिया था तथा राजा-प्रजा सब पर ब्राह्मण सूत्रों के अनुशासन को लागू किया जाने लगा था।

2. आर्य संस्कृति को अपनानेवाले भारतीयों ने अलग ग्रुप बना लिया और वे ब्राह्मण, क्षत्रिय, वैश्य बन गये। अन्य सभी को उन्होंने शूद्र करार दिया।

3. धार्मिक शिक्षा पर ब्राह्मणों का एकाधिकार हो गया। उन्हें यज्ञों आदि के कर्मकांडों में प्रचुर धन मिलने लगा। शूद्रों को धर्म के तमाम लाभों से वंचित किया गया।

4. शासक, धनी और ब्राह्मणों (त्रिवर्णी) में बहुविवाह, बहुपत्नी, मद्य-मांस भक्षण और ऐयाशी की जीवन-शैली लोकप्रिय हुई।

5. जाति नियम बनाये गये और आपराधिक तथा नागरिक मामलों में जाति सिद्धान्तों को निर्दयता एवं कठोरता से लागू किया जाने लगा।

6. घरेलू गुलामी और स्त्रियों के क्रय-विक्रय का प्रचलन बढ़ा।

7. देश को ब्राह्मणों ने तीन वृत्तों में बाँटा। आर्यावर्त पवित्रतम क्षेत्र बना, दक्षिण को अपवित्रतम कहा गया और दोनों के बाहर के इलाके को इतना अपवित्र कहा गया कि प्रायश्चित्त अथवा ब्राह्मण-पूजा आदि धार्मिक कृत्यों से अपवित्रता दूर हो सके।

कुल मिला कर धर्म और राज्य को इस प्रकार संगठित किया गया कि विशाल जनता का ब्राह्मणों और उनके सहयोगी वर्णों द्वारा खुल कर शोषण हो सके। इस अन्यायपूर्ण व्यवस्था ने ब्राह्मणों को भी पतित बना दिया। उनमें, लोभ, अज्ञान और पाखंड आ गया, जिसकी सूत्रकारों ने भी कठोर आलोचना की है और जिसका चित्रण ग्रीक इतिहासकारों ने भी किया है। इन सारी स्थितियों का चित्रण महाभारत के कलि-प्रसंग में भी हुआ है।

इन्हीं दिनों कपिल ने सांख्य का महान दर्शन दिया, जिसने बौद्ध धर्म का मार्ग प्रशस्त किया। बुद्ध ने ब्राह्मणों के कर्मकांड और उनके अत्याचारों के खिलाफ मावनता का नया संदेश दिया, जिसने धनी-निर्धन, राजा-रंक, ब्राह्मण-शूद्र सभी के हृदयों को छू लिया। यद्यपि महात्मा बुद्ध द्वारा लाया गया यह राष्ट्रीय नवजागरण ब्राह्मणवाद के विरोध में उभरा, सभी ब्राह्मण उससे अलग-थलग नहीं रहे। वे भी इसमें दीक्षित हुए। बाद में बौद्ध धर्म को निष्कासित करने में इन्हीं लोगों की भूमिका रही।

बौद्ध काल भारतीय इतिहास का स्वर्ण काल बना। इसी काल में महान दार्शनिक, गणितज्ञ, चिकित्सक और कवि-कलाकार हुए, जिनमें पाणिनि, पतंजलि, कौटिल्य, आर्यभट्ट, यास्क, चार्वाक, सुश्रुत, शंकराचार्य, कालिदास, भारवि, भवभूति, वररुचि, वराह, मिहिर, दंडी, बाणभट्ट, भर्तृहरि आदि चिंतक तथा चंद्रगुप्त, अशोक, विक्रमादित्य, हर्ष आदि सम्राट हुए। इसी काल में रामायण, महाभारत और कई पुराणों की रचना हुई। (सी. वी. वैद्य के 'एपिक इंडिया' के अनुसार रामायण में राम के मुँह से बुद्ध को नास्तिक कहलाया गया है।) बौद्ध धर्म चीन, जापान, तिब्बत और दक्षिण एवं पश्चिम एशिया के अनेक देशों में फैला। बौद्ध धर्म के साथ-साथ भारतीय संस्कृति का भी विदेशों में वर्चस्व स्थापित हुआ। नालंदा और तक्षशिला के विश्वविद्यालय दुनिया भर के विद्वानों के लिए आकर्षण के केन्द्र बने। जाति बंधनों की शिथिलता और जनभाषा (पालि) के प्रयोग से लोकशक्ति का सर्जनात्मक प्रयोग, विशाल राज्यों के गठन से राष्ट्रीयता की भावना का विकास, शिक्षा का प्रसार आदि के कारण इस काल में समाज की चतुर्दिक उन्नति हुई।

लेकिन ब्राह्मणवाद खत्म नहीं हुआ था। वह बौद्ध संघों में घुस कर अथवा बाहर रह कर प्रच्छन्न रूप से काम करता रहा। नागार्जुन और शंकर को प्रच्छन्न ब्राह्मण और प्रच्छन्न बौद्ध कहा ही जाता है। महाभारत में भीष्म पितामह ने युधिष्ठिर को जो उपदेश दिया था, उसमें कहा गया था कि, 'ब्राह्मणों को हर तरह

से खुश रखा जाये, क्योंकि उनका क्रोध हर चीज का विनाश कर सकता है। वे देवता को मर्त्य और मर्त्य को देवता बना सकते हैं। जिनकी वे प्रशंसा करते हैं, वे फलते-फूलते हैं; जिनकी वे निंदा करते हैं उनका जीवन दूभर हो जाता है।' महाभारत की एक बात का स्मरण करते हुए स्वामी धर्मतीर्थ लिखंते है, 'इसमें बहुत कुछ सचाई थीं। ब्राह्मणों में अच्छा या बुरा करने की भयानक क्षमता थी, अच्छे से ज्यादा बुरा करने की। यूरोप के सामंतकालीन बैरन-डाकुओं की तरह। ...राजमहलों के षड्यंत्र, तख्ता पलट, हत्याएँ आदि जो घटनाएँ इस काल में हुईं, उनके पीछे खोज करने पर ब्राह्मणों का हाथ देखा जा सकता है।' (संभवतः भागवत धर्म में षड्यन्त्रकारी नारद की कल्पना ब्राह्मणवाद की सटीक अभिव्यक्ति है।) वे अपने षड्यंत्रों से राजाओं का तख्ता-पलट करा कर अपने मनोनुकूल राजाओं को बिठाते रहे और इसके लिए विदेशों से मदद लेने या विदेशी आक्रमणकारियों को निमंत्रण देने से भी गुरेज नहीं करते थे। पश्चिम का क्षेत्र उनके वर्चस्व का क्षेत्र था और उसी ओर से विदेशी आक्रमणकारी आते थे। मगध के राज्य से चाणक्य जैसे ब्राह्मणों को बेहद नाराजगी थी, अतः सिकंदर को आमंत्रित किया गया। मागधों के प्रति मैथिली ब्राह्मणों की शत्रुता आज भी विद्यमान है और मैथिली ब्राह्मण गंगा के उस तट पर स्नान करना पाप मानते हैं। बाद में तुर्क, हूण, कुषाण, शक आदि हमलावर भी पश्चिम की ओर से निर्विरोध घुसे। नंद से ले कर हर्ष तक राजनीतिक हत्याओं का जो लम्बा सिलसिला चला, उसने राजनीतिक व्यवस्था को छिन्न-भिन्न करने की कोशिश की। उधर बौद्ध संघों में घुस कर बौद्ध धर्म में महायान और तंत्रसाधना की विकृतियाँ पैदा कीं। दक्षिण में हीनयान के ब्राह्मण सुधारकों में शैव प्रचारक थे और उत्तर में महायान के ब्राह्मण सुधारक वैष्णव प्रचारक थे। शैवों ने मिहिरगुल (हूण आक्रमणकारी) को और वैष्णवों ने हीलियोदोरिस जैसे विदेशी राजा को आमंत्रित किया। अंत में ब्राह्मणों ने विदेशी मूल के लोगों शक, हूण आदि से राजपूत वंशों का आविष्कार कर उनके माध्यम से अपनी सत्ता को पुनः स्थापित करने का प्रयास किया (प्रसिद्ध है कि वशिष्ठ ने आबू पर्वत पर यज्ञ कर चार राजपूत वंशों का निर्माण किया)। किन्तु वे इसमें सफल नहीं हुए तथा देश मुस्लिम शासन की गुलामी में जकड़ गया।

महाभारत के शांति पर्व में कहा गया था, 'यदि कोई शक्तिशाली राजा ऐसे देश को जीतने की कोशिश करे जहाँ कोई राजा न हो या जहाँ का राजा कमजोर हो तो उसका स्वागत किया जाना चाहिए, क्योंकि अराज से भयानक कोई बुराई नहीं है। दुधारू गाय की लात भी भली।' इस महान विचार के तहत अनेक विदेशी आक्रमणकारियों को देश पर कब्जा करने की सुविधा मिली। विदेशी हमलावरों को स्वदेशी साम्राज्यवादियों से हमेशा सहयोग मिला।

मुसलमानों के शासन का एक विशेष परिणाम यह हुआ कि ब्राह्मणों को

गैर-मुसलमान प्रजा का निर्विवाद नेता और कानूनदाता का दर्जा मिल गया। मुसलमानों ने सभी गैर-मुस्लिमों को हिन्दू कहना शुरू किया और उन पर ब्राह्मणों की बनायी स्मृतियों और शास्त्रों को लागू किया। इस प्रकार ब्राह्मणों को विदेशी गुलामी में रहते हुए भी आंतरिक साम्राज्यवाद के सारे हक मिल गये। उन्होंने मनमाने ढंग से शास्त्रों और स्मृतियों की रचना की और उन्हें आदर दिलाने के लिए किन्हीं ऋषियों-मुनियों के नाम से प्रचारित करना शुरू किया। प्राचीन ग्रंथों में अपने मतलब की बातों का प्रक्षेपण करने लगे। यहाँ तक कि एक भी ग्रन्थ प्रक्षेपण से नहीं बचा, वेद भी नहीं। माधवाचार्य, सायणाचार्य आदि विद्वानों का इसमें विशेष योगदान रहा।

शिवाजी के मराठा शासन के अंतर्गत भी ब्राह्मणवाद की सत्ता मजबूत हुई। शिवाजी के गुरु रामदास की प्रेरणा से मराठा राज्य गुरु के चरणों में भेंट किया गया और शिवाजी सनातन धर्म की रक्षा के लिए न्यासी के रूप में काम करने लगे। उन्होंने राजस्व प्रबंध ब्राह्मण सूबेदार को, सेना की कमान मराठा हवलदार को और सामग्री के रख-रखाव का काम प्रभु कायस्थ को सौंपा। 50 हजार ब्राह्मणों को चार महीने तक भोजन तथा स्वर्ण-मुद्राओं से तुष्ट करने के बाद (जिस पर लगभग 7 करोड़ रुपये खर्च बताया जाता है) ब्राह्मणों ने शिवाजी को उदयपुर के राजवंश की परम्परा का राजपूत घोषित किया और उनका राजतिलक किया गया। लेकिन इसके बाद भी उनके ब्राह्मण मंत्री शिवाजी को शूद्र मानते रहे और इस बात से क्षुब्ध हो कर शिवाजी बालाजी आवजी (कायस्थ) पर अधिक निर्भर हो गये। ब्राह्मण और प्रभु कायस्थ मंत्रियों के बीच होड़ चली और ब्राह्मणों ने उन्हें भी शूद्र घोषित कर दिया। इधर देशस्थ ब्राह्मणों और चितपावन ब्राह्मणों के बीच भी कटु प्रतिद्वन्द्विता चलती रही। शिवाजी की मृत्यु के नौ साल के अन्दर-अन्दर शिवाजी का अर्जित राज्य ब्राह्मण पेशवाओं के हाथ आ गया और उन्होंने ब्राह्मण स्मृति-शास्त्रों की निकृष्टतम बातों को समाज पर कठोरतापूर्वक लागू करना शुरू किया। शूद्रों के लिए सड़क पर निकलते समय आगे हंडिया और पीछे झाड़ू बाँधने का नियम इसी पेशवा काल में बना था। इस पेशवा राज में कैसी व्यवस्था थी, शासकों का कैसा चरित्र था, इसका उदाहरण पूना का ब्राह्मण कोतवाल था, जिसका नाम था घासीराम कोतवाल। (स्मरणीय है कि विजय तेंडुलकर के नाटक 'घासीराम कोतवाल' ने पूना के ब्राह्मणों में घोर प्रतिक्रिया को जन्म दिया था)। जदुनाथ सरकार ने लिखा कि कट्टर सनातनी परम्पराओं पर आधारित हिन्दू स्वराज का शिवाजी का आदर्श अपनी मृत्यु के बीज लिये हुए था। बीसवीं सदी के महाराष्ट्रीय इतिहासकार (जैसे राजवाड़े और बीजापुरकर) भी शिवाजी के उत्तराधिकारियों को शूद्र कहते रहे।

ब्रिटिश शासन के दौरान भी ब्राह्मणों के हाथ में हिन्दू समाज की नियति

की बागडोर बनी रही। एक फ्रेंच विद्वान अबे डुबोई ने 1816 में लिखा, 'ब्राह्मण इतने चतुर थे कि वे यूरोपीय शक्तियों के भी चहेते बन गये और शासन के महत्वपूर्ण पदों पर उन्होंने अपने को स्थापित कर लिया। वास्तव में कोई विभाग ऐसा नहीं था, जहाँ वे अपरिहार्य नहीं बन गये।' उन्होंने चेतावनी दी कि अपनी इस गफलत के गंभीर परिणाम ब्रिटिश शासन को भुगतने पड़ेंगे।

ब्रिटिश शासकों के साथ ब्राह्मणों का तालमेल कई बातों से बना। मंदिरों को ईस्ट इंडिया कंपनी के अधिकार में देने का काम स्वयं ब्राह्मण पंडे-पुजारियों ने किया जो इससे पहले स्थानीय राजाओं से भरण-पोषण और रख-रखाव का खर्च प्राप्त करते थे। यह व्यवस्था मुगल काल में भी लागू थी। जब पुरी, तिरुपति, काशीपुर आदि मंदिरों से कम्पनी को लाखों रुपये की सालाना आमदनी होने लगी तो कंपनी ने इस उद्योग का खूब विस्तार किया। देवदासियों की प्रथा के कारण यह उद्योग ऐशगाहों के उद्योग के रूप में भी विकसित हुआ। कंपनी के शासनकाल में ही 17,15,586 रुपये सालाना मंदिरों के रख-रखाव तथा पुजारियों आदि के वेतन पर खर्च किया गया। ब्रिटिश शासन ने भारतीय प्रजा को जाति के बंधनों से भी मुक्त नहीं किया, बल्कि इन बंधनों को और मजबूत किया। जाति अदालतों को मान्यता दे कर उन्होंने ब्राह्मण शास्त्रों की जकड़ मजबूत की और इस प्रकार ब्राह्मणवाद को और सुदृढ़ बनाया। वारेन हेस्टिंग्ज पर बाद में जो मुकदमा चला, उसमें उस पर एक आरोप यह भी था कि उसने अपने विरोधियों को आतंकित करने के लिए जाति अदालतों का सहारा लिया। ब्रिटिश अदालतों में हिन्दू शास्त्रों के कानूनों को मान्यता दी गयी। दक्षिण के मंदिरों में, जहाँ आगम परंपरा के अनुसार जाति भेद वर्जित था, यह भेद अंग्रेजों और ब्राह्मणों की मिलीभगत के कारण पैदा हुआ। संक्षेप में ब्रिटिश शासन ने ब्राह्मणवाद को मजबूत करनेवाले निम्नलिखित काम किये—

1. अंग्रेजों ने ब्राह्मणों को सत्ता, लाभ और विश्वास के उच्चतम पदों पर नियुक्त किया।

2. उन्होंने मंदिरों की व्यवस्था को मजबूत किया, जो ब्राह्मणों की शक्ति का प्रमुख स्रोत था।

3. जाति अदालतों के माध्यम से हिन्दुओं को आतंकित बनाये रखा।

4. मनुस्मृति तथा अन्य धर्मशास्त्रों को, जिनमें बहुत कुछ गलत और प्रक्षेपित था, कानून का दर्जा दिया गया।

5. मंदिरों का रख-रखाव और प्रबंध न्यासी बोर्डों को सौंपा गया, जिससे ब्राह्मणों की शक्ति बढ़ी और निम्न जातियों के अधिकारों का क्षय हुआ।

6. हिन्दू शास्त्रों के कानून सभी गैर-ईसाइयों और गैर-मुसलमानों पर लागू किये गये। आदिवासी, दलित, सिख, जैन, ब्रह्मो, आर्यसमाजी सबको हिन्दू

कोष्ठक में रखा गया, हालाँकि उनकी परंपराएँ, प्रचलन और सामाजिक नियम-कायदे कभी सनातनी परंपरा के हिन्दू कानून के अंतर्गत नहीं आते थे। इस प्रकार ब्रिटिश शासन ने ब्राह्मणवाद का नियंत्रण सारे वर्गों पर लाद दिया। इससे तमाम समाज-सुधारकों के किये-कराये पर पानी फिर गया। उन्होंने सामाजिक बुराइयों से लड़ने की नीति से बच कर भी भारत को ब्राह्मणवाद के अँधेरे कुएँ में धकेला। अंत में उन्होंने स्वाधीन भारत के सपने को पंडितों और पुरोहितों के वर्ग को सौंप दिया।

स्वाधीन भारत का इतिहास बताता है कि स्वामी धर्मतीर्थ की ये टिप्पणियाँ कितनी कटु, किंतु कितनी सच थीं। कांग्रेस ने इस ब्राह्मणवादी समाज व्यवस्था को बनाये रखने का भरसक प्रयास किया और जब वह कमजोर होती दिखी तो संघ परिवार ने इस दायित्व को सँभाल लिया जो शुरू से ही अपने को इस व्यवस्था का सबसे बड़ा दावेदार मानता रहा था।

ब्रिटिश क्षेत्र की तरह हिन्दू राजाओं और मुस्लिम नवाबों के क्षेत्र में भी ब्राह्मणवाद का वर्चस्व बना रहा, क्योंकि रजवाड़ों का काम-काज ब्रिटिश निर्देशन में ही चलता था। हिन्दू रजवाड़ों में स्थिति और भी खराब हुई। कई हिन्दू रजवाड़ों में राज्य को किसी देवता की सम्पत्ति और राजाओं को सम्पत्ति का न्यासी मानने की प्रथा थी, जिसके कारण वहाँ पंडित-पुरोहितों का वर्चस्व स्थापित हो जाता था। तिरुवनंतपुरम राज्य के संस्थापक मार्तंड वर्मा ने भी शिवाजी की तरह अपना राज्य देवता को (दूसरे शब्दों में, ब्राह्मणों को) समर्पित कर दिया था। कहा जाता है कि मंदिर के उत्सवों और ब्राह्मणों की तुष्टि पर मार्तंड वर्मा का सारा कोष खत्म हो गया तथा उन्हें मंदिर से 50 प्रतिशत ब्याज पर ऋण लेना पड़ा था। इस राज्य में छोटी जातियों की स्त्रियों को कमर से ऊपर कपड़ा पहनने की अनुमति नहीं थी और जब ईसाइयों के प्रभाव से उन्होंने कपड़े पहनने शुरू किये तो बावेला मच गया और मामला मद्रास के गवर्नर चार्ल्स ट्रैवेलियन तक गया। इस नियम के कारण छोटी जातियों के लोग लाखों की तादाद में ईसाई बने। 1901 और 1931 के बीच वहाँ ईसाइयों की जनसंख्या 6 लाख से 17 लाख हो गयी।

इस पर 'राइट ऑफ टेम्पल एंट्री' के लेखक पी. चिदम्बरम पिल्लै ने लिखा 'ट्रावंकोर में थिय्या हिन्दू को स्वतंत्र नागरिक का उतना अधिकार भी प्राप्त नहीं है जितना सबसे नीचे के हिन्दू को हैदराबाद के मुस्लिम राज्य या ब्रिटिश राज्य के क्षेत्र में मिला है। ट्रावंकोर के हिन्दू राज्य में हिन्दू होना शूद्रों के लिए विशेषाधिकार नहीं, एक बाधा है, अभिशाप है, अपमान है।'

इन स्थितियों के मद्देनजर लेखक कहता है—'हिन्दुओं के सामाजिक, धार्मिक और राजनीतिक जीवन की स्थितियाँ वैसी ही हैं जैसे मनु के समय थीं। अर्थात् जनता कुछ नहीं है, राजा नगण्य है और पुरोहित सर्वेसर्वा है। स्वराज के अन्तर्गत

हिन्दू राज की पुनःस्थापना का सबसे बड़ा खतरा भारत के सामने होगा।'

हिन्दू संस्कृति के वर्तमान रूप पर विचार करते हुए (यह रूप आज भी ज्यों का त्यों है) लेखक कहता है कि इसके लिए लिखित प्रमाणों और साक्ष्यों में जाने की जरूरत नहीं; जो इस समय व्यवहार में है, उसे देखना चाहिए। हिन्दू मानसिकता को नियंत्रित करनेवाली तीन प्रमुख संस्थाएँ हैं : (1) जाति प्रणाली, (2) मंदिर प्रणाली और (3) मठ प्रणाली।

जाति हिन्दू समाज की सबसे बड़ी पहचान और उसका अभिशाप है। पैदा होते ही बच्चे को एक जाति मिल जाती है, जिससे वह किसी के नीचे और किसी के ऊपर होने का हीनता बोध और दंभ प्राप्त कर लेता है और जिससे वह मृत्यु पर्यंत मुक्त नहीं होता। यही उसका अभिशाप रूप है। इसके अलावा हिन्दू होने का मतलब है किसी जाति का होना। यदि कोई किसी जाति का नहीं है, तो वह हिन्दू भी नहीं है। इसीलिए हिन्दू संस्कृति के झंडाबरदार जाति व्यवस्था की समाप्ति की कामना नहीं कर सकते। वे जाति उन्मूलन की सिर्फ बातें कर सकते हैं जो पाखंड मात्र होती हैं। वे विश्व बन्धुत्व, मानव एकता आदि आदर्शों की लम्बी-चौड़ी बातें कर सकते हैं, किन्तु जैसे ही उन्हें जाति संस्था के टूटने का खतरा दिखाई देता है, वे हर छल-बल से इसकी रक्षा के लिए जुट जाते हैं, भले ही इन्हें कोई भी पाप करना पड़े। वैसे झूठ, अंधविश्वास और हिंसा उनके प्रमुख हथियार हैं। वे देश और समाज तथा मानवता के साथ विश्वासघात भी कर सकते हैं। जाति व्यवस्था के बने रहने का मतलब है ब्राह्मण वर्चस्व का बने रहना, इसलिए जाति व्यवस्था ब्राह्मणवादी व्यवस्था का ही दूसरा नाम है। क्षत्रिय और वैश्य जातियों को इस व्यवस्था में राजशक्ति तथा धन शक्ति पर अधिकार मिल जाता है–इस शर्त के साथ कि वे अपनी शक्ति का इस्तेमाल ब्राह्मणों के हित में करेंगे। अतः वे ब्राह्मणों के आगे नतमस्तक रहते हुए भी इस व्यवस्था का सुख भोगते हैं। किन्तु शेष जातियों को, जिन्हें शूद्र और अतिशूद्र कहा गया, इस व्यवस्था में केवल अपमान और तिरस्कार मिलता है। अतः यह घोर मानव विरोधी व्यवस्था है।

मंदिर प्रणाली इस व्यवस्था का आर्थिक आधार है। इस प्रणाली के चलते पंडे-पुजारियों और पुरोहितों की विशाल जनसंख्या बिना मेहनत किये पलती है और साथ ही भिखारियों की सेना भी। मंदिरों में भक्तों की भीड़ का ताँता बनाये रखने के लिए तरह-तरह के तिकड़म किये जाते हैं। देवी-देवताओं की शक्ति और चमत्कारों को सुनियोजित ढंग से प्रचारित किया जाता है। कथा-महात्म्य, भजन कीर्तन, लंगर, कड़ाह-प्रसाद की व्यवस्था के अलावा देवदासी जैसी प्रथाओं के माध्यम से लोक मनोरंजन तथा विशिष्ट जनों के लिए ऐयाशी का सामान भी जुटाया जाता है। साहित्य और कलाओं को भी मंदिरों की व्यवस्था पुष्ट करने के काम में लगाया गया है। भक्ति काल में यह काम सबसे अधिक हुआ। मंदिरों के भक्तों

की भीड़ बनाये रखने के लिए क्या-क्या किया जा सकता है, इसका कुछ संकेत चाणक्य ने अपने अर्थशास्त्र में दिया है। जैसे किसी जगह पर चुपके से भगवान की मूर्ति स्थापित करना और यह प्रचारित करना कि भगवान प्रकट हुए, किसी स्थान पर भूत-प्रेत के प्रकट होने की कहानी प्रचारित करना और उस बाधा के निवारण के लिए मंदिरों में अनुष्ठान करना, जासूसों से किसी गुफा या मंदिर के अँधेरे कोने या साँप की बाँबी में नकली सहस्रफण नाग आदि स्थापित कराना और उसे देखनेवालों से शुक्ल वसूल करना, अभिमंत्रित जल के चमत्कार के रोग-निवारण आदि का नाटक करना और किसी अनिष्ट घटना की भविष्यवाणी प्रचारित कर उसके लिए किये जानेवाले धार्मिक अनुष्ठानों के नाम पर धन एकत्रित करना आदि-आदि। यह मंदिर प्रणाली इस व्यवस्था के लिए इतनी लाभदायक सिद्ध हुई है कि दूर-दूर के गाँवों में जहाँ पोस्ट ऑफिस या स्कूल भी नहीं हैं, मंदिर जरूर मिल जायेगा। इन मंदिरों के पुजारी लोगों में अंधविश्वास भरने और उन्हें इस व्यवस्था के प्रति निष्ठावान बनाये रखने का काम करते हैं।

मठों और अखाड़ों की प्रणाली ब्राह्मणवादी व्यवस्था की धार्मिक शक्ति का केन्द्र है। किन्तु जब राजा कमजोर होता है, तो ये मठ और अखाड़े राज-शक्ति का भी प्रयोग करने लगते हैं, अतः इनमें बाहुबल आवश्यक होता है। मठाधीश संन्यासी होते हुए भी राजसी ठाठबाट से रहते हैं और उनकी विशाल सम्पत्ति होती है। वैसे इन मठों का प्रमुख काम है ऐसी धार्मिक व्यवस्थाएँ देना, जो ब्राह्मणवादी व्यवस्था को मजबूत बनाये। इसके लिए प्राचीन ग्रंथों को तोड़-मरोड़ कर सरल रास्ता अपनाया जाता है। यह प्रणाली भी लाखों-करोड़ों की संख्या में निठल्ले लोगों की भीड़ पालती है। किसी समय यह प्रणाली समानांतर राज्य-व्यवस्था के रूप में काम करती थी और साधुओं ने संगठित सेना के रूप में काम किया था। विदेशी सत्ता के खिलाफ संन्यासी विद्रोह प्रसिद्ध है। ऐसे ही एक विद्रोह को ले कर बंकिमचन्द्र ने 'आनंदमठ' लिखा था। इस प्रणाली का यह रूप आज भी हमें कुंभ आदि के अवसरों पर दिखाई देता है। तांत्रिक चमत्कारों से भोलीभाली जनता में भय और अंधविश्वास पैदा करने का काम भी यहाँ होता है।

स्वामी धर्मतीर्थ हिन्दू राष्ट्रवाद को इस ब्राह्मणवादी व्यवस्था से (जिसे वे ब्राह्मणवादी साम्राज्यवाद कहते हैं) पृथक करते हैं और भारतीय इतिहास की उदार, प्रगतिशील धारा को, जो समाज के उपेक्षित वर्गों के उत्थान की कामना करती है, जिसका ब्राह्मणवादी साम्राज्य की धारा से निरंतर टकराव चलता है, हिन्दू राष्ट्रवाद का नाम देते हैं। इस धारा के प्रतिनिधि हैं बौद्ध-जैन आंदोलन, संतों का भक्ति आंदोलन, आर्यसमाज, ब्रह्मसमाज आदि के समाज-सुधार आंदोलन आदि, जिनकी अंतिम कड़ी स्वामी नारायण गुरु का आंदोलन है। वे मुस्लिम काल और ब्रिटिश काल को भी ब्राह्मण साम्राज्यवाद को पुष्ट करनेवाला समय मानते हैं और

इस प्रकार विदेशी साम्राज्यवाद तथा आंतरिक ब्राह्मणवादी साम्राज्यवाद के बीच मिलीभगत देखते हैं।

राष्ट्रीय आंदोलन को वे हिन्दू राष्ट्रवाद अर्थात नवजागरण के आंदोलन से निकला बताते हैं, किन्तु वे यह भी बताते हैं कि राष्ट्रीय आंदोलन में ब्राह्मणवादी साम्राज्यवाद की शक्तियाँ निरन्तर सक्रिय रहीं और उन्होंने राष्ट्रीय आंदोलन को गलत मोड़ दिया। उदाहरण के लिए महादेव गोविन्द रानाडे का निम्नलिखित उद्धरण राष्ट्रीय आंदोलन की सही भावना व्यक्त करता है–'जो आज़ादी हमें चाहिए, वह जीवन के किसी एक क्षेत्र की आजादी नहीं है, बल्कि इसमें जीवन के सभी क्षेत्रों का समावेश है। कमजोर राजनीतिक अधिकारों से अच्छी समाज व्यवस्था नहीं बर सकती। इसी तरह यदि सामाजिक व्यवस्था न्यायपूर्ण नहीं होगी तो राजनीतिक अधिकारों से भी विशेष फायदा नहीं होगा। यदि धर्म के आदर्श निम्न कोटि के होंगे तो सामाजिक, आर्थिक, राजनीतिक क्षेत्रों में भी सफलता नहीं मिलेगी। यह परस्पर निर्भरता सांयोगिक नहीं, प्राकृतिक है।'

राजनीतिक बदलाव के साथ-साथ सामाजिक बदलाव भी आवश्यक है, यह था हमारे राष्ट्रीय आंदोलन का स्वर। किन्तु इस स्वर की ब्राह्मणवादी शक्तियों के प्रबल हो जाने के कारण उपेक्षा हुई। ब्राह्मणवादी और राष्ट्रीय शक्तियों का यह द्वन्द्व गरम दल और नरम दल के संघर्ष के रूप में प्रकट हुआ। आगे चल कर गांधी जी ने गोखले, रानाडे आदि द्वारा बताये गये स्वर को अपनाया, किन्तु उनके अधिकतर अनुयायी ऐसा नहीं कर सके। ब्राह्मणवादी शक्तियाँ हिन्दू महासभा, राष्ट्रीय स्वयंसेवक संघ, वर्णाश्रम, स्वराज संघ आदि मंचों पर संगठित हुईं। (वर्तमान संघ परिवार की संस्थाएँ और उनका राजनीतिक मंच भारतीय जनता पार्टी इसी ब्राह्मणवादी साम्राज्य की वाहक हैं)। राष्ट्रीय आंदोलन के संबंध में लेखक के निष्कर्ष इस प्रकार हैं–

1. सर आर जी. भंडारकर ने इन शक्तियों के बारे में लिखा है–'हम तीन तानाशाहियों को झेल रहे हैं। राजनीतिक तानाशाही, पुरोहिती तानाशाही और सामाजिक तानाशाही अर्थात जाति की तानाशही।' अन्तिम दो तानाशाहियाँ वस्तुतः एक ही हैं। धर्म सुधारकों ने भी स्थापित मूल्यों से टकराव से बचने की कोशिश की। राष्ट्रीय आंदोलन के दौरान भी हमने पुरोहिती और सामाजिक तानाशाही से मुक्त होने की इच्छा नहीं जतायी। कांग्रेस ने राजनीति को सामाजिक मामलों से काट कर यही दिखाया कि अधिकांश धर्म-सुधारकों की तरह वह भी शक्तिशाली निहित स्वार्थों को नाराज करने से कतराती है। इसके परिणाम अच्छे नहीं हुए।

2. कांग्रेस क्षत्रियों, राजपूतों और मराठों की नयी नस्ल सिद्ध हुई, जिन्होंने ब्राह्मणवादी शक्तियों के आगे समर्पण किया था। जिस तरह सामाजिक और धार्मिक मामलों में अहस्तक्षेप की ब्रिटिश नीति से ब्राह्मणवादी व्यवस्था की सारी बुराइयों

को शक्ति तथा स्थायित्व मिला, उसी तरह कांग्रेस से भी इसे नया जीवन मिला। अब राष्ट्र-विरोधी, शोषक और साम्राज्यवादी हिन्दू संस्थाएँ हिन्दू समाज और धर्म की प्रतिनिधि संस्थाएँ बन गयी हैं। इस प्रकार कांग्रेस ने सभी समाज सुधारकों के कामों पर पानी फेर कर रूढ़िवादी हिन्दू पार्टी के लिए मैदान खुला छोड़ दिया है...यदि हमने इस स्थिति में सुधार नहीं किया, तो आजादी एक बड़े शोषणकारी विजेता के द्वार खोल देगी अथवा राज-सत्ता जनता के हाथ में जाने के बजाय आंतरिक साम्राज्यवाद की शक्तियों के हाथ में चली जायेगी।

3. हमारी आजादी की क्षमता की कसौटी होगी कि हम पुरोहिती गुलामी के जुए को कहाँ तक झटक पाते हैं। दुनिया के सभी देशों में यह हुआ है और हमारा देश भी इसका अपवाद नहीं होगा।

4. यदि हम राष्ट्रीय एकता चाहते हैं तो हम राजनीतिक और धार्मिक दो अलग-अलग सत्ताओं को सहन नहीं करेंगे। कोई भी जनता एक साथ दो सत्ताओं के अधीन नहीं रह सकती। यदि बहुसंख्यक हिन्दू जनता की सामाजिक-धार्मिक गुलामी बनी रहती है, तो भारत सही मायनों में आजाद नहीं होगा।

अंत में लेखक इस निष्कर्ष पर पहुँचता है कि प्रच्छन्न रूप में ब्राह्मणी साम्राज्यवाद का पुनरुत्थान ऐसा खतरा है, जिसे नजरअंदाज नहीं किया जा सकता। 'मद्रास मेल' में 22 मई 1940 को छपे स्वराज संघ के अध्यक्ष के बयान में कहा गया कि जाति व्यवस्था के बिना स्वराज आत्मा के बिना शरीर की तरह है। वे उन हजारों हिन्दू नेताओं में एक हैं, जो जाति को हिन्दू धर्म की अनिवार्य विशेषता मानते हैं। डॉ. राधाकृष्णन भी जाति को वर्णों के रूप में श्रम विभाजन कह कर महिमा मंडित करते हैं और कहते हैं कि यह विभिन्न नस्लों और संस्कृतियों के सम्पूर्ण समन्वय का उदाहरण है, जो हिन्दू मन की विशिष्टता है। लेखक का मानना है कि जो हिन्दू साम्राज्यवादी जाति को हिन्दू धर्म का अभिन्न अंग मानते हैं, वे अपने हिन्दू भाइयों के खिलाफ गैर-हिन्दुओं अथवा विदेशी ताकतों से मिल कर विशाल हिन्दू जनता पर जाति की गुलामी लाद सकते हैं। जाति व्यवस्था के रहते हुए आजादी एक मजाक सिद्ध होगी। जाति की गुलामी किसी भी अन्य प्रकार की गुलामी से अधिक भयानक और असहनीय है। अतः इस बात पर कोई समझौता नहीं हो सकता। हिन्दुओं को यह फैसला कर लेना चाहिए कि उन्हें स्वराज चाहिए या स्वराज के नाम पर पुनः स्थापित होनेवाला जाति-राज। उनके अपने नेताओं और पुरोहितों ने उन्हें बार-बार धोखा दिया है। जिन्होंने उनके साथ विश्वासघात किया, वे अब भी सत्ता में हैं। उन्होंने हृदय-परिवर्तन का कोई सबूत नहीं दिया है।

स्वामी धर्मतीर्थ की यह पुस्तक ब्राह्मणवादी शोषण और जाति प्रथा की गुलामी का ऐसा ऐतिहासिक दस्तावेज है, जिसका परिप्रेक्ष्य डॉ. भीमराव आम्बेडकर

की रचनाओं ('जातिप्रथा का विनाश' और 'शूद्र कौन हैं ?') और ज्योतिबा फुले की रचनाओं से भी अधिक व्यापक है। हैरानी की बात है कि इस पुस्तक में आम्बेडकर और फुले दोनों का जिक्र नहीं है और न ही नायकर का, जबकि लगभग पाँच हजार साल के इतिहास की सभी प्रमुख धाराओं और आंदोलनों को पुस्तक में समेटा गया है। संभवतः लेखक को इनके विचारों के सम्पर्क में आने का मौका नहीं मिला। पुस्तक में जिसे ब्राह्मणवादी शोषण और ब्राह्मणी साम्राज्यवाद कहा गया, उसके लिए आजकल प्रयुक्त शब्द मनुवाद बहुत अधूरा और कोमल लगता है। इस शोषण की मार मनुस्मृति के शोषण तथा अन्याय से कई गुना अधिक है। इसमें कांग्रेस और हिन्दूवादी संस्थाओं को ब्राह्मणीवादी माना गया है। कांग्रेस को इसलिए कि उसने जाति, मंदिर और मठ के शक्ति-केन्द्रों से काम करनेवाले ब्राह्मणी साम्राज्यवाद से टकराने में कभी हिम्मत नहीं दिखायी। हिन्दूवादी संस्थाओं का पुस्तक में जो विश्लेषण किया गया है, वह भारतीय जनता पार्टी और संघ परिवार पर पूरी तरह घटता है। पुस्तक की भविष्यवाणी के अनुसार संघ परिवार के वर्चस्व के रूप में ब्राह्मणी साम्राज्यवाद का खतरा भारतीय राष्ट्रवाद तथा आजादी के लिए उपस्थित हो गया है। मंदिरों और मठों साधु-संतों के शक्ति केन्द्रों का संघ परिवार द्वारा इस्तेमाल ठीक वैसे ही हो रहा है जैसे इतिहास में होता रहा। यहाँ तक कि मूर्तियों के दुग्ध-पान की अफवाह को भी चाणक्य के अर्थशास्त्र से प्रेरित देखा जा सकता है। अपनी सत्ता के लिए ब्राह्मणवादी शक्तियाँ झूठ, अंधविश्वास-प्रचार और हिंसा का उपयोग करती रही हैं और विदेशी शक्तियों से भी हाथ मिलाती रही हैं। संघ परिवार में भी यह प्रवृत्ति स्पष्ट है। प्रचार साधनों पर इन शक्तियों ने कब्जा कर लिया है और वे इन साधनों का भरपूर इस्तेमाल लोगों की अंध आस्थाओं तथा अंधविश्वासों को जगाने और तार्किक बहस पर पाबंदी लगाने के लिए कर रही हैं। हिन्दी पत्रकारिता तो लगभग पूरी तरह इन शक्तियों के चंगुल में आ चुकी है और वहाँ इन शक्तियों पर अँगुली उठानेवाली किसी चीज का छपना असंभव-सा हो गया है। अँग्रेजी पत्रकारिता पर भी अधिकतर इसी मानसिकता के लोग छाये हुए हैं। फिल्म, दूरदर्शन, उपग्रह संचार-प्रणाली, वीडियो कैसेट सभी का इस्तेमाल लोगों को सेक्स, हिंसा और अंधविश्वास की काल्पनिक दुनिया में गर्क रखने के लिए किया जा रहा है, ताकि जनता नित्य-प्रति हो रहे अपने शोषण से बेखबर रहे और मंदिरों-मठों का व्यापार फूलता-फलता रहे।

इस समय जो शक्तियाँ इन ब्राह्मणवादी शक्तियों के खिलाफ संघर्ष चलाना चाहती हैं, उन्हें इस पुस्तक से कुछ सबक सीखने होंगे। उदाहरण के लिए जाति प्रथा के खिलाफ कोई भी संघर्ष अधूरा रहेगा, जब तक मंदिरों और मठों के शक्ति केन्द्रों के खिलाफ भी संघर्ष नहीं चलाया जाता। ब्राह्मणवादी शक्तियों की पहचान भी हमें ठीक से करनी होगी। सभी उच्चवर्गीय ब्राह्मणवादी शक्तियों में शामिल नहीं

हैं और न सभी निम्नवर्गीय ब्राह्मणवादी मानसिकता से मुक्त हैं। असंख्य उच्चवर्णियों ने इन शक्तियों के खिलाफ संघर्ष चलाया है, जान की जोखिम उठा कर भी। कइयों ने तो अपने प्राणों का बलिदान भी किया है। राजा राममोहन राय, ईश्वरचन्द्र विद्यासागर, देवेन्द्रनाथ ठाकुर, केशवचन्द्र सेन, स्वामी दयानन्द, गोपाल कृष्ण गोखले, महादेव गोविन्द रानाडे, जी. जी. आगरकर, महर्षि कर्वे, भंडारकर, पंडिता रामाबाई, एन. जी. चंदावरकर, सी. शंकरन नायर, महात्मा गांधी, राममनोहर लोहिया आदि अनेक महापुरुष, जिन्होंने इस व्यवस्था के खिलाफ, कड़ा संघर्ष किया, उच्चवर्णीय ही थे। ब्राह्मणवादी व्यवस्था के विरुद्ध आंदोलन के लिए ये महापुरुष भी हमारे लिए उतने ही बड़े प्रकाश-पुंज हैं, जितने महात्मा फुले, डॉ. आम्बेडकर, पेरियार, स्वामी नारायण गुरु आदि। इसके अलावा हमें जाति प्रथा का शाब्दिक विरोध प्रकट करनेवालों के पाखंड से सावधान रहना होगा। डॉ. लोहिया ने ऐसे अनेक ढोंगियों का पर्दाफाश अपनी पुस्तक 'जाति प्रथा' में किया है। डॉ. आम्बेडकर, महात्मा फुले और पेरियार रामस्वामी नायकर की रचनाएँ भी इस ढोंग को पकड़ने में सहायक हो सकती हैं। साथ ही हमें इन ढोंगियों के जातिवाद और जातिवाद के टूटने की प्रक्रिया में उभर रही जातीय आकांक्षाओं में भेद करना सीखना चाहिए। बड़ी बात यह है कि ब्राह्मणवादी व्यवस्था का विरोध करनेवाली सभी ताकतों का राजनीतिक रूप से एकजुट होना बहुत जरूरी है, वरना ब्राह्मणी साम्राज्यवाद की पुनःस्थापना की जो भविष्यवाणी चर्चित पुस्तक में की गयी है, वह सच हो जायेगी।

मार्क्सवादी भाजपा को केवल सांप्रदायिक शक्ति मानते हैं। यह आकलन अधूरा है। सांप्रदायिक शक्ति के अलावा वह ब्राह्मणवादी पार्टी भी है और ब्राह्मणवाद कम भयानक नहीं है। यह आंतरिक साम्राज्यवाद है, जो अपने ही देशवासियों का भयानक शोषण करता है और देश के भीतर ही उपनिवेश स्थापित करता है। इस आंतरिक साम्राज्य की कल्पना मार्क्स, ऐंगल्स या लेनिन ने नहीं की, इससे इसका अस्तित्व असिद्ध नहीं हो जाता (जैसा कि कुछ मार्क्सवादी तर्क देते हैं)। यह इतिहास की और सभी समाजों की सचाई है। भारतीय समाज की तो यह ज्वलंत सचाई है। भाजपा को केवल सांप्रदायिक शक्ति बनने का अर्थ यह है कि इसमें केवल एक बुराई है—अल्पसंख्यकों के द्वेष और यदि यह खत्म हो जाता है तो भाजपा हानि-रहित हो जायेगी। इतिहास दिखाता है कि गैर-हिन्दुओं से द्वेष ब्राह्मणवाद का स्थायी भाव नहीं है। गैर-हिन्दुओं से ही नहीं, विदेशी शक्तियों से भी उसके मधुर संबंध रहे हैं। अपने आंतरिक शोषण को जारी रखने के लिए वह शैतान से भी हाथ मिलाता रहा है। लेकिन भाजपा और संघ परिवार को ब्राह्मणवादी शक्ति कहने का साहस मार्क्सवादी कभी जुटा नहीं पायेंगे, क्योंकि उनका नेतृत्व उच्च जातियों का रहा है। स्वामी दयानन्द ने ब्राह्मणवाद को पोप लीला कहा था और इस शब्द से ब्राह्मणवादी तिलमिला उठे थे। ईसाई दुनिया पर पोप ने जिस

तरह अपना अलग साम्राज्य स्थापित कर लिया था, उसी तरह इस देश में ब्राह्मण साम्राज्य बना और जिस तरह यूरोप में पोप के आंतरिक साम्राज्य के टूटने पर ही लोकतंत्र का विकास हुआ, उसी तरह ब्राह्मणवाद के आंतरिक साम्राज्यवाद को तोड़े बिना भारत में लोकतंत्र का विकास नहीं होगा। किन्तु मार्क्सवादी 'ब्राह्मणवाद' शब्द का प्रयोग करने से डरते हैं। कई और पढ़े-लिखे लोगों को भी इस शब्द के प्रयोग में ईश-निंदा दीखेगी, क्योंकि ब्राह्मण को देवता मानने के संस्कार हमारे अवचेतन में मौजूद हैं। वर्तमान आम्बेडकरवादी भी इस शब्द के प्रयोग से बच कर मनुवाद शब्द का प्रयोग करते हैं। किसी भी परिघटना को नाम देने का उद्देश्य होता है उसके सही चरित्र का अनावरण करना और भाजपा-संघ परिवार का चरित्र मनुबाद, संप्रदायवाद आदि शब्दों से प्रकट नहीं होता। ब्राह्मणवाद ही उसे निरावरण कर सकता है और इसीलिए इस शब्द से उन सभी लोगों को बहुत चिढ़ होगी, जो प्रत्यक्ष या अप्रत्यक्ष रूप से ब्राह्मणवादी हैं।

दलित आंदोलन से जुड़े लोगों को भी स्वामी धर्मतीर्थ की पुस्तक से कुछ सबक मिल सकते हैं। डॉ. आम्बेडकर के आंदोलन की बड़ी कमी थी कि उसमें व्यक्तिगत जलन का तत्त्व बहुत ज्यादा है। अपनी रचनाओं में आम्बेडकर कुछ व्यक्तियों को सामने रख कर तर्क करते थे, जैसे गांधी, नेहरू, मालवीय, बिड़ला, राजेन्द्र प्रसाद आदि। वे व्यवस्था से नहीं, व्यक्तियों से उलझते दिखाई देते हैं, इसीलिए उनमें व्यक्तिगत क्रोध अधिक मुखरित हुआ। इसने उनके आंदोलन के प्रभाव को व्यापक नहीं बनने दिया। आम्बेडकर के जीवन काल में उनका प्रभाव महाराष्ट्र तक सीमित रहा। दलित आंदोलन के नेता अब भी व्यक्तिगत जलन को अपना प्रमुख हथियार मान कर चल रहे हैं, जबकि जरूरत इस बात की है कि क्रोध शोषणकारी व्यवस्था के प्रति हो। स्वामी धर्मतीर्थ की पुस्तक यह रास्ता दिखाती है।

संघर्ष का फोकस व्यवस्था से हट कर व्यक्तियों या कुछ जातियों पर आ जाने के परिणामस्वरूप यह धारणा बन गयी कि यदि कुछ व्यक्तियों की स्थिति अच्छी हो जायेगी या कुछ जातियों के हाथ में राज-सत्ता आ जायेगी, तो सारी समस्या हल हो जायेगी, भले ही ये व्यक्ति और जातियाँ उसी मानसिकता का शिकार हो जायें जिससे उनका संघर्ष चल रहा है। इस प्रक्रिया से, जिसे समाजशास्त्री संस्कृतीकरण की प्रक्रिया कहते हैं, ब्राह्मणवादी व्यवस्था के खिलाफ सारा संघर्ष प्रताड़ित होता रहा है। इस व्यवस्था के खिलाफ लड़ाई ही भारत की परिवर्तनवादी शक्तियों की सबसे बड़ी लड़ाई है।

ब्राह्मणवाद के खिलाफ एकमात्र सम्पूर्ण आंदोलन स्वामी दयानन्द का आंदोलन था, जिन्होंने जाति, मंदिर और मठ तीनों पर हमला किया। जाति को वेद-विरुद्ध घोषित कर उन्होंने उसका वैचारिक आधार तोड़ दिया। मूर्ति पूजा का

विरोध कर मंदिरों की प्रणाली की नींव को ध्वस्त किया और हरिद्वार के कुंभ मेले में पाखंड खंडिनी पताका लहरा कर साधु-संन्यासियों को पालनेवाली मठ प्रणाली को चुनौती दी। कोई आश्चर्य नहीं कि सभी भारतीय भाषाओं का 1860-1920 तक का साहित्य इस आंदोलन से प्रभावित हुआ। किन्तु इस आंदोलन को भी ब्राह्मणवाद निगल गया। ठीक वैसे ही जैसे उसने बुद्ध के आंदोलन को निगला था। स्वामी दयानन्द आर्य समाज की स्थापना के विरुद्ध थे, किन्तु जब उनके जीवित रहते ही आर्य समाज बन गया तो इस आंदोलन के विनाश के बीज भी पड़ गये। आगे चल कर आर्य समाज भी मठ बन गया और वहाँ दयानन्द की मूर्ति पूजा होने लगी। फिर लाला, महाशय तबके ने इस आंदोलन पर कब्जा कर इसे ब्राह्मणवादी शक्तियों को सौंप दिया।

हिन्दुत्व : परिभाषित और अपरिभाषित

धर्मवीर

जैसा 'हिन्दू' शब्द है, इसे इसी रूप में पकड़ा जाना चाहिए। यदि यह परिभाषित शब्द है तो इसे इसके परिभाषित रूप में पकड़ा जाना चाहिए और यदि यह कोई अपरिभाषित शब्द है तो इसे इसके उस रूप में भी पकड़ा जाना चाहिए। वास्तव में भारत के इतिहास में अब तक यह शब्द इतना धुन लिया गया है कि विद्वानों की पकड़ से बाहर नहीं जा सकता।

मध्य काल में हिन्दू चरित्र को कबीर ने पकड़ा था। उन्होंने इसके लिए अपनी साखियों में एक विशेष नाम 'कथनी करनी को अंग' दिया था। उन्होंने 'हिन्दू' शब्द की लगाम के रूप में एक कसौटी रखी थी कि जो कहा जाये वही किया जाये। उन्होंने हिन्दू को इसी रूप में पकड़ा था, लेकिन पाश्चात्य विद्वानों ने इस 'हिन्दू' शब्द को 'हिप्पोक्रेसी' के नाम से पकड़ा था। इस बीसवीं शताब्दी में डॉ. आम्बेडकर ने हिन्दुओं के इस चरित्र को अंग्रेजी में 'रिडल' के रूप में पकड़ा था। यहाँ 'रिडल' का मतलब पहेली से ही है।

पूछा जा सकता है कि हिन्दू का ऐसा चरित्र क्यों बना है ? इसे लोग कथनी और करनी में अन्तर करनेवाला, हिप्पोक्रेट या पहेली भरा क्यों कहते हैं ? बताया जाता है कि फारसी भाषा में भी इस शब्द का ऐसा ही मिलता-जुलता अर्थ किया गया है।

ऐसा नहीं कि खुद हिन्दुओं के दर्शन में इस बात की ऊहापोह न की गई हो। बाकायदा शंकराचार्य ने इस समस्या पर अपने वेदान्त दर्शन में विशद चर्चा की है और इसे 'अनिर्वचनीय' नाम दिया है। उन्होंने अपने दर्शन में 'ब्रह्म, और 'माया' का अन्तर खड़ा किया है, लेकिन उन दोनों के संबंध को अनिर्वचनीय कहा है। इसके लिए उन्होंने पारमार्थिक और व्यावहारिक सत्ता के भेद की नयी शब्दावली खड़ी की है। उनके अनुसार पारमार्थिक सत्ता में छूत और अछूत में अभेद है, लेकिन व्यावहारिक सत्ता में छूत अलग है और अछूत अलग है। यदि पूछा जाये कि

पारमार्थिक सत्ता और व्यावहारिक सत्ता में पारस्परिक संबंध कैसा है, तो उत्तर वही 'अनिर्वचनीयता' का है।

प्रश्न उठता है कि हिन्दू जो कहता है, वह वही करता क्यों नहीं है ? इसे हिप्पोक्रेट, पहेलीनुमा, झूठा और अनिर्वचनीय के रूप में गूँगा बनने की जरूरत क्यों पड़ती है ? इसका पहला उत्तर प्राचीन बौद्धों से इसकी लड़ाई में खोजा जा सकता है। बौद्धों ने मानव चिन्तन का सैद्धान्तिक स्तर इतना ऊँचा उठा दिया था कि अब ब्राह्मण यह नहीं कह सकता था कि सारे मनुष्य आपस में समान नहीं हैं। अपनी चलती में पहले ब्राह्मण यही कहता था कि ब्राह्मण अलग है और चांडाल अलग है। लेकिन समाज में बौद्ध चिन्तन के प्रभाव के कारण और उसे पराभूत करने की रणनीति में ब्राह्मण ने वेदान्त का नया दर्शन खड़ा किया था। वास्तव में, इस रूप में उसने धर्म और दर्शन के क्षेत्र में डिप्लोमेसी खेली थी। समय के बदलाव के कारण अब वह इतना कमजोर हो गया था कि जो कर रहा था वही वह कह नहीं सकता था। इसलिए उसे अपने पुराने खूँखार शब्दों को छोड़ कर कूटनीति के शब्दों–'मुँह में राम, बगल में छुरी'–की कहावत को चरितार्थ करना पड़ गया। बौद्धों से पहले अछूतों के लिए उसके मुँह में भी आग थी और हाथ में भी नंगी छुरी थी।

दो

जब किसी शब्द के मनमाने अर्थ देने हों, तो उसका सबसे सरल उपाय यह है कि पहली बार में उसका कोई अर्थ न माना जाये। यदि कोई शब्द ज्यादा तंग कर रहा हो तो विद्वानों के उस झुंड में खड़ा हो लिया जाये जहाँ शब्द की परिभाषा बनने नहीं दी जाती है। हिन्दू विद्वानों और न्यायाधीशों की ओर से ऐसा काम शब्द 'हिन्दुत्व' को ले कर दिया गया है। इस शब्द से हिन्दुओं को जितने लाभ मिलते होते हैं, वे सब हिन्दुओं द्वारा हथिया लिये जाते हैं। यह हिन्दुओं के जीवन का व्यावहारिक पक्ष है। लेकिन जब इस शब्द की वजह से उन्हें नुकसान होने की सम्भावना बनती है, तो इसके मनमाने अर्थ करने के लिए इसे अपरिभाषित छोड़ दिया जाता है। तब यह शब्द जंगल का भेड़िया बन जाता है। इसमें भारत की माननीय सुप्रीम कोर्ट के 11 दिसम्बर 1995 को दिये गये डॉ. आर. वाई. प्रभु बनाम श्री पी. के. कुन्डे वाले निर्णय को देखा जा सकता है। तीन न्यायाधीशों की खंडपीठ का यह निर्णय माननीय न्यायमूर्ति जे. एस. वर्मा महोदय ने लिखा है। इसमें उन्होंने लिखा है–'संविधान पीठ के ये विनिश्चय, एक विस्तृत चर्चा के बाद, यह बताते हैं कि 'हिन्दू', 'हिन्दुत्व' और 'हिन्दुइज्म' को निश्चित अर्थ नहीं दिये जा सकते; तथा न ही भारतीय संस्कृति और परंपरा के सन्दर्भ को अपवर्जित

करते हुए, अकेले धर्म की संकुचित सीमाओं में इसे कोई अमूर्त अर्थ दिया जा सकता है। इससे यह भी पता चलता है कि पद 'हिन्दुत्व' का अर्थ इस उपमहाद्वीप के लोगों की जीवन शैली से ज्यादा संबंधित है।'' (सुप्रीम कोर्ट : 1995 (7) स्केल : वोल्यूम 1 नम्बर 1 : पृष्ठ 22)।[1]

देखा जा सकता है कि इस उद्धरण में सुप्रीम कोर्ट ने दो बातें स्पस्ट रूप से कही हैं–

1. शब्द 'हिन्दू', 'हिन्दुत्व' और 'हिन्दुइज्म' को कोई निश्चित अर्थ नहीं दिया जा सकता।

2. 'हिन्दुत्व' का अर्थ भारत के लोगों की जीवन-शैली का है।

सुप्रीम कोर्ट ने ऊपर कही गयी अपनी दूसरी बात के लिए कोई सन्देह नहीं रहने दिया है जब उसने और भी स्पष्ट शब्दों में लिखा है–'आमतौर से हिन्दुत्व का मतलब एक जीवन शैली और एक मानसिक स्थिति से है तथा उसे धार्मिक हिन्दू रूढ़िवाद से समीकृत नहीं किया जाना है और न ही ऐसा समझ जाना है।' (मूल निर्णय की प्रति, पृष्ठ 43)।' लेकिन सुप्रीम कोर्ट के इस निर्णय में एक अन्य बात भी लिखी गयी है जो इस प्रकार है–'हिन्दू धर्म अद्‌भुत रूप से उदार और लचीला है। इसकी धर्म विद्या ग्रहणशीलता तथा सहिष्णुता की है' (सुप्रीम कोर्ट : 1993 (7) स्केल : वोल्यूम 1 नम्बर 1 : पृष्ठ 21) इसमें स्पष्ट शब्दों में घोषित किया गया है–'हिन्दू एक सहिष्णु धर्म है।' (वही) देखा जा सकता है कि इस निर्णय में अगली तीसरी बात यह कही गयी है कि–

3. हिन्दू धर्म एक उदार और सहिष्णु धर्म है।

आगे इन तीनों मुद्‌दों की तथा इनके अनुषंगी पहलुओं की एक साथ जाँच की जा सकती है।

पहली बात यह है कि सुप्रीम कोर्ट के इस निर्णय में संविधान से बाहर चिन्तन और दर्शन को आधार बनाया गया है। संविधान से बाहर के ये लेखक और पुस्तकें इस प्रकार हैं–

1. 'हिन्दुइज्म,' लेखक : मोनियर विलियम्स।
2. 'रिलिजियस थॉट एंड लाइफ इन इंडिया', लेखक : मोनियर विलियम्स।
3. 'द प्रेजेन्ट डे एक्सपेरिमेन्ट इन वेस्टर्न सिविलाइजेशन', लेखक : टायनबी।
4. 'द एनसाइक्लोपेडिया ब्रिटेनिका' (15वाँ संस्करण)
5. 'गीता रहस्य', लेखक : बी. जी. तिलक।
6. 'द हिन्दू व्यू ऑफ लाइफ, लेखक : डॉ. राधाकृष्णन।
7. 'इंडियन फिलासफी', वोल्यूम-I, लेखक : डॉ. राधाकृष्णन।

---

1. इस निर्णय का भारत सरकार का हिन्दी अनुवाद अभी उपलब्ध नहीं है।

8. 'इंडियन मुस्लिम्स–द नीड फॉर ए पॉजिटिव आउटलुक', लेखक : मौलाना वहीद्दीन खाँ(1994)

इन लेखकों के बारे में कहा जा सकता है कि मोनियर विलियम्स, टायनबी और एनसाइक्लोपेडिया ब्रिटेनिका के लेखक विदेशी हैं। वे इस देश में विदेश के विद्यार्थी हैं, जो इस देश के धर्मों को, दर्शनों को और समाजों को समझना चाह रहे हैं। आधुनिक युग के ये लेखक ऐसे ही हैं, जैसे पुराने जमाने में मेगस्थनीज, फाहियान या अलबेरूनी थे। इन लेखकों और विदेशी यात्रियों का महत्व इस दृष्टि से है कि जबकि इनके समकालीन भारतीय लेखक अपनी समाज व्यवस्था की क्रूरताओं को छुपाते हैं, ये उनके बारे में कुछ जानकारियाँ दे देते हैं। इसका मतलब यह नहीं है कि ये विदेशी लेखक भारतीयों के बारे में आधिकारिक रूप से सब कुछ जान गये हैं। वास्तव में भारत के हिन्दुओं के बारे में सब कुछ जाननेवाले लोग और ही हैं, जो इसी देश के हैं। उनके नाम इस लेख में आगे बताये जायेंगे।

इस निर्णय में संविधान से बाहर के दो हिन्दू लेखक डॉ. एस. राधाकृष्णन तथा बाल गंगाधर तिलक भी उद्धृत किये गये हैं। सीधी-सी बात है कि इन हिन्दू विद्वानों की ईमानदारी पर विश्वास नहीं किया जा सकता। मूल समस्या उनकी मानसिकता और परम्परा की है। एक न्यायाधीश के सामने ये दोनों हिन्दू लेखक हिन्दू धर्म के बचाव पक्ष के हैं और इससे ज्यादा कुछ नहीं। न्यायाधीश को यह भी देखना चाहिए कि यह बचाव पक्ष कमजोर भी हो सकता है।

सुप्रीम कोर्ट ने डॉ. एस. राधाकृष्णन को हिन्दू धर्म पर बोलने के लिए एक अधिकारिक विद्वान मान लिया है। माननीय सुप्रीम कोर्ट ने अपने निर्णय में लिखा है–'...हम अपने को मुख्यतः डॉ. राधाकृष्णन द्वारा उनकी अपनी पुस्तक भारतीय दर्शन में की गयी समस्या को व्याख्या तक आधारित रखेंगे।' (वही, पृष्ठ 19) इसमें डॉ. राधाकृष्णन की इस पुस्तक से ये शब्द भी उद्धृत किये गये हैं–'अन्य देशों से भिन्न, भारत दावा कर सकता है कि प्राचीन भारत में दर्शनशास्त्र किसी अन्य विज्ञान या कला का लग्गू-भग्गू नहीं था, बल्कि उसने हमेशा अपना एक स्वतंत्र स्थान बनाये रखा है।' (वही, पृ. 19)।

यहाँ डॉ. एस. राधाकृष्णन के बारे में महापंडित राहुल सांकृत्यायन के विचार उद्धृत किये जा सकते हैं। उन्होंने अपनी पुस्तक 'दर्शन-दिग्दर्शन' में इन सर राधाकृष्णन को 'पुराने ढर्रे के धर्मप्रचारक' कहा है। (दर्शन-दिग्दर्शन। राहुल सांकृत्यायन। किताब महल, इलाहाबाद। प्रथम संस्करण, 1944। भूमिका, पृष्ठ 5)। इसमें इन्हीं शब्दों को ले कर राहुल सांकृत्यायन ने डॉ. राधाकृष्णन की आलोचना करते हुए लिखा है–'भारतीय दर्शन, साइन्स या कला का लग्गू-भग्गू न रहा हो, किन्तु धर्म का लग्गू-भग्गू तो वह सदा से चला आता है, और धर्म की गुलामी से बदतर गुलामी और क्या हो सकती है ?' (वही, पृष्ठ 5)। साथ ही इन्हीं डॉ.

राधाकृष्णन ने अपनी इसी पुस्तक 'इंडियन फिलासफी' में जाति भेद की प्रशंसा में लिखा है—'गीता जाति विभाजन को मानती है...यह जानना बड़ा मुश्किल है कि कौन क्या गुण रखता है। (इसीलिए) इसकी एक मात्र कसौटी जन्म है...हमें यह बात ईमानदारी से मान लेनी चाहिए कि इस (जाति विभाजन) ने पारस्परिक सौहार्द तथा सहयोग के आधार पर एक समाज बनाना चाहा था तथा एक प्रतिस्पर्द्धावाले समाज के खतरों से बचाया था...और मूल्यों का इसका निर्णय सही है।' (इन्डियन फिलासफी, वोल्यूम I। राधाकृष्णन। जॉर्ज एलेन एंड अनविन लिमिटेड, लन्दन। आठवाँ मुद्रण, 1966। पृष्ठ 570-71)।

माननीय न्यायमूर्ति महोदय ने इस निर्णय में बाल गंगाधर तिलक को उनकी पुस्तक 'गीता रहस्य' से उद्धृत किया है, लेकिन इन न्यायमूर्ति महोदय ने इस बात पर ध्यान नहीं दिया कि इसी 'गीता रहस्य' की व्याख्या में बाल गंगाधर तिलक स्त्री और शूद्र को पापयोनि मानते हैं। उन्होंने गीता में कृष्ण की कही हुई यह बात लिखी है कि स्त्री और शूद्र परम गति को प्राप्त कर सकते हैं, लेकिन उनके लिए यह तरीका श्रुति और ज्ञान का न हो कर भक्ति और समर्पण का है। बाल गंगाधर तिलक लिखते हैं, 'क्योंकि स्त्रियों, शूद्रों द्वारा श्रुतियों का श्रवण नहीं हो सकता...' (श्रीमद्भावद्गीता रहस्य और कर्मयोग, बाल गंगाधर तिलक, प्रथम संस्करण, 1935, पृष्ठ 614)।

पता नहीं चलता कि यह बाल गंगाधर तिलक की कौन-सी उदारता या सहिष्णुता है कि वे भी गीता की अपनी व्याख्या में स्त्रियों और शूद्रों के लिए वेदों का श्रवण अनुमत नहीं करते हैं। फिर भी बाल गंगाधर तिलक अपनी व्याख्या में ईमानदार हैं, क्योंकि वे स्त्रियों और शूद्रों को वेदों के श्रवण की अनुमति नहीं दे रहे हैं और इस मामले में पूरे कठोर, कट्टर और क्रूर सिद्ध होते हैं, लेकिन बात सुप्रीम कोर्ट के माननीय न्यायमूर्ति की है कि वे तब भी तिलक की व्याख्या को एक उदारचेता मन की व्याख्या बता रहे हैं।

पहले ही बताया गया है कि इस निर्णय में मौलाना वहीदुद्दीन खाँ को भी उद्धृत किया गया है। लेकिन उनके उद्धरण के साथ यह बात भी पक्की है कि सुप्रीम कोर्ट के जज महोदय इस चिन्तन में इन मौलाना साहब की अगली बात माननेवाले नहीं हैं। मौलाना साहब ने अपने एक लेख 'मुस्लिम प्रधानमंत्री के पक्ष में' (नवभारत टाइम्स, नयी दिल्ली संस्करण, 11 दिसम्बर 1995) में स्वामी विवेकानन्द की भविष्यवाणी का हवाला देते हुए लिखा है, 'स्पष्ट शब्दों में, इसका आशय है हमारी लोकतान्त्रिक प्रणाली के लिए एक हिन्दू राष्ट्रपति और मुसलमान प्रधानमंत्री होना।' उन्होंने इस लेख में आगे लिखा है, 'यदि कोई उच्च कोटि का धर्मनिरपेक्ष, यथार्थवादी, देशभक्त मुसलमान भारत के राजनीतिक पटल पर प्रकट हो जाये और उसका चरित्र सारी संकीर्णताओं से ऊपर हो, तो इसमें शक नहीं

कि वह भारत का प्रधानमंत्री पद सँभालने के लिए उत्तम साबित होगा।' (वही, पृष्ठ 4)। लेकिन मौलाना वहीदुद्दीन खाँ के इस लेख के बारे में दिनांक 22 दिसम्बर 1995 के इसी नवभारत टाइम्स के 'चिट्ठियाँ' स्तंभ में 'पहले बदलने की जरूरत' शीर्षक से एक पाठक कीर्ति झा ने पूछा है, 'अगर सिर्फ मुस्लिम प्रधानमंत्री में ही तमाम जटिल समस्याओं का निराकरण लेखक के अनुसार अन्तर्निहित है, तो फिर क्यों पाकिस्तान, अफगानिस्तान, मिस्र, अल्जीरिया और सूडान सरीखे मुस्लिम नेतृत्ववाले देशों में भी दहशतगर्दी और अराजकता की स्थिति है?' एक अन्य पाठक उमेश मित्तल ने 18 जनवरी 1996 के इसी नवभारत टाइम्स में मौलाना वहीदुद्दीन खाँ के इस लेख के बारे में अपनी प्रतिक्रिया इस प्रकार जाहिर की है, 'लेकिन क्या किसी मुस्लिम देश में सम्भव है कि कोई हिन्दू अपनी योग्यता और राष्ट्रीयता के आधार पर सर्वोच्च पद हासिल कर सकता है ?' मुद्दा यही है कि उमेश मित्तल के इस प्रतिप्रश्न में भी भारत को हिन्दू देश माना जा रहा है, जबकि संविधान ऐसा कहीं नहीं कह रहा है। संविधान के अनुच्छेद-1 में साफ शब्दों में लिखा गया है, 'संघ का नाम और राज्य क्षेत्र (1) भारत, अर्थात इंडिया, राज्यों का संघ होगा।' इसके अनुच्छेद 5 में संविधान के प्रारम्भ पर नागरिकता के बारे में लिखा गया है, 'इस संविधान के प्रारम्भ पर प्रत्येक व्यक्ति जिसका भारत के राज्यक्षेत्र में अधिवास है और–(क) जो भारत के राज्यक्षेत्र में जन्मा था, या (ख) जिसके माता या पिता में से कोई भारत के राज्यक्षेत्र में जन्मा था, या (ग) जो ऐसे प्रारम्भ से ठीक पहले कम से कम पाँच वर्ष तक भारत के राज्यक्षेत्र में मामूली तौर से निवासी रहा है, भारत का नागरिक होगा।' (भारत का संविधान। भारत सरकार। प्राधिकृत पाठ। 1991। पृष्ठ 3)। इसलिए यह भारत देश इसके नागरिकों का है, जिनमें हिन्दू भी हैं, मुसलमान भी हैं और अन्य धर्मावलम्बी भी हैं।

तीन

यह बात विशेष बल दे कर कही जा सकती है कि 'हिन्दुत्व' के बारे में सुप्रीम कोर्ट के इस निर्णय में भारत के ही हिन्दू विरोधी विचारधारा के लेखकों को जान बूझ कर छोड़ा गया है। ऐसे दो नाम डॉ. बी. आर. आम्बेडकर और स्वामी धर्मतीर्थ के गिनाये जा सकते हैं। इनकी पुस्तकें इस प्रकार हैं–

1. रिडल्स इन हिन्दुइज्म–डॉ. बी. आर. आम्बेडकर।
2. फिलासफी ऑफ हिन्दुइज्म–डॉ. बी. आर. आम्बेडकर।
3. हिस्ट्री ऑफ हिन्दू इम्पीरियलिज्म–स्वामी धर्मतीर्थ।

वास्तव में हिन्दुत्व पर निर्णय देने से पहले सुप्रीम कोर्ट के मान्य न्यायाधीशों को हिन्दुत्व-विरोधी विचारधारा के इन दो लेखकों की बातों को अपने ध्यान में

जरूर लाना चाहिए था। निश्चित रूप से तब कोर्ट का निर्णय वह नहीं हो सकता था जो वह दे बैठी है, क्योंकि तब वह इन दो लेखकों के तर्कों को काट नहीं सकती थी। डॉ. आम्बेडकर ने हिन्दुत्व को सहिष्णुता और भ्रातृत्व विरोधी सिद्ध कर अपनी पुस्तक 'फिलासफी ऑफ हिन्दुइज्म' में लिखा है, 'ओ हिन्दू धर्म, तेरा नाम असमानता है !' (डॉ. बाबा साहेब आम्बेडकरः राइटिंग्स एंड स्पीचेज, वोल्यूम 3, मून, गवर्नमेंट ऑफ महाराष्ट्र, प्रथम संस्करण, पृष्ठ 87)।

स्वामी धर्मतीर्थ ने अपनी पुस्तक 'हिस्ट्री ऑफ हिन्दू इम्पीरियलिज्म' में सर पी. सी. रे के शब्द उद्धृत करते हुए लिखा है, 'ये मात्र कोरे शब्द हैं कि हिन्दुत्व एक सहिष्णु तथा उदार दृष्टिवाला है। वास्तविक जीवन में यह कठोर, क्रूर तथा इन्कार की दृष्टिवाला है।' (हिस्ट्री ऑफ हिन्दू इम्पीरियलिज्म, स्वामी धर्मतीर्थ, पंचम संस्करण। 1992। पृष्ठ 275)। स्वामी धर्मतीर्थ ने डॉ. राधाकृष्णन को अपनी इसी पुस्तक में 'ब्राह्मिन सोफीस्ट' कहा है (वही, पृष्ठ 275)। उन्होंने लिखा है कि सर राधाकृष्णन ने एक दार्शनिक बन कर जाति के आदर्श को सामने रखते हुए इसकी प्रशंसा की है कि यह नस्लों के तथा संस्कृतियों के सहयोग में विश्वास रखते हुए हिन्दू मस्तिष्क के व्यापक समन्वयात्मक गुणों की भावना का पता देती है। लेकिन सरदार के. एम. पणिक्कर की पुस्तक 'हिन्दुइज्म इन माडर्न वर्ल्ड' के सन्दर्भ से स्वामी धर्मतीर्थ ने डॉ. राधाकृष्णन के जवाब में तत्काल लिखा है कि 'एक बार जाति प्रथा के अस्तित्व में आ जाने के बाद भारतीय इतिहास के सभी ज्ञात कालों में यह असहिष्णुता तथा उत्पीड़न का हथियार बनी है।' (वही, पृष्ठ 276)।

जहाँ तक हिन्दू धर्म को प्रचलित अर्थों में धर्म न मान कर इसकी भूरि-भूरि प्रशंसा की जाती है, स्वामी धर्मतीर्थ ने भी इसे धर्म नहीं माना है। लेकिन यह बात उन्होंने दुख के साथ कही है कि 'ब्राह्मणवाद भी किसी धर्म सिद्धान्त या धार्मिक विश्वास के लिए आगे नहीं आया।' (वही, पृष्ठ 108)। हिन्दू धर्म के बारे में यही बात डॉ. आम्बेडकर ने कही है कि यह कोई धर्म नहीं है। डॉ. आम्बेडकर पूछते हैं कि धर्म के रहते हुए हिन्दू समाज में इतनी बड़ी संख्या में मनुष्य अछूत कैसे रह गये हैं? इस धर्म में यह शक्ति क्यों नहीं है कि अछूतों को पवित्र करके सछूत बना दे ! उन्होंने स्वयं इन प्रश्नों का उत्तर दिया है कि इन प्रश्नों का 'एकमात्र उत्तर यह है कि हिन्दुत्व अपवित्र होने के भय से भयभीत है। इसके पास पवित्र करने की शक्ति नहीं है। इसके मन में सेवाभाव नहीं है और ऐसा इसलिए है, क्योंकि यह स्वभावतः अमानवीय और अनैतिक है। इसे धर्म कहना अनर्थ हो जायेगा। इसका दर्शन उस बात के एकदम विपरीत पड़ता है जिसके लिए धर्म खड़ा हुआ क़रता है।' (डॉ. बाबा साहेब आम्बेडकर : राइटिंग्स एंड स्पीचेज, वोल्यूम 3, प्रथम संस्करण, 1987, पृष्ठ 92)। वास्तव में जब हिन्दू धर्म की वास्तविक परिभाषा का सच्चा धर्म ही नहीं है, तो इसके अनुयायियों से ऐसी आशा

कैसे रखी जा सकती है कि वे अस्पृश्यों को स्पृश्य बनाने का कोई बीड़ा उठाते ? इसलिए धर्म की परिभाषा का धर्म न रहने के कारण ही इसके पास अछूतों की इतनी बड़ी जनसंख्या बची रही है। हिन्दू धर्म के धर्म न रहने का सबसे ज्यादा नुकसान इस अछूत वर्ग का ही हुआ है। एक अच्छे धर्म का मतलब होता है कि वह नीचे गिरे हुए लोगों को ऊपर उठायेगा, वह पतितों को पावन करेगा, वह राह से भटके हुए लोगों को राह पर लायेगा, वह कमजोर लोगों का मनोबल बढ़ायेगा, वह निराश जनों को सान्त्वना तथा विकलांगों को सहानुभूति देगा, वह भगवान से बिछड़े हुए लोगों को भगवान से मिलायेगा, वह मन्दिर की तरफ न जानेवाले नास्तिकों को मन्दिर की ओर आकर्षित करेगा। लेकिन हिन्दू धर्म में इस सबके विपरीत काम हुआ है। इसने अच्छे-भले लोगों को कमजोर, हीन और अछूत कहा है। इसने श्रद्धालुओं को मन्दिर से दूर किया है। धर्म की दुनिया में यह एक अपराध और कुकृत्य है। धर्म का काम है कि वह कोढ़ियों की सेवा करता है, लेकिन हिन्दू धर्म ने धर्म न रह कर और कानून बन कर विकलांगों से उनके उत्तराधिकार के मानवीय अधिकार छीने हैं। कौटिल्य के अर्थशास्त्र में अन्धों और कोढ़ियों को जड़ और उन्मत्तों की श्रेणी में रखा गया है। उसमें लिखा गया है–'मूर्ख, उन्मत्त, अंधा और कोढ़ी आदि की दाय भाग के अधिकारी नहीं होते।' (कौटिल्य का अर्थशास्त्र। व्याख्याकार वाचस्पति गैरोला। तृतीय संस्करण, 1984, पृष्ठ 277)। वास्तव में धर्म की बजाय यह समाज में क्रूरता स्थापित हो गयी है। संसार में सबसे ज्यादा मानवीय सहानुभूति की जरूरत विकलांगों को होती है, लेकिन विकलांगता को मनुष्य के पूर्व जन्म के बुरे कर्मों का फल कह कर यह धर्म लौकिक रूप में एकदम निर्दयी हो कर रह गया है। यह पुनर्जन्म का सिद्धांत मनुष्य के जीवन के दुखों की घृणित और निकृष्टतम व्याख्या है। इसकी जितनी चाहे भर्त्सना की जानी चाहिए।

हिन्दुओं की सहिष्णुता पर थोड़ा और विचार कर लिया जाये कि वह कितनी सच्ची या झूठी है। वास्तव में भारत का संविधान और उसके दो विशेष केन्द्रीय अधिनियम 'हिन्दुत्व' की सहिष्णुतावाली परिभाषा को पूरी तरह से झूठी साबित कर देते हैं। संविधान के अनुच्छेद 17 में अस्पृश्यता के आचरण को निषिद्ध किया गया है। इससे आगे उस अनुच्छेद में इसे निषिद्ध ही नहीं किया गया है, बल्कि इसका किसी भी रूप में आचरण अपराध की कोटि में ला कर दंडनीय घोषित किया गया है। विशेष रूप से बताया जा सकता है कि 'सिविल अधिकार संरक्षण अधिनियम, 1995' तथा 'अनुसूचित जाति और अनुसूचित जनजाति (अत्याचार निवारण) अधिनियम' 1989' हिन्दुत्व की सहिष्णुतावाली परिभाषा को पूर्णतः खंडित कर देते हैं। आखिर हिन्दू धर्म का यह हिन्दुत्व इतना असहिष्णु है कि द्वारिका के मंदिर के मुख्य द्वार पर देवनागरी लिपि और हिन्दी भाषा में स्पष्ट शब्दों में लिखा हुआ है कि उसमें अहिन्दू का प्रवेश वर्जित है। हिन्दू धर्म के हिन्दुत्व की

जीवन शैली ऐसी कट्टरपंथ की है कि त्रिवेन्द्रम के पद्मनाभ मंदिर में जापान के विदेशी बौद्ध शिष्टजनों को वहाँ का जिला प्रशासन एड़ी से चोटी तक की अनेक दिमागी कसरतें करने के बाद भी अन्दर नहीं ले जा सका था। फिर माननीय सुप्रीम कोर्ट ने हिन्दुत्व की सहिष्णुता और उदारमना होने की ऐसी व्याख्या तब की है, जब अभी तीन वर्ष पहले उसके स्पष्ट आदेश के उल्लंघन में हिन्दुओं ने फैजाबाद में ऐतिहासिक बाबरी मस्जिद का ध्वंस किया है।

ऊपर सहिष्णुता को खंडित करने के लिए आधुनिक उदाहरण दिये गये हैं। प्राचीन भारत में 'हिन्दुत्व' की सहिष्णुता के विरोध में एक ही उदाहरण देना पर्याप्त होगा। पंडित रघुनन्दन शर्मा ने अपनी पुस्तक 'वैदिक सम्पत्ति' में लिखा है, 'माधवाचार्य कृत 'शंकर दिग्विजय' में लिखा है कि उस समय राजाओं का हुक्म था कि हिमालय से ले कर समुद्रपर्यन्त बसे हुए आबालवृद्ध बौद्धों को जो न मारे, वह मृत्युदंड के योग्य है।' (वैदिक सम्पत्ति, पंडित रघुनन्दन शर्मा, सार्वदेशिक आर्य प्रतिनिधि सभा, पृष्ठ 386)। 'शंकर दिग्विजय' में यह संस्कृत श्लोक इस प्रकार है–

आसेतुरातुषाद्रि बौद्धानां वृद्धबालकम्।
न हन्ति यः स हन्तव्यो भृत्य इत्येव संनृपाः।।

चार

न्यायपालिका की मर्यादा के लिए बताया जा सकता है कि उसका केवल उस 'हिन्दुत्व' से संबंध होना चाहिए जो संविधान और अन्यान्य कानूनों में वर्णित है। उसके लिए विधि के दायरे के बाहर जाने का कोई कारण नहीं बनता। मनुष्य जीवन का बहुत कुछ हो सकता है जो संविधान और कानून के दायरे से बाहर हो, लेकिन माननीय कोर्ट को मनुष्य जीवन के उन कोनों में झाँकने की स्पष्ट मनाही है। वह दूसरी संस्थाओं का काम हो सकता है। हर काम हर संस्था को नहीं सौंपा जा सकता और न ही हर संस्था हर काम के लिए योग्य होती है। कोर्ट समाज के एक निश्चित कार्य के लिए खड़ी की गयी है। जो कानून में परिभाषित कर दिया गया है, कोर्ट का कार्यक्षेत्र वहीं तक सीमित हो जाता है। इसलिए कोर्ट अपनी तरफ से कोई कानून नहीं बना सकती। किसी भी हालत में वह राज्य की कानून-निर्मात्री संस्था नहीं है। लेकिन माननीय सुप्रीम कोर्ट ने अपने इस डॉ. आर. वाई प्रभु बनाम श्री पी. के कुन्डे वाले मामले में 'हिन्दुत्व' पर निर्णय देने से पहले हिन्दू कानूनों का जिक्र तक नहीं किया है। उसने केवल संविधान के अनुच्छेद 25 (2) का सरसरी तौर पर नाम लिया है, लेकिन उस अनुच्छेद की गहराई छोड़ दी है। उसने अपने निर्णय में लिखा है, 'संविधान निर्माता हिन्दू धर्म के इस विस्तृत

और व्यापक चरित्र के बारे में पूरे जानकार थे; और इसलिए, धर्म की स्वतंत्रता के मूल अधिकार की गारंटी देते हुए अनुच्छेद 25 के स्पष्टीकरण-II ने यह स्पष्ट कर दिया है कि खंड (2) के उपखंड (ख) में हिन्दुओं से सन्दर्भ ऐसा सन्दर्भ माना जायेगा कि उसमें सिख, जैन और बौद्ध धर्म भी सम्मिलित हैं तथा हिन्दू धार्मिक संस्थाओं का भी वैसा ही अर्थ लगाया जायेगा। (मूल निर्णय की प्रति, पृष्ठ 40)।

यह सच है कि भारत के संविधान में ऐसा ही लिखा गया है जैसा न्यायमूर्ति महोदय ने बताया है, लेकिन वे इसका सही सन्दर्भ देने में चूक कर गये हैं। जब वे अपने पक्ष में किसी अनुच्छेद का लाभ उठाना चाहते हैं तो उन्हें उसका सही सन्दर्भ भी देना चाहिए था। यह सन्दर्भ भारत के 'सभी व्यक्तियों को अन्तःकरण की स्वतंत्रता का और धर्म के अबाध रूप में मानने, आचरण करने और प्रचार करने' के समान हक का है। ऐसा अनुच्छेद 25 (1) में लिखा गया है। लेकिन सभी जानते हैं कि हिन्दू धर्म में गिने जा कर भी अछूतों को यह स्वतंत्रता प्राप्त नहीं थी। इसलिए अछूतों के लिए इस सवैधानिक सुरक्षा का एक खास मतलब ठहरता है। संविधान के अनुच्छेद 25 (2) (ख) में इस स्वतंत्रता का खुलासा किया गया है। उसमें लिखा गया है–'इस अनुच्छेद की कोई बात किसी ऐसी विद्यमान विधि के प्रवर्तन पर प्रभाव नहीं डालेगी या राज्य को कोई ऐसी विधि बनाने से निवारित नहीं करेगी जो...(ख) सामाजिक कल्याण और सुधार के लिए या सार्वजनिक प्रकार की हिन्दुओं की धार्मिक संस्थाओं को हिन्दुओं के सभी वर्गों और अनुभागों के लिए खोलने का उपबन्ध करती है।' (भारत का संविधान, भारत सरकार, प्राधिकृत पाठ का तीसरा संस्करण, 1991, पृष्ठ 8)। इसी के लिए स्पष्टीकरण–2 में लिखा गया है कि 'खंड (2) के उपखंड (ख) में हिन्दुओं के प्रति निर्देश का यह अर्थ लगाया जायेगा कि उसके अन्तर्गत सिख, जैन या बौद्ध धर्म के माननेवाले व्यक्तियों के प्रति निर्देश है और हिन्दुओं की धार्मिक संस्थाओं के प्रति निर्देश का अर्थ तदनुसार लगाया जायेगा।'' (वही, पृष्ठ 9)। लेकिन पता नहीं माननीय सुप्रीम कोर्ट के न्यायमूर्ति महोदय ने इस अनुच्छेद की गौरवमयी व्याख्या कैसे कर दी है, जबकि इसमें हिन्दू धर्म को ले कर शर्म से सिर झुका जाता है कि हिन्दुओं के मंदिर अछूतों के लिए खुलवाने के लिए राज्य को दखल देना पड़ रहा है। उलटे, इस अनुच्छेद से हिन्दू धर्म असहिष्णु और अनुदार सिद्ध हो कर रह जाता है। फिर, हिन्दू धर्म का सिख धर्म, जैन धर्म और बौद्ध धर्म से तथा उनकी संस्थाओं से संबंध इसलिए जुड़ जाता है, क्योंकि यह अस्पृश्यता का कलंक उन सब तक फैला हुआ है। वास्तव में, हिन्दू धर्म के लिए यह एक रोने की जगह है और खुश होने की जगह बिलकुल नहीं है। यहाँ बताया जा सकता है कि दूसरे धर्मों के लिए संविधान के इस अनुच्छेद का कोई अर्थ नहीं है। आखिर संविधान को यह क्यों नहीं लिखना पड़ा है कि सारे मुसलमानों के

लिए सारी मस्जिदें खुली रहेंगी तथा सारे ईसाइयों के लिए सारे गिरजे खुले रहेंगे ? उत्तर यह है कि उन धर्मों में ऐसी कोई समस्या नहीं है। मुसलमानों के लिए उनकी मस्जिदें तथा ईसाइयों के लिए उनके चर्च पहले से ही खुले हुए हैं। इसके अलावा सुप्रीम कोर्ट के इस निर्णय में संविधान का अनुच्छेद 15 (2) भी उद्धृत नहीं किया गया है जो भारत के सभी व्यक्तियों को सामाजिक समता का अधिकार देता है। उसमें लिखा गया है, 'कोई नागरिक केवल धर्म, मूलवंश, जाति, लिंग, जन्मस्थान या इनमें से किसी के आधार पर—(क) दुकानों, सार्वजनिक भोजनालयों, होटलों और सार्वजनिक मनोरंजन के स्थानों में प्रवेश, या (ख) पूर्णतः या अंशतः राज्य विधि से घोषित या साधारण जनता के प्रयोग के लिए कुओं, तालाबों, स्नानघाटों, सड़कों और सार्वजनिक समागम के स्थानों के उपयोग के संबंध में किसी भी निर्योग्यता, दायित्व, निर्बंधन या शर्त के अधीन नहीं होगा।' (वही, पृष्ठ 5)। देखा जा सकता है कि यह अनुच्छेद भी हिन्दू धर्म में व्याप्त अस्पृश्यता की बुराई को देख कर लिखा गया है। हिन्दू समाज में अछूतों को ऐसी सामाजिक समता का अधिकार प्राप्त नहीं था जो बात हिन्दू धर्म या हिन्दुत्व की असहिष्णुता और अनुदारता में शुमार होती है।

यह बात पुनः कही जा सकती है कि जबकि संसद ने हिन्दुओं के बारे में एक पूरी और पृथक विधि बना कर दे रखी है, माननीय सुप्रीम कोर्ट के निर्णय में उसकी ओर कोई संकेत तक नहीं है। सही बात यह है कि माननीय सुप्रीम कोर्ट ने जिस 'हिन्दुत्व' की बात की है, उसमें हिप्पोक्रेसी, कथनी और करनी का अन्तर, रिडल और अनिर्वचनीयता आ जाती है। इसलिए ऐसी स्थिति में यही कहा जा सकता है कि उन सब पहलुओं पर विचार कर धर्मनिरपेक्ष भारत के लौकिक राज्य ने जो मान्य किया था, वह यह है जो आज कानून में उल्लिखित मिलता है और उसमें 'हिन्दू', 'हिन्दुत्व' और 'हिन्दुइज्म' तीनों शब्द पकड़े जाते हैं। वास्तव में संविधान के अनुच्छेद 25 (2)(ख) में भी 'हिन्दू' शब्द का अर्थ हिन्दू ही है, सिख, जैन या बौद्ध नहीं। संविधान ने ऐसा नहीं किया है कि सिख, जैन या बौद्ध को हिन्दू कह दिया है। संविधान के लिए भी हिन्दू अलग हैं, सिख अलग हैं, जैन अलग हैं और बौद्ध अलग हैं। ये चारों धर्म अलग-अलग हैं, लेकिन अस्पृश्यता की बुराई को समाप्त करने के उद्देश्य से इस अनुच्छेद के प्रावधान इन चारों धर्मों को माननेवालों पर लागू किये गये हैं। एक ही निर्देश चारों के लिए है, यही इसका सही अर्थ है। इससे इस अनुच्छेद का अर्थ यह नहीं निकाला जा सकता कि हिन्दू धर्म सहिष्णु और उदारमना है।

इस बात को एक बार पुनः कहा जाये कि हिन्दुओं की सार्वजनिक प्रकार की धार्मिक संस्थाएँ खुद हिन्दू कहे जानेवाले सभी लोगों के लिए खुली हुई नहीं हैं। उन्हें सारे हिन्दुओं के लिए खोलने के प्रयोजन से राज्य कुछ विधियाँ बना चुका

है तथा आगे कुछ और नयी विधियाँ बना सकता है। ध्यान रहे कि इस अनुच्छेद में या संविधान में अन्यत्र कहीं भी ऐसा नहीं लिखा गया है कि राज्य ऐसी विधि मुसलमानों के लिए, ईसाइयों के लिए, पारसियों के लिए या यहूदियों के लिए भी बनायेगा। वास्तविकता यह है कि उन धर्मों में ऐसी कोई समस्या नहीं है। असहिष्णुता की ऐसी भेदबुद्धि केवल हिन्दुओं की धार्मिक संस्थाओं में ही विद्यमान है। दूसरी बात हिन्दुओं के प्रति निर्देश की है कि वह निर्देश सिख, जैन या बौद्ध धर्म माननेवाले व्यक्तियों के लिए भी है। इसका मतलब यह नहीं है कि सिख, जैन या बौद्ध धर्म हिन्दू धर्म में तब्दील हो गये हैं या उसमें खप गये हैं। इसका मतलब केवल इस अनुच्छेद के चल रहे सन्दर्भ में ही है और उससे बाहर नहीं। इसका मतलब है कि ऐसी समस्या सिखों, जैनियों और बौद्धों में भी विद्यमान है। वास्तव में ये चार धर्म अलग-अलग धर्म हैं और इन चारों के अपने अलग-अलग पवित्र धर्मग्रन्थ हैं। बात केवल इतनी है कि राज्य इनकी उन धार्मिक समस्याओं को दूर करने में लगा हुआ है जो लौकिक प्रभाव की और अस्पृश्यता की हैं। राज्य को यह दखल इसलिए करना पड़ रहा है क्योंकि अन्यथा अस्पृश्यता आदि की अमानवीय समस्याएँ समाप्त होनेवाली नहीं हैं।

पाँच

संविधान के बाद हिन्दू विवाह अधिनियम, 1955, हिन्दू उत्तराधिकार अधिनियम, 1956, हिन्दू अवयस्कता और संरक्षकता अधिनियम, 1956 तथा हिन्दू दत्तक ग्रहण तथा भरण-पोषण अधिनियम, 1956 के चारों हिन्दू अधिनियमों में हिन्दू की परिभाषा दी गयी है। चारों अधिनियमों में यह परिभाषा एक ही है। ऐसा नहीं है कि किसी अधिनियम में एक परिभाषा दी गयी हो और दूसरे अधिनियमों में दूसरी परिभाषा दी गयी हो या पहले अधिनियम की परिभाषा में कुछ जोड़ा या घटाया गया हो।

'हिन्दू' शब्द की यह परिभाषा चारों अधिनियमों की धारा संख्या 2 में दी गयी है। किसी भी अधिनियम में से पढ़ा जाये, उसी धारा 2 में लिखा मिलता है–

'2 अधिनियम का लागू होना–(1) यह अधिनियम–

(क) वीरशैव, लिंगायत या ब्राह्म, प्रार्थना या आर्य समाज के अनुयायी के सहित ऐसे किसी व्यक्ति को लागू है जो कि हिन्दू धर्म के रूपों या विकासों में से किसी के नाते धर्म से हिन्दू है।

(ख) ऐसे किसी व्यक्ति को लागू है जो कि धर्म से बौद्ध, जैन या सिख है।

(ग) जब तक कि ऐसे किसी अन्य व्यक्ति के बारे में जो कि धर्म से मुसलमान, ईसाई, पारसी या यहूदी नहीं है, यह सिद्ध नहीं कर दिया जाता कि यदि यह अधिनियम पारित न किया गया होता तो वह ऐसी किसी बात के बारे में, जिसके लिए कि इसमें व्यवस्था की गयी है, हिन्दू विधि द्वारा उस विधि के भाग रूप किसी रूढ़ि या प्रथा द्वारा शासित न होता, ऐसे अन्य व्यक्ति को भी लागू है। (हिन्दू विधि, सेन्ट्रल लॉ पब्लिकेशन, इलाहाबाद, पृष्ठ 3)।

इन चारों हिन्दू विधियों की धारा 2 (2) इस प्रकार है–'(2) उपधारा (1) में अन्तर्विष्ट किसी बात के होते हुए भी इस अधिनियम में अन्तर्विष्ट कोई बात संविधान के अनुच्छेद 366 के खंड (25) के अर्थों के अन्दरवाली किसी अनुसूचित आदिम जाति के सदस्यों को तब तक लागू न होगी जब तक कि केन्द्रीय सरकार राजकीय गजट में अधिसूचना द्वारा अन्यथा निर्दिष्ट न करे।' (वही, पृष्ठ 3)। आगे धारा 2 (3) में लिखा गया है–'इस अधिनियम के किसी भी प्रभाग में 'हिन्दू' पद का ऐसा अर्थ लगाया जायेगा कि मानो इसके अन्तर्गत ऐसा भी व्यक्ति है जो कि यद्यपि धर्म से हिन्दू नहीं है, तथापि ऐसा व्यक्ति है जिसे कि यह अधिनियम इस धारा में अन्तर्विष्ट उपबन्धों के बल से लागू होता है।' (वही, पृष्ठ 3)

यह हिन्दुओं की स्वीय विधि की दशा है। इन अधिनियमों को हिन्दुओं, सिखों, जैनियों और बौद्धों पर समान रूप से लागू किया गया है।

इसमें कुछ भी गलत नहीं है कि कोई एक विधि बनायी जाये और कहा जाये कि यह अमुक-अमुक धर्मों को माननेवाले लोगों पर लागू होगी। लेकिन असल सवाल उस विधि के नामकरण का है। तब इसे 'हिन्दू विधि' क्यों कहा जाये ? जब उसे सिख विधि, जैन विधि या बौद्ध विधि नहीं कहा जा रहा है, तो उसे हिन्दू विधि भी क्यों कहा जा रहा है? इसमें मात्र 'हिन्दू विवाह अधिनियम, 1955' कहने से तथा इस अधिनियम को सिखों, जैनियों और बौद्धों पर लागू करने से सिखों, जैनियों और बौद्धों की अलग पहचान मिटती है। वास्तव में यह दूसरे धर्मों की विशिष्ट पहचान मिटाने का काम है। बात यह नहीं है कि इन चारों धर्मावलम्बियों के लिए समान सिविल संहिता तैयार की जानी चाहिए थी। यदि ऐसा करना था, तो उसके लिए कोई मनाही नहीं थी। सवाल यह है कि उस विधि का नाम 'हिन्दू' के नाम पर क्यों रखा जाये ? उसे मात्र 'विवाह अधिनियम, 1955' कहा जाता और चारों पर लागू किया जाता। एक दूसरा तरीका यह था कि चार नामों से अधिनियम बनाये जाते। वे नाम 'हिन्दू विवाह अधिनियम, 1955', 'सिख विवाह अधिनियम, 1955,' 'जैन विवाह अधिनियम, 1955' और 'बौद्ध विवाह अधिनियम, 1955' हो सकते थे। यह बात सच में पेचीदगी पैदा करती है कि नाम 'हिन्दू विवाह अधिनियम, 1955' होगा और वह सिखों, जैनियों और बौद्धों पर भी लागू होगा।

उपर्युक्त चारों हिन्दू विधियों की धारा 2 (1) (क) में यह भी कहा गया है कि यह विधि वीरशैव, लिंगायत, ब्राह्म समाज, प्रार्थना समाज और आर्य समाज के अनुयायियों पर भी लागू होगी। यह अच्छा हुआ कि इसमें इन समाजों के नाम खोल दिये गये हैं। यह गनीमत है कि इन समाजों की पहचान बन गयी है, लेकिन आगे उन व्यक्तियों की पहचान मिटा दी गयी है जो हिन्दू धर्म के किसी रूप या विकास को मानते हैं, पर धर्म से हिन्दू हैं। साथ ही, यह हिन्दू विधि धारा 2(2) के अनुसार केन्द्र सरकार द्वारा अनुसूचित जनजातियों पर भी लागू की जा सकती है, लेकिन धारा 2 (3) में क्या हुआ है ? यहाँ यह विधि उन सब पर लागू कर दी गयी है जो धर्म से हिन्दू नहीं हैं तथा मुसलमान, ईसाई, पारसी या यहूदी में से कोई नहीं हैं। इस प्रकार, हिन्दू विधि भारत के उन सब लोगों पर लागू होती है, जो अनुसूचित जनजाति, मुसलमान, ईसाई, पारसी या यहूदी में से कोई नहीं हैं।

विनायक विष्णु देशपांडे अपनी पुस्तक 'हिन्दू विधि के सिद्धान्त' में लिखते हैं, 'आधुनिक न्यायालय किसी व्यक्ति को हिन्दू सिद्ध करने के लिए सर्वप्रथम उसे 'हिन्दू' सिद्ध करते हैं और जब यह सिद्ध हो जाता है कि वह व्यक्ति 'अहिन्दू' नहीं है तो उसे 'हिन्दू' मान लेते हैं, भले ही उनमें शाश्वत अथवा सनातन हिन्दू के कोई भी लक्षण न हों।' (हिन्दू विधि के सिद्धान्त, विनायक विष्णु देशपांडे, भारत सरकार, 1987, पृष्ठ 149)। ऐसा इसलिए है क्योंकि हिन्दुओं में दलित-पिछड़ी जातियों को बिना तरकीब के ले लिया गया है। इसलिए जो हिन्दू नहीं हैं, उन्हें हिन्दू कहने में यह कानूनी परेशानी जरूर आनी है। तभी 'हिन्दू' की कोई सकारात्मक परिभाषा नहीं बन सकी है। यदि हिन्दुओं में से दलित और पिछड़ी जातियों को निकाल दिया जाये, तो शेष द्विज हिन्दुओं की सकारात्मक परिभाषा बनने में कोई कठिनाई पेश नहीं आ सकेगी।

हिन्दू चिन्तक भारतीय चिन्तन को समझना नहीं चाहते। वे हिन्दू चिन्तन को भारतीय चिन्तन कहना चाहते हैं। विधि के क्षेत्र में भी उनका यही दृष्टिकोण है। उनके लिए हिन्दू धर्म के सिवाय कोई धर्म नहीं है, धर्मशास्त्रों और मीमांसा ग्रंथों के सिवाय कोई ग्रंथ नहीं है और संस्कृत भाषा के सिवाय कोई भाषा नहीं है। हिन्दू धर्म, हिन्दू शास्त्र और संस्कृत भाषा—उनके पास यही प्रमाण और आधार हैं। इसी विचार को प्रो. विनायक विष्णु देशपांडे अपनी पुस्तक 'हिन्दू विधि के सिद्धान्त' में लिखते हैं, 'हिन्दू विधि सिद्धान्त विगत अनेक शताब्दियों में धर्मशास्त्रों एवं मीमांसा-ग्रन्थों में विकसित हुए विधिक सिद्धान्तों के अतिरिक्त अन्य कुछ नहीं है।' (वही, पृष्ठ 1)। इससे पहले ये प्रोफेसर यह भी लिख चुके हैं कि 'न तो कभी बौद्ध, जैन या सिख जैसे धर्मों के दार्शनिकों ने और न वर्णाश्रम व्यवस्था का खंडन करनेवाले किसी संप्रदाय के किसी नेता ने ही किसी पृथक विधि सिद्धान्त

के निर्माण का प्रयत्न किया। (वही, पृष्ठ 3)। वास्तव में ऐसा लिख कर इन लेखक महोदय ने भारत में प्राचीन अस्पृश्य जातियों के पृथक विधि सिद्धान्त की पूर्ण उपेक्षा कर दी है। इन्होंने इस तथ्य को कतई अनदेखा कर दिया है कि द्विज जातियों में तलाक न होने के मुकाबले में गैर-द्विजों में तलाक की लम्बी परंपरा रही है। जब परिणाम में इतना अन्तर है तो विधि के सिद्धान्तों में भी अन्तर होने को अच्छी तरह समझा जा सकता है। असल में, बौद्धों में भी दो प्रकार की जातियाँ रही थीं—द्विज और गैर-द्विज। बौद्धों का नाम लेने से गैर-द्विज बौद्धों के बारे में कुछ खास पता नहीं चलता, जैसे हिन्दू कहने से अस्पृश्यों का अलग से पता नहीं चलता।

यह जान लिया जाये कि आधुनिक हिन्दू विधि की समस्या क्या है। इस विधि की समस्या यह है कि यह दो विपरीत ध्रुवों को एक साथ ले कर चल रही है। ये दो भिन्न धाराएँ हैं, जो आपस में गड्डमड्ड कर दी गयी हैं। हाँ, जैसे हिन्दुओं का अध्यात्म दो फाड़ है, वैसे ही इनकी स्वीय विधि भी दो अलग-अलग धड़ों की है। स्वयं डॉ. राममनोहर लोहिया ने अपना एक लेख 'हिन्दू बनाम हिन्दू' शीर्षक से लिखा है।

कहना यही है कि हिन्दू समाज में दो बड़े सामाजिक वर्ग हैं। इनमें से एक द्विज समाज है और दूसरा गैर-द्विज समाज है। इन दोनों की हर बात एक-दूसरे के विरोध में जाती है। यदि इनमें समानताएँ हैं, तो वे केवल प्राकृतिक और जैविक समानताएँ हैं, पशु के स्तर पर जा कर ही ये दोनों वर्ग एक हैं, अन्यथा मानव निर्मित शास्त्र और विधि के स्तर पर इनमें असमानताएँ ही असमानताएँ हैं। इनमें पशु के स्तर की समानताएँ ये हैं कि इन दोनों वर्गों के लोग आहार लेते हैं, समान रूप से रात को सोते हैं, आग, पानी और मृत्यु से दोनों को बराबर भय व्यापता है और दोनों वर्ग मैथुन के द्वारा सन्तान पैदा करते हैं। इनमें असमानता यह है कि शास्त्र के पढ़ने में, जनेऊ धारण करने में तथा विधि और दंड के मामले में ये दोनों वर्ग अलग-अलग हैं।

छह

इससे आगे यह और देखा जा सकता है कि हिन्दू विवाह अधिनियम, 1955 में कोई व्यक्ति कितना हिन्दू है और हिन्दू धर्म से अन्य धर्मों में धर्मान्तरण की खास समस्या क्या है। इसके लिए हिन्दू विवाह अधिनियम, 1955 की धारा 17 को उद्धृत किया जा सकता है, जिसमें लिखा गया है, 'यदि इस अधिनियम के प्रारम्भ के पश्चात दो हिन्दुओं के बीच अनुष्ठापित किसी विवाह की तारीख पर ऐसे विवाह के किसी पक्षकार का पति या पत्नी जीवित था या थी तो ऐसा विवाह शून्य होगा

और भारतीय दंड संहिता की धारा 494 और 495 के उपबन्ध उसे तदनुसार लागू होंगे।' (हिन्दू विधि, चन्द्रनाथ झा, सुविधा ला हाउस, भोपाल, 1991, पृष्ठ 113)। देखा जा सकता है कि इसमें पहली कानूनी शर्त यह है कि ऐसा विवाह केवल दो हिन्दुओं के बीच हुआ होना चाहिए। यदि उनमें से एक भी हिन्दू नहीं है तो वह विवाह ही नहीं माना जायेगा।

हिन्दू कौन है—इसकी परिभाषा इस अधिनियम की धारा 2 में दी गयी है, लेकिन यहाँ उसके प्रभाव को देखा जा सकता है। चन्द्रनाथ झा ने हिन्दू विवाह के बारे में लिखा है, 'हिन्दू विवाह अन्तर्जातीय हो सकता है, किसी भी जाति का हिन्दू किसी भी जाति के हिन्दू से विवाह कर सकता है, किन्तु अन्य धर्मावलम्बी से हिन्दू का विवाह हिन्दू विवाह नहीं है। विवाह के लिए एक ही जाति का होना आवश्यक नहीं है, परन्तु वर-वधू दोनों का हिन्दू होना आवश्यक है। वर-वधू में से एक सिख, जैन, बौद्ध और दूसरा सनातनी ब्राह्मण हो सकता है या कोई क्षत्रिय या दूसरा शूद्र या वैश्य हो सकता है। इस प्रकार जाति का कोई बन्धन नहीं है, केवल हिन्दू होना आवश्यक है और हिन्दू में जैन, सिख और बौद्ध शामिल हैं।' (वही, पृष्ठ 9)। दूसरी बात, आज के हिन्दू विवाह अधिनियम, 1955 में भी हिन्दू विवाह एक अनुष्ठापित विवाह है। यदि विवाह अनुष्ठापित नहीं हुआ है, तो वह हिन्दू विवाह नहीं हुआ है। अनुष्ठापन में संस्कार किये जाते हैं जो धार्मिक और पवित्र हैं। इसमें अनेक निर्णयों के उदाहरण दिये जा सकते हैं जिनके अनुसार यदि हिन्दू विवाह अनुष्ठापित नहीं हुआ है तो वह हिन्दू विवाह नहीं हुआ है। इसके लिए धार्मिक कर्मकांड पूरे होने बहुत जरूरी हैं। इस अधिनियम की धारा 7 में लिखा गया है कि '7, हिन्दू विवाह के लिए कर्मकांड—(1) हिन्दू विवाह उसके पक्षकारों में से किसी की भी रूढ़िगत रीतियों और कर्मकांड के अनुसार अनुष्ठापित किया जा सकेगा। (2) जहाँ कि ऐसी रीतियों और कर्मकांड के अन्तर्गत सप्तपदी (अर्थात अग्नि के समक्ष वर और वधू द्वारा संयुक्ततः सात पद चलना) आती हो, वहाँ विवाह पूर्ण और आबद्धकर तब होता है जब सातवाँ पद चल लिया जाता है।' (वही, पृष्ठ 14)। हिन्दू विवाह अधिनियम, 1955 की धारा 11 में भी लिखा गया है कि 'इस अधिनियम के प्रारम्भ के पश्चात अनुष्ठापित कोई भी विवाह, यदि वह धारा 5 के खंड (1) का उल्लंघन करता हो तो अकृत और शून्य होगा।' (वही, पृष्ठ 47) लेकिन उस विवाह के अकृत और शून्य होने का प्रश्न तब उठता है जब ऐसा दूसरा विवाह अनुष्ठापित किया गया हो, जिसमें धार्मिक संस्कार शामिल और अनिवार्य हैं। इस प्रकार, यदि किसी व्यक्ति को इस्लाम धर्म में धर्मान्तरित हुआ माना जाता है, तो हिन्दू विवाह की दृष्टि से उसके मुस्लिम विवाह को विवाह ही नहीं माना जा सकता, क्योंकि उसमें कोई भी हिन्दू कर्मकांड नहीं किया गया है। ऐसी अवस्था में हिन्दू विवाह अधिनियम, 1955 की धारा (17) का जिक्र ही

नहीं हो रहा है। लेकिन माननीय सुप्रीम कोर्ट ने श्रीमती सरला मुद्गल वाले केस में एक मुस्लिम बने व्यक्ति के विवाह को भी पूरी तरह से विवाह माना है।

फिर क्या धर्म परिवर्तन हिन्दुओं के लिए कोई साधारण चीज है ? खुद हिन्दू विवाह अधिनियम, 1955 ने इसे गम्भीर माना है। इसकी धारा 13 (1) (2) में लिखा गया है कि कोई भी विवाह...पति अथवा पत्नी द्वारा उपस्थापित अर्जी पर विवाह विच्छेद की डिक्री द्वारा इस आधार पर विघटित किया जा सकेगा कि...(2) दूसरा पक्षकार अन्य धर्म में संपरिवर्तित हो जाने के कारण हिन्दू नहीं रह गया है।' (हिन्दू विवाह अधिनियम, इन्द्रजीत मल्होत्रा, ईस्टर्न बुक कम्पनी, लखनऊ, 1991, पृष्ठ 99)। धर्म परिवर्तन को इस अधिनियम की धारा 23 (2) के परन्तुक द्वारा और अधिक गम्भीर बना दिया गया है, जब उसमें लिखा गया है कि कोई भी अनुतोष अनुदत्त करने से पहले न्यायालय का यह कर्तव्य होगा कि वह पक्षकारों के बीच मेल-मिलाप करने का पूर्ण प्रयास करे, लेकिन यदि मामला धर्म परिवर्तन का है, तो न्यायालय ऐसा प्रयास नहीं करेगा।' (वही, पृष्ठ 211-12)। देखा जा सकता है कि जब तलाक जार कर्म, क्रूरता और अभित्यजन के आधार पर चाहा गया है, तो उस स्थिति में मेल-मिलाप का प्रयत्न न्यायालय के कर्तव्य में गिनाया गया है। इसका मतलब यही है कि एक हिन्दू के लिए धर्म परिवर्तन जार कर्म से ज्यादा गम्भीर मसला है।

हिन्दू दत्तक तथा भरण-पोषण अधिनियम, 1956 की धारा 18-2 (च) के अनुसार हिन्दू पत्नी भरण-पोषण के दावे को बरकरार रखते हुए अपने पति से पृथक रहने की उस दशा में भी हकदार होगी '(च) यदि उसका पति कोई अन्य धर्म में संपरिवर्तन होने के कारण हिन्दू नहीं रह गया है।' (हिन्दू विधि, पृष्ठ 211)। साथ ही, इस अधिनियम की धारा 18 (3) के तहत 'यदि कोई हिन्दू पत्नी...किसी अन्य धर्म में संपरिवर्तित होने के कारण हिन्दू नहीं रह गयी है, तो वह अपने पति से पृथक निवास करने और भरण-पोषण प्राप्त करने की हकदार नहीं होगी।' (हिन्दू विधि, पृष्ठ 211)।

सात

अब 'हिन्दू' शब्द को ले कर इस लम्बी कानूनी यात्रा के बाद बताया जा सकता है कि माननीय सुप्रीम कोर्ट ने इस निर्णय में 'हिन्दुत्व' को ऐसी बात से जोड़ा है जिसका कोई एक निश्चित अर्थ नहीं निकलता। लेकिन विधि का काम शब्दों को विशिष्ट अर्थ देना होता है। विधि शब्द की केवल अभिधा शक्ति को जानती है और उसकी लक्षणा और व्यंजना शक्तियों को नहीं जानती। लेकिन माननीय सुप्रीम कोर्ट ने शब्द 'हिन्दू' के विशेष अभिधावाले अर्थ को त्याग कर इसे अमूर्त

अर्थवाला शब्द बना दिया है। वास्तव में विधि में जो प्रतिबन्धित है, वह प्रतिबन्धित ही रहना चाहिए। ऐसे शब्दों के प्रयोग की अनुमति नहीं मिलनी चाहिए। लेकिन माननीय सुप्रीम कोर्ट के इस निर्णय में 'हिन्दुत्व' को ऐसा अर्थ दिया गया है कि इसे पकड़ा न जा सके। ऐसा इस देश के हिन्दुओं की कथनी और करनी के अन्तरवाले धार्मिक तथा सामाजिक इतिहास की पृष्ठभूमि के कारण किया गया है। हिन्दू मस्तिष्क इस काम में विशेष रूप से दक्ष है। खुद डॉ. आम्बेडकर ने अपनी पुस्तक 'रिडल्स इन हिन्दुइज्म' में गिन कर ऐसी 33 पहेलियाँ ढूँढ़ी हैं जहाँ शब्दों की और अर्थों की गड़बड़ हुई है। आखिर हिन्दुओं के पास शब्दों का ऐसा कौन-सा अकाल पड़ गया है कि वे 'हिन्दू' और 'हिन्दुत्व' में अन्तर करने चल पड़े हैं ? उन्हें इन शब्दों को ऐसे ही रहने देना चाहिए जैसे कि ये शब्द हैं। वे इस बारे में किसी को यह कह कर बहकाने की कोशिश न करें कि 'हिन्दू' से 'हिन्दुत्व' नहीं बनता है।

यह बात पुनः कही जाये कि विधि जिस बात के लिए लड़ती है, उसका खंडन खुद करने बैठ जायेगी तो यह उसकी स्वस्थ परंपरा नहीं है। विधिशास्त्र में किसी शब्द का एक ही अर्थ होता है और वह निश्चित अर्थ होता है। यदि एक शब्द के दो या दो से अधिक अर्थ निकलने लगेंगे, तो विधिशास्त्र का पूरा महल ही ढह जायेगा। फिर चोर और जार कभी नहीं पकड़े जायेंगे। फिर अपराधशास्त्र समाप्त हो जाता है और उसकी कोई जरूरत नहीं रह जाती। तब सब कुछ न्यायाधीश के लिए व्यक्तिपरक चीज हो जाती है। लेकिन विधि और विज्ञान का संबंध 'वस्तुपरक' बातों से होता है और ऐसा ही होना चाहिए। आखिर कोई व्यक्ति जज के रूप में भी यही चाहता है कि उसे दुनिया के सारे अधिकार प्राप्त हो जायें। लेकिन एक जज के अधिकार इस रूप में सीमित हो जाते हैं कि वे कानून के तहत वस्तुपरक होते हैं। जज बार-बार व्यक्तिपरक होने का अधिकार लेना चाहते हैं, उन्हें निर्णय देने में विवेकाधिकार का इस्तेमाल पसन्द है, लेकिन संसदीय लोकतंत्र में उनसे अलग और स्वतंत्र संसद का मतलब ही यह है कि उन्हें केवल वस्तुपरक निर्णय देने हैं। यह बात दोहरायी जा सकती है कि भारत की न्यायपालिका बार-बार चाहेगी कि एक-एक शब्द के दस-दस अर्थ हों, क्योंकि ऐसा होने से उसके व्यक्तिपरक अधिकार बढ़ते हैं। लेकिन एक शब्द के एक से अधिक अर्थ करने का मतलब है कि न्यायपालिका विधायिका बनने जा रही है और नये-नये कानून बना रही है। आगे यह बताया जा रहा है कि ऐसा कब होता है।

माननीय सुप्रीम कोर्ट ने इसी मामले के एक अन्य अनुषंगी केस मनोहर जोशी बनाम एन. बी. पाटिल (सुप्रीम कोर्ट : 1995 (7) स्केल : वोल्यूम 1, संख्या 1, पृष्ठ 59) में निर्णय देते हुए लिखा है, 'हमारी राय में, मात्र यह कथन कि पहला हिन्दू राज्य महाराष्ट्र में कायम किया जायेगा, अपने आपमें उसके धर्म के

आधार पर वोट की अपील नहीं है, बल्कि अधिक से अधिक ऐसी आशा की अभिव्यक्ति है। फिर, ऐसा कथन कितना भी तिरस्करणीय हो, लेकिन इसे उसके धर्म के आधार पर की गयी वोट की अपील नहीं माना जा सकता। यह मानते हुए कि उस सभा में अपीलकर्ता के भाषण में ऐसा किया गया कथन सिद्ध हो गया है, हम यह अभिनिर्धारित नहीं कर सकते कि इससे धारा 123 की उपधारा (3) या उपधारा (3 क) के अधीन भ्रष्ट आचरण हुआ है, यद्यपि हम देश के किसी भी स्तर के राजनीतिक नेता के ऐसे विचार या ऐसी स्थिति के विरुद्ध अपनी घृणा प्रदर्शित करते हैं। प्रश्न है कि क्या जैसा कि अधिनियम में परिभाषित किया गया है, निर्वाचक अधिमत के निषेध को अनुज्ञात करनेवाला भ्रष्ट आचरण हुआ है। इसके लिए हमारा उत्तर स्पष्ट रूप से नकारात्मक है।'[1]

न्याय की दृष्टि से यह निर्णय न्यायिक भाषा का न हो कर, बल्कि एक पहेली है। इससे डॉ. आम्बेडकर की पुस्तक 'रिडल्स इन हिन्दुइज्म' में एक और 34वीं पहेली जुड़ जाती है। आखिर माननीय सुप्रीम कोर्ट को अपनी बात बहुत साफ शब्दों में कहनी चाहिए थी। इस भाषा के प्रयोग से पता चल रहा है कि इसमें मन का कोई भेद भी बोल रहा है। यह निर्णय जरूर भेद-बुद्धि से ग्रसित है। इसमें न्याय का मन साफ नहीं है। इसमें माननीय सुप्रीम कोर्ट कथनी और करनी के अन्तर में जूझ रहा है। उसे हिन्दू राज्य की भाषा बुरी लग रही है, लेकिन उसे निर्णय इस रूप में देना पड़ रहा है कि इस भाषा का प्रयोग निरापद है। यहाँ व्यावहारिक सत्ता और पारमार्थिक सत्ता का वेदान्त दर्शन का अन्तर खड़ा हो गया है। मुश्किल यह है कि माननीय सुप्रीम कोर्ट के पास आत्मरक्षा में 'अनिर्वचनीयता' का शब्द नहीं है जो हिन्दू दार्शनिकों के पास हुआ करता है। उसे अपना निर्णय लिख कर देना पड़ता है। वह भाषा के मामले में गूँगी और मौन नहीं हो सकती। इसलिए समाधान में माननीय सुप्रीम कोर्ट के न्यायाधीशों ने यह तर्क निकाला है कि वे स्वीकार एक बात करते हैं, लेकिन महसूस कुछ दूसरी बात करते हैं (इन्दिरा साहनी बनाम भारत संघ : उच्चतम न्यायालय निर्णय पत्रिका, 1993, पृष्ठ 425)। इसमें लिखा जा रहा है कि हम स्वीकार करते हैं कि यद्यपि अपीलार्थी के शब्द तिरस्करणीय तथा घृणित थे, लेकिन हम महसूस करते हैं कि वे गलत नहीं थे। क्या इस मामले में माननीय सुप्रीम कोर्ट यह चाह रही थी कि भाषण देनेवाले दिन ही 'हिन्दू राज्य' कायम हो जाता, तो केवल तभी वह इस मामले में प्रतिकूल निर्णय दे सकती थी ? इसलिए कहना यही है कि यदि यह निर्णय 'स्पष्ट रूप से नकारात्मक' में ही देना था, तो इस निर्णय की भाषा में 'तिरस्करणीय' तथा 'घृणित' जैसे शब्दों का प्रयोग नहीं किया जाना चाहिए था।

---

1. इस निर्णय का भारत सरकार का हिन्दी अनुवाद अभी उपलब्ध नहीं है।

फिर भारत में संविधान का दर्शन घोषित रूप से मानववाद का है। यह इसके अनुच्छेद 51 क (ज) में घोषित किया गया है। इसका दृष्टिकोण वैज्ञानिकता का है, इसकी भूख-प्यास ज्ञानार्जन की है और यह सुधार की भावना को ले कर आगे बढ़ रहा है। इसमें 'हिन्दू' से भिन्न 'हिन्दुत्व' जैसी बात के लिए कोई स्थान नहीं है। संविधान के तहत खड़े किये गये राज्य को 'हिन्दू राज्य' नहीं, बल्कि 'मानववादी राज्य' कहा जायेगा। संविधान की उद्देशिका में इसका स्पष्ट नाम 'समाजवादी पंथ-निरपेक्ष लोकतंत्रात्मक गणराज्य' है। यही राज्य के लिए संवैधानिक भाषा है और 'हिन्दुत्व' की भाषा नहीं। उलटे, अस्पृश्यता और ऊँच-नीच को मिटाने के लिए भारत का संविधान 'हिन्दुत्व' के विरोध में मानववाद का पक्ष लेता है। साथ ही, हिन्दुओं को भारत में रहने के लिए सहिष्णुता की जरूरत नहीं है, बल्कि संविधान की उद्देशिका में उन्हें सबके साथ 'बंधुता' की भावना से रहने के लिए कहा गया है। सहिष्णुता पुनः संविधान से बाहर का शब्द है। इसे संविधान-सम्मत शब्द नहीं कहा जा सकता, क्योंकि सहिष्णुता में लगता है कि यह मन पर भारी बोझ-सा है। यह पूर्णतया नकारात्मक अर्थवाला शब्द है। संविधान ने इसके बजाय एक सकारात्मक शब्द 'बंधुता' का दिया है। यह समाज में भाईचारा है। सहिष्णुता मन पर जोर डालनेवाली चीज है, लेकिन बंधुता में दूसरे से गले मिलने के लिए प्रेम का उबाल है। बंधुता में सहिष्णुतावाली औपचारिकता के लिए कोई स्थान नहीं है। बंधुता में हर ब्राह्मण को मुसलमान, ईसाई और दलित के घर का पानी पीना चाहिए। उसे इनसे गले मिलने में प्रेम से लोट-पोट हो जाना चाहिए। इसके बिना केवल सहिष्णुता से संविधान की उद्देशिका में बतायी गयी बंधुता के इस उच्च आदर्श की प्राप्ति नहीं हो सकती। सहिष्णुता में मन की भीतरी जलन बची रह सकती है। सहिष्णुता हिन्दुओं का पुराना आपद्धर्म है, जिसका गंगा जल के सौ कलश डाल कर प्रायश्चित्त हो जाता है। सहिष्णुता में कपट भावना और कथनी और करनी के अन्तर बचे रह सकते हैं, इसलिए बंधुता में सामाजिक हिप्पोक्रेसी को समाप्त कर दिया जाता है। बंधुता में कोई प्रायश्चित्त करने की जरूरत शेष या आवश्यक नहीं रह जाती।

बताया जा सकता है कि हिन्दू मस्तिष्क द्विज होने के नाते हर बात में दोहरी नीति अपना कर चलता है। जब हिन्दुओं से कहा जाता है कि हिन्दू धर्म कोई धर्म नहीं है, तो जवाब दिया जाता है कि यह संसार का सबसे श्रेष्ठ धर्म है, लेकिन जब इसे धर्म कह कर जिम्मेदार ठहराने की कोशिश की जाती है तो उत्तर में कहा जाता है कि यह परिभाषा का धर्म नहीं है। इस प्रकार, इस मामले में एक हिन्दू केवल अपनी चलाता है। जब उसे अपने फायदे के लिए धर्म की जरूरत पड़ती है तो वह इसे धर्म कह देता है और जब उस पर कोई मानवीय या सामाजिक जिम्मेदारी की बात आती है, तो इसे धर्म की परिभाषा से बाहर खड़ा कर देता

है। वह ऐसी 'रिडल' जानबूझ कर खड़ी करता है।

यह बात सच है कि हिन्दू अपनी संस्कृत भाषा को कमजोर भाषा नहीं मानते। जब ऐसा है तो वे 'हिन्दू' से बने 'हिन्दुत्व' के इतने मोहताज हो कर क्यों रहे गये हैं ? भारत की हिन्दी समेत तमाम गैर-संस्कृत भाषाओं में 'हिन्दुत्व' का यही अर्थ है कि यह शब्द 'हिन्दू' से बना है। यदि 'हिन्दुत्व' को 'हिन्दू' से अलग पहचान का कोई अर्थ देना है तो इसके लिए संस्कृतवाले अपना कोई नया शब्द रच लें। उन्होंने विदेशी शब्द 'कम्प्यूटर' के लिए संस्कृत में 'संगणक' शब्द गढ़ लिया है, मानो संसार में सर्वप्रथम कम्प्यूटर मशीन की खोज उन्होंने की हो जिससे वे बाद में यह सिद्ध करते फिरेंगे कि विदेशियों ने कम्प्यूटर बनाना उनसे सीखा है, तो वे 'हिन्दुत्व' के लिए अपना कोई शब्द क्यों नहीं बना लेते हैं ? कुछ भी हो, वे भारत की भाषाओं के 'हिन्दुत्व' शब्द के साथ कथनी और करनी के अन्तर वाली छेड़छाड़ न करें। भारत की जनभाषाओं में परिभाषित है तो और अपरिभाषित है तो—दोनों प्रकार का यह 'हिन्दुत्व' केवल 'हिन्दू' से बना है। फिर, शब्द 'हिन्दुत्व' संस्कृत का शब्द भी नहीं है, जिससे संस्कृतवाले इसके अर्थ पर अपना अधिकार जतायें। खुद माननीय सुप्रीम कोर्ट ने अपने इस डॉ. आर. वाई. प्रभु बनाम श्री. पी. के कुन्डे वाले मामले में इसे विदेशियों द्वारा दिया गया शब्द माना है। ऐसी स्थिति में इसका अर्थ वही रहने दिया जाये जो अर्थ इसे वे लोग आज तक देते आ रहे हैं। अब वे लोग ईसा की सातवीं शताब्दी में रह कर सिन्धु नदी के उस पार नहीं बैठे हैं, बल्कि सप्त सिन्धुओं के बाद गंगा, यमुना, नर्मदा, महानदी, ब्रह्मपुत्र, कृष्णा, गोदावरी, कावेरी और पेरियार तक पार कर गये हैं। अब वे अच्छी तरह जानते हैं कि इन नदियों के इस पार केवल हिन्दू धर्म के लोग नहीं रह रहे हैं, बल्कि यहाँ बौद्ध, जैन और सिख धर्म के लोग भी रह रहे हैं।

यह बात जोर दे कर कही जा सकती है कि न्यायपालिका का धर्म के लिए दुरुपयोग करना उचित नहीं है। किसी जज को अपना इस रूप में इस्तेमाल नहीं करना चाहिए कि वह लौकिक राज्य में धर्मों की व्याख्या करता फिरेगा। न्याय-व्यवस्था को इस चक्कर में नहीं पड़ना चाहिए कि कथनी और करनी के अन्तरवाला हिन्दुत्व क्या है। भारत का संविधान दर्शनशास्त्र के क्षेत्र में कोई कमजोर और भिखारी संविधान नहीं है। उसे दर्शनशास्त्र धर्मों से उधार लेने नहीं पड़ रहे हैं। उसके पास अपना पृथक मानववाद का दर्शनशास्त्र है। न्यायपालिका का कर्तव्य है कि वह अपनी शब्दावली में केवल इसी शब्द का प्रयोग करे। आखिर निर्णय देते समय इस बात का विशेष ध्यान रखा जाना चाहिए कि इस देश का संविधान 'हिन्दू' से भिन्न किसी 'हिन्दुत्व' को नहीं जानता। साथ ही, वह 'हिन्दू देश' की जगह 'भारत देश', 'हिन्दुत्व' की जगह 'मानववाद', 'सहिष्णुता' की जगह 'बंधुता' तथा 'जीवन शैली' की जगह 'वैज्ञानिक दृष्टिकोण' के शब्द और अर्थ देता है। जहाँ तक 'हिन्दू राज्य' की बात

है, संविधान की उद्देशिका में स्पष्ट रूप से लिखा गया है कि यह राज्य 'हिन्दू राज्य' न हो कर 'समाजवादी पंथ-निरपेक्ष लोकतन्त्रात्मक गणराज्य' (भारत का संविधान, भारत सरकार, 1991, उद्देशिका) है।

आठ

अन्त में, निष्कर्ष में यह कहा जा सकता है कि–

1. 'हिन्दू' शब्द को कथनी और करनी के अन्तर, हिप्पोक्रेसी, पहेली और अनिर्वचनीयता के रूप में ही जाना जा सकता है। इसलिए इसकी कसौटी व्यवहार ही हो सकती है। इसे सपाटबयानी में सहिष्णु या उदारमना नहीं कहा जा सकता।

2. जब तक हिन्दुओं के व्यवहार में अस्पृश्यता का चलन है और जब तक संविधान के तहत अस्पृश्यता को मिटानेवाले कानून मौजूद हैं, तब तक इस पर न्यायालय को कोई संविधानेतर बहस नहीं करनी चाहिए।

3. यदि हिन्दू धर्म कोई जीवन शैली है, तो भारत का संविधान स्पष्ट रूप से बता रहा है कि वह एक गलत जीवन शैली है, जिसकी धार्मिक और सामाजिक संस्थाएँ सारे हिन्दुओं के लिए नहीं खोली जा सकी हैं और जिन्हें खुलवाने के लिए राज्य को दखल देना पड़ रहा है। चूँकि हिन्दुओं की अस्पृश्यता बरतनेवाली यह जीवन शैली दूसरे धर्मों तक में चली गयी है, इसलिए इसे मिटाने के लिए 'हिन्दू' में उन धर्मों के लोगों को भी सम्मिलित कर लिया गया है। इसमें यह भी बताया जा सकता है कि डॉ. आम्बेडकर ने हिन्दुओं के आधुनिक जीवन को 'लाइफ ऑफ कन्ट्राडिक्शन्स' कहा है। (सुप्रीम कोर्ट ऑन रिजर्वेशन, डॉ. मातादीन मधोलिया, कमलेश पब्लिकेशन्स, दिल्ली-52, 1988, पृष्ठ 228)।

4. न्यायालय को भारत के संविधान तक सीमित रहना चाहिए। 25 जनवरी 1996 की सन्ध्या को राष्ट्र के नाम अपने प्रसारण में भारत के महामहिम राष्ट्रपति महोदय ने कहा है कि सारतत्व के रूप में हमारा संविधान हमारे राष्ट्र का दर्शन है। इस संविधान के अनुच्छेद 51 (क) (ज) में भारत के संविधान का दर्शन स्पष्ट रूप से मानववाद घोषित किया गया है और जीवन में वैज्ञानिक दृष्टिकोण की बात कही गयी है। वहाँ किसी 'हिन्दुत्व' की या किसी अन्य जीवन शैली की बात नहीं की गयी है। उसमें लिखा गया है कि 'भारत के प्रत्येक नागरिक का यह कर्तव्य होगा कि वह (ज) वैज्ञानिक दृष्टिकोण, मानववाद और ज्ञानार्जन तथा सुधार की भावना का विकास करे।' (भारत का संविधान, भारत सरकार, 1991, पृष्ठ 15)

5. माननीय सुप्रीम कोर्ट ने अपने डॉ. आर. वाई. प्रभु बनाम श्री पी. के कुन्डे वाले मामले में 'सहिष्णुता' और 'उदारमना' के जो शब्द दिये हैं, वे संविधान की भाषा में ठीक नहीं बैठते हैं। 'सहिष्णुता' में लगता है कि कुछ सहा जा रहा है और गलत सहा जा रहा है और जबरन सहा जा रहा है। लेकिन संविधान की

उद्देशिका में अपना प्रिय शब्द 'बंधुता' है और वह सहिष्णुता से ज्यादा वजनदार शब्द है। 'उदारमना' में ऐसा लगता है मानो किसी पर कोई दया दिखायी जा रही है, लेकिन संविधान की उद्देशिका में अपने प्रिय शब्द 'न्याय', 'स्वतंत्रता' और 'समता' के हैं, जो दयालुता के नहीं, बल्कि मानव सम्मान और व्यक्ति की गरिमा के हैं।

6. संविधान के अनुच्छेद में हिन्दू धर्म अलग है, सिख धर्म अलग है, जैन धर्म अलग है और बौद्ध धर्म अलग है। किसी भी कानून में 'हिन्दुत्व' और 'भारतीयता' एक और समरूप नहीं हैं। भारतीयता बड़ी चीज है, जिसमें 'अहिन्दू' और 'अहिन्दुत्व' भी शामिल हैं। संविधान के अनुच्छेद 51 क (च) और अनुच्छेद 35 में इस संस्कृति को 'सामासिक संस्कृति' कहा गया है (भारत का संविधान, भारत सरकार, 1991, पृष्ठ 15, 98)।

7. हिन्दुओं की स्वीय विधि पूरी तरह एक कट्टर कौम की विधि है। वह अन्य धर्मों में धर्म परिवर्तन को एक वास्तविक और कट्टर अर्थ देती है। उसमें धार्मिक सहिष्णुता नाम के लिए भी नहीं है।

हिन्दुत्व जो है और जो नहीं

अरुण कुमार त्रिपाठी

समाज से पराजित 'हिन्दुत्व' ने अदालत में मुकदमा जीत लिया है। अब वह दावा करता घूम रहा है कि 'हिन्दुत्व' ही भारतीयता है और डॉ. हेडगेवार ने जो 1925 में कहा था, वह सर्वोच्च न्यायालय ने 1995 में माना। 'हिन्दुत्व' हर तरह से अपनी जीत दर्ज कराने पर आमादा है। जहाँ से भी, जिस भी तरह से उसे विजयी होने का तमगा मिले, वह लटका लेना चाहता है। 'हिन्दुत्व' परंपरा से पराजित होता है तो आधुनिकता में शरण लेता है। आधुनिकता से धुना जाता है तो परम्परा की दुहाई देने लगता है। वह सांप्रदायिकता की नीति अपनाने पर सफल नहीं हो पाता, तो धर्मनिरपेक्षता की दुहाई देता है और धर्मनिरपेक्षता के रास्ते में पिटता है तो फिर सांप्रदायिकता के मूल पर लौट आता है। उसने गांधी और समाजवाद दोनों से घृणा की है। लेकिन मौका देख कर दोनों को एक साथ अपनाया है। पर जब उसमें फायदा नहीं दिखा तो उसे भी त्यागने में संकोच नहीं किया। लेकिन वह किसी भी बाह्य प्रलोभन की वजह से अपनी मूल प्रवृत्ति से नहीं भटकता। और, उसकी मूल प्रवृत्ति क्या है, यह ध्यान से देखने की चीज है। वह अपनी मूल धारणा के अलावा बाकी धारणाओं का रस चूस लेता है। उसके बाद उससे चिपके रहना बुद्धिमानी नहीं समझता।

हिन्दुत्व 'सामाजिक न्याय' का विरोध करने में जितना सक्रिय हो जाता है, उसका समर्थन करने के लिए भी उसी तेजी से पलटी खाता है। वह 'एनरॉन' और 'केंटकी' का विरोध कर स्वदेशी बन जाता है, फिर उन्हें मंजूरी दिला कर विकास और उदारीकरण का समर्थक होने से भी नहीं चूकता। 'हिन्दुत्व' ऋण के सनातन धर्मशास्त्र यानी पितृऋण, देवऋण और गुरुऋण के सिद्धान्त के बजाय बाह्य ऋण के आधुनिक सिद्धान्तों से समहत है। बहुत संभव है कि वह धर्म के सनातन ऋणशास्त्र की जगह पर ऋण का कोई धर्मशास्त्र भी बना डाले।

सांस्कृतिक राष्ट्रवादी होने का दावा करनेवाले 'हिन्दुत्व' को दुनिया के कथित

सभ्य देशों की संस्कृति बेहद प्रिय है। उसे न तो उपभोक्तावाद से परेशानी है और न ही कामोत्तेजक नृत्य, संगीत और प्रदर्शनों से। 'हिन्दुत्व' पेप्सी, कोका कोला, फास्ट फूड, केंटकी, शैंपेन, वोदका, पोरनो साइबरपोरनो, ब्लू फिल्म और कैबरे तक हजम करने को तैयार हैं। 'हिन्दुत्व' भ्रष्टाचार और छद्म धर्मनिरपेक्षता के विरुद्ध 'सत्य की आवाज' है। लेकिन उसे मस्जिद तोड़ने और हवाला बाजार के जरिये आतंकवादियों को धन पहुँचाने में संकोच भी नहीं है। 'हिन्दुत्व' पश्चिमी राजनीतिक चिन्तन से अलग भारतीय समाज से जनमी विचारधारा है। लेकिन वह राष्ट्रवाद के पश्चिमी सिद्धान्त यानी जातीय आधार पर राष्ट्रीयता निर्धारित करने पर जोर देता है। बल्कि इस मामले में वह पश्चिम से ज्यादा पश्चिमवादी है, क्योंकि पश्चिम तो राष्ट्रवाद के पुराने सिद्धान्त को त्याग रहा है, लेकिन हिन्दुत्व आज उसे ज्यादा मजबूती से पकड़े हुए है। ऐसी भ्रमपूर्ण स्थिति में यह सवाल उठना स्वाभाविक है कि 'हिन्दुत्व' आखिर है क्या? क्या वह एक समुदाय विशेष के प्रति नफरत पर आधारित राष्ट्रराज्य की एक विचारधारा है ? क्या वह गुरु गोलवलकर, वीर सावरकर, स्वामी श्रद्धानन्द जैसे लोगों द्वारा व्याख्यायित वह विचारधारा है, जिसके आधार पर हिन्दू राष्ट्र की कल्पना की गयी है ? या, भारतीय संस्कृति के उदात्त मूल्यों का संकलन है, जिसे आधुनिक दार्शनिकों ने हिन्दू धर्म की संज्ञा दे डाली है या हिन्दुत्व का हिन्दू धर्म से कोई वास्ता नहीं है ? या हिन्दुत्व हिन्दू धर्म नहीं है ? या हिन्दू धर्म की महानता और श्रेष्ठता के आगे हिन्दुत्व तुच्छ है ? या हिन्दू धर्म तो वह है, जिसे गांधी मानते थे और हिन्दुत्व वह है जिसे सावरकर, हेडगेवार, गोलवलकर और आडवाणी से अशोक सिंघल मानते रहे हैं ? इन विविध रूपों के बीच 'हिन्दुत्व' अंतर्विरोधों, तमाम दोमुँहे छद्म और छलपूर्ण विचारों की एक 'प्रेतछाया' बन गया है। उसे इधर से पकड़ो तो उधर भाग जाता है। बहस के लिए ललकारो तो अंतर्धान हो जाता है। पर खामोश और निश्चिन्त हो जाओ तो वार करने लगता है। वह कई मुखों से बोलता है और कई हाथों से हमला करता है।

वह यथास्थिति का समर्थक और परिवर्तन का विरोधी है, क्योंकि वह तो सनातन है। लेकिन जब परिवर्तन अवश्यंभावी हो जाता है, तो वह उसका फायदा उठाने और उसकी भाषा बोलने से नहीं चूकता। 'हिन्दुत्ववादी' शक्तियों के आरक्षण पर दोमुँहे आचरण को इसी अर्थ में समझा जा सकता है। केन्द्रीकृत शासन प्रणाली का समर्थन और फिर राज्यों के पुनर्गठन की वकालत उसी दोहरे चरित्र का परिचायक है। दलित महिला को मुख्यमंत्री बनाना और फिर उसकी सरकार गिरा देना उसी श्रृंखला की एक कड़ी है। तो क्या इसी दोहरे, विरोधाभासी और छल-छद्मवाली धारणाओं का नाम 'हिन्दुत्व' है ? क्या यही हिन्दुत्व है, जिसके सच पर सर्वोच्च न्यायालय ने मुहर लगायी है ? क्या यही 'हिन्दुत्व' है, जिसे सर्वोच्च

न्यायालय के न्यायाधीशों ने भारतीयता या हिन्दू धर्म कहा है और जिस पर संकीर्णता के आरोप को खारिज कर दिया है ? क्या यह 'हिन्दुत्व' उतना ही उदार और विभिन्न धाराओं को समाहित करनेवाला है जितना कि भारतीय समाज रहा है या बताया जाता है।

दरअसल, 'हिन्दुत्व' कोई धर्म दर्शन नहीं है। वह एक राजनीतिक विचारधारा है। इसीलिए भारतीय जनता पार्टी के अध्यक्ष लालकृष्ण आडवाणी अयोध्या आंदोलन को धार्मिक नहीं, एक सांस्कृतिक और राजनीतिक आंदोलन कहते हैं। राष्ट्रीय स्वयंसेवक संघ भी उसे सांस्कृतिक राष्ट्रवाद के ही परिप्रेक्ष्य में देखता है। यह विचारधारा उस अर्थ में है जिस अर्थ में पूँजीवाद एक विचारधारा है न कि साम्यवादी या समाजवादी अर्थों में। डैनियल बेल जब 'एंड ऑफ आइडियोलाजी' में विचारधाराओं के अंत का दावा करते हैं, तो वे उन्हीं को आइडियोलाजी मानते हैं जिसमें सत्ता पर कब्जा करने और समाज को परिवर्तित करने की एक निश्चित योजना है। वे उस नजरिये को विचारधारा की संज्ञा नहीं देते जो इस तरह की किसी योजना से रहित है और समाज के स्वाभाविक विकास की समर्थक है। उसी सिलसिले में पूँजीवाद अपने को 'आइडियोलाजी' की परिभाषा के दायरे से मुक्त कर लेता है। वह अपने को मानव समाज का सहज और स्वाभाविक विकास बताता है, हालाँकि इस स्वाभाविकता को बनाये रखने के लिए तमाम क्रूर और कृत्रिम प्रयास किये जाते हैं।

इसी तरह 'हिन्दुत्व' भी अपने सहज, स्वाभाविक और नैसर्गिक होने का दावा करता है। वह अपने राष्ट्रवाद को भौगोलिक, सांस्कृतिक और धार्मिक सभी अर्थों में सहज और नैसर्गिक बताता है। लेकिन उसे बनाये रखने के लिए कई कृत्रिम प्रयास करता रहा है। 'हिन्दुत्व' भारतीय समाज के विविध मिथकों और प्रतीकों में से किसे उठाये इसका निर्णय वर्तमान में चल रही उसकी रणनीति और विचारधारा के तहत किया जाता है, क्योंकि वह सांप्रदायिक सद्भाव फैलानेवाले भक्ति काल के संत कवियों के प्रतीकों का इस्तेमाल सद्भाव के लिए नहीं करता।

'हिन्दुत्व' को हिन्दू धर्म और एक तरह भारतीय समाज की साझा संस्कृति से अलग करते हुए विनायक दामोदर सावरकर ने 1923 में सबसे पहले प्रकाशित अपनी पुस्तक 'हिन्दुत्व' में स्पष्ट किया है, 'हिन्दुत्व सिर्फ एक शब्द नहीं, बल्कि एक इतिहास है। यह धारणा गलत रही है कि यह हमारे धार्मिक और आध्यात्मिक इतिहास का ही हिस्सा है। यह अपने में सम्पूर्ण इतिहास है। हिन्दूवाद हिन्दुत्व का सिर्फ समानधर्मा है, उसका अंश है और उसका हिस्सा है। जब तक यह स्पष्ट नहीं किया जाता कि हिन्दुत्व का अर्थ क्या है, तब तक हिन्दूवाद का अर्थ दुरूह और अस्पष्ट बना रहेगा।'

सावरकर हिन्दू धर्म और हिन्दुत्व के भेद को उस समय और स्पष्ट कर देते

हैं जब वे सिखों और जैनियों से अलग धर्म का अस्तित्व स्वीकार करते हैं। वे सनातनियों की तरह सिख धर्म को धर्म का ही एक पंथ मानने को तैयार नहीं होते। उनका कहना था, 'सिख हमारी हिन्दुत्व की परिभाषा के तहत हिन्दू हैं न कि किसी धार्मिक अर्थ में। धार्मिक रूप से वे उसी तरह सिख हैं जिस तरह जैन जैन हैं, लिंगायत लिंगायत और वैष्णव वैष्णव हैं। लेकिन हम सब जातीय, राष्ट्रीय और सांस्कृतिक तौर पर एक राज्य व्यवस्था और एक जाति हैं। भारतीय शब्द का अर्थ इंडियन से है और यह एक व्यापक सामान्यीकरण की अभिव्यक्ति देता है। पर इससे हम हिन्दुओं की जातीय एकता का बोध नहीं होता।'

'हिन्दुत्व' के आख्यान की यह प्रक्रिया दुधारी तलवार की तरह चलती है। एक तरफ वह हिन्दू शब्द को धर्म दर्शन के सीमित दायरे से निकाल कर आधुनिक राजनीतिक अर्थ प्रदान करती है, तो दूसरी तरफ हिन्दू हो पाने की अर्हताओं को सीमित करती जाती है। सावरकर लिखते हैं, 'एक अमेरिकी भारत का नागरिक बन सकता है। अगर वह जरूरी आवश्यकताएँ पूरी करता है...तो वह भारतीय, हिन्दी, देशवासी या हमारा सहनागरिक भी हो सकता है। पर जब तक वह हमारे रक्त में समाहित हमारी संस्कृति और इतिहास को नहीं अपनाता...हमारी भूमि को न सिर्फ अपने प्रेम की, बल्कि पूजा की भी भूमि नहीं समझता, वह हिन्दू नहीं बन सकता।'

अगर किसी को यहाँ यह साफ न हो पाये कि भारतीयता ही हिन्दुत्व नहीं है, तो उसे माधवराव सदाशिवराव गोलवलकर की 'बंच ऑफ थाट्स' देख कर और स्पष्ट हो जाना चाहिए। इस किताब का सबसे बड़ा अध्याय 'आंतरिक खतरे' हैं। इसके तीन उपशीर्षक हैं—1. मुसलमान, 2. ईसाई और 3. कम्युनिस्ट।

लेकिन विरोधभासों के बीच 'हिन्दुत्व' एक ऐसी विचारधारा बनती चली गयी, जिसकी चौहद्दी उसके विरोधी खींच रहे हैं। एक अर्थ में यह 'हिन्दुत्व' की जीत है कि जिसके विरोधी उसे विचारधारा मानने को तैयार नहीं होते थे, आज वे उसके स्वरूप की व्याख्या पर सबसे ज्यादा जोर दे रहे हैं। बल्कि 'हिन्दुत्व' की विचारधारा का प्रामाणिक पाठ तो उसके विरोधी ही लिख रहे हैं। पर हिन्दुत्व अपना कोई चरित्र या वैचारिक आख्यान निश्चित नहीं करना चाहता। उसमें उसे सुविधा यह होती है कि जब वह राजनीतिक क्षेत्र में टिकने की स्थिति में नहीं होता तो सांस्कृतिक क्षेत्र में चला जाता है और जब वहाँ भी नहीं टिक पाता तो धार्मिक क्षेत्र में चला जाता है। फिर भी इन तीनों लोकों में विचरण करनेवाले इस 'हिन्दुत्व' की झलक उसके प्रवक्ता देते ही रहते हैं। कहा जाता है कि हिन्दुत्व सावरकर और गोलवलकर की परिभाषा से आगे निकल चुका है। बल्कि उसके राजनीतिक संगठन जन संघ या भारतीय जनता पार्टी के सोच में न वह संकीर्णता है और न ही राष्ट्रवाद के बारे में वैसी कट्टरता है।

लेकिन समय-समय पर राजनीतिक संगठन के लोगों के मुँह से हिन्दुत्व के हृदय की बात प्रकट हो ही जाती है। सुरुचि प्रकाशन से प्रकाशित 'पंडित दीनदयाल उपाध्याय विचार दर्शन' के पाँचवें खंड में इतिहास सिद्ध सत्य से राष्ट्रीयता की पहचान करायी गयी है—'देश में रहनेवाले लोगों के अंतःकरण में अपनी मातृभूमि के प्रति असीम श्रद्धा की भावना का होना राष्ट्रीयता की पहली आवश्यकता है। इस श्रद्धाभाव के कारण ही हम अपने देश को मातृभूमि कहते हैं।

'शनैः-शनैः राष्ट्र का एक इतिहास बनता जाता है। कुछ बातें राष्ट्रीय गौरव की तो कुछ लज्जास्पद बन जाती हैं। गौरवास्पद बातों का स्मरण कर हम गौरव का अनुभव करते हैं और लज्जास्पद बातों से लज्जा। मुहम्मद गोरी और मुहम्मद गजनवी द्वारा भारत पर किये गये आक्रमणों का विचार करते समय स्वाभाविक रूप से हमारा चित्त व्यथित हो जाता है। पृथ्वीराज और अन्य देशभक्तों के बारे में आत्मीयता अनुभव होने लगती है...

'महाराणा प्रताप, छत्रपति शिवाजी और गुरु गोविन्द सिंह का स्मरण करते हैं तो हमारा मस्तक उनके सम्मुख आदर और श्रद्धा से झुक जाता है। उसके विपरीत औरंगजेब, अलाउद्दीन, क्लाइव और डलहौजी का नाम आते ही मन में वही भाव जगता है जो विदेशी आक्रांताओं के प्रति स्वाभाविकतः पैदा होना चाहिए।'

लेकिन राष्ट्रीयता के रासायनिक परीक्षण की यह प्रक्रिया आक्रांताओं पर ही नहीं खत्म होती। वह उन लोगों तक जाती है जिन्हें इतिहास धर्मनिरपेक्ष या सभी धर्मों का आदर करनेवाला शासक भी बताता रहा है। वे कहते हैं, 'किस समाज के राष्ट्रपुरुष एक ही हैं ? आपका राष्ट्रपुरुष कौन है ? महाराणा प्रताप या अकबर ? यह पूछने पर तुरन्त राणा प्रताप का चयन कौन-सा समाज करता है ? ऐसे नाना प्रश्नों का उत्तर अनिवार्यतः एक ही आता है कि ऐसा हिन्दू समाज ही है।'

'हिन्दुत्व' के प्रवर्तक महात्मा गांधी को राष्ट्रपिता मानने को तैयार नहीं हैं, जबकि व्यापक भारतीय समाज इस राष्ट्र का संस्थापक उन्हें ही मानता है। हालाँकि 'हिन्दुत्व' अपने राष्ट्रवाद को जातीय समूहों पर आधारित यूरोप के राष्ट्रवाद से अलग बताता है, लेकिन वह भी उसी तरह समान शत्रु और मित्र की पहचान और हिन्दू जाति और हिन्दू धर्म को राष्ट्र का आधार बताता है। दीनदयाल उपाध्याय हिन्दू राष्ट्र की अवधारणा को और स्पष्ट करते हुए कहते हैं, 'एक भूमि पर रहनेवाले, किन्तु परस्पर विरोधी जीवन पद्धति एवं आशा-आकांक्षावाले लोगों की खिचड़ी राष्ट्र संज्ञा की पात्र नहीं होती। कैसे भी विचार करें, हिन्दुस्तान में हिन्दुत्व ही राष्ट्रीयत्व है। यूरोपीय राष्ट्रीयत्व की तुलना में अपना राष्ट्रीयत्व हिन्दू समाज सिद्ध करे, इसकी कोई आवश्यकता नहीं। उसका राष्ट्रीयत्व स्वयंसिद्ध है।'

दीनदयाल उपाध्याय इस राष्ट्रीयत्व को कायम करने के मार्ग में आनेवाली

समस्याओं को हल करने का तरीका सुझाते हैं, 'एक ही मार्ग है। जब तक मुसलमानों का राजनीतिक पराभव नहीं होता, तब तक इसका हल नहीं हो सकेगा। ऐसे राजनीतिक पराभव के बाद ही मुसलमानों को अपने में घुलामिला लेना संभव होगा।' (पुणे, 1955)

जाहिर-सी बात है, संघ परिवार के 'हिन्दुत्व' अभियान का उद्देश्य वहीं राजनीतिक पराभव है। लालकृष्ण आडवाणी ने उसी राजनीतिक पराभव के लिए रथयात्रा की। 6 दिसम्बर 1992 को बाबरी मस्जिद भी उसी पराभव को यथार्थ रूप देने के लिए तोड़ी गयी थी। बाद में विश्व हिन्दू परिषद के नेता अशोक सिंघल ने कहा भी कि हमने बदला पूरा कर लिया। दरअसल, 'हिन्दुत्व' का सारा जोर मध्यकालीन इतिहास में राष्ट्रीयता के शत्रुओं की तलाश और उन्हें अपने किसी मिथकीय नायक या ऐतिहासिक नायक से भिड़ा देने में है। उनका मानना है कि इसी भिड़ंत में विजातीय राष्ट्रीयता के विष का अंत होगा और सच्ची राष्ट्रीयता की भावना विकसित होगी। इस भिड़ंत में वे कालक्रम का भी ध्यान नहीं रखते।

सवाल उठता है कि क्या भारतीय समाज इसी तरह की विजातीय राष्ट्रीयता तलाश कर उससे युद्ध करता रहा है। अगर ऐसा ही रहा है, तो उसका यह दावा कहाँ ठहरता है कि उसने बाहर से आयी विभिन्न जातियों शक, हूण, कुषाण, मुगल, अफगान, पठान, चीनी, मंगोलियाई सभी को अपने भीतर पचा लिया और इस्लाम, यहूदी, पारसी जैसे बाहरी धर्मों को भी अपने भीतर स्थान दिया। निश्चित रूप से भारतीय समाज या अन्य लोगों के शब्दों में हिन्दू समाज की बहुचर्चित 'उदारता' वह करने की छूट नहीं देती जो हिन्दुत्व कर रहा है।

इसलिए सर्वोच्च न्यायालय ने बाल ठाकरे बनाम प्रभाकर काशीनाथ कुंटे और रमेश यशवंत प्रभु के मुकदमे में 'हिन्दुत्व ऑर हिन्दुइज्म' को एक में मिला कर भारी भ्रम पैदा किया है। हिन्दुइज्म एक धर्म दर्शन है। यह सत्ता आरोपित मत नहीं है। बल्कि उस दर्शन में एक तरह का लोकतंत्र भी है। यानी विभिन्न मत-मतांतर के प्रति एक गुंजाइश होने का भी दावा है। अगर हिन्दू धर्म की श्रेष्ठता साबित करनी है, तो उसे आधुनिक काल में न तो गांधी जैसा इतिहास पुरुष मिलेगा और न ही मिथकीय। उनकी हिन्दू धर्म की एक पंक्ति की परिभाषा उसे महत्ता प्रदान करने के लिए काफी है। वे कहते हैं, 'अगर मुझे हिन्दू धर्म की व्याख्या करने को कहा जाये तो मैं सिर्फ इतना ही कहूँगा—अहिंसात्मक साधनों द्वारा सत्य की खोज।' 'सत्य की अथक खोज का ही दूसरा नाम हिन्दू धर्म है।'

क्या संघ परिवार का हिन्दुत्व इसी व्याख्या के तहत है ? नहीं। बिलकुल नहीं। अगर गांधी की व्याख्या की तर्ज पर 'हिन्दुत्व' की व्याख्या करने को कहा जाये, तो कहना पड़ेगा कि 'संघ परिवारवालों के लिए हिन्दुत्व का मतलब है—विद्वेष और हिंसा के माध्यम से शत्रुता की खोज।' इस सिलसिले में सर्वोच्च न्यायालय

के न्यायमूर्ति वर्मा बाल ठाकरे के मामले में कहते हैं कि ' 'हिन्दुत्व' शब्द का अपने आपमें मतलब हमेशा हिन्दू धर्म नहीं होता। यह तो सन्दर्भ और इसके इस्तेमाल का तरीका है जो किसी पाठ विशेष में इसका अर्थ तय करता है।' लेकिन ऐसा कहते हुए वे यह भूल जाते हैं कि सांप्रदायिक आचरण न करनेवाले महात्मा गांधी, राधाकृष्णन, रामकृष्ण, विवेकानन्द और अरविंद ने 'हिन्दुत्व' शब्द का प्रयोग नहीं किया है, बल्कि वे 'हिन्दुइज्म' शब्द का प्रयोग करते हैं। धर्मशास्त्र का इतिहास लिखनेवाले पी. वी. काणे भी 'हिन्दुत्व' शब्द का इस्तेमाल नहीं करते। वे भी 'हिन्दुइज्म' शब्द का प्रयोग करते हैं। दिक्कत यहीं हुई है। संघ परिवार हिन्दू धर्म, दर्शन, राजनीति और संस्कृति में जिस तरह घालमेल करता है, उसी तरह का घालमेल सर्वोच्च न्यायालय ने भी किया है। हालाँकि उस मुकदमे में अदालत ने बाल ठाकरे को उत्तेजक भाषण देने के लिए डाँट पिलायी है और रमेश यशवंत प्रभु की अपील नामंजूर करते हुए उनका विधान सभा में चुना जाना गैरकानूनी ही माना है, पर इस मामले में उसने हिन्दुत्व, हिन्दूवाद और हिन्दू धर्म की व्याख्या कर नया विवाद खड़ा कर दिया है।

सर्वोच्च न्यायालय द्वारा 'हिन्दुत्व' और 'हिन्दुइज्म' को मिलाने पर दो ठोस आपत्तियाँ उठती हैं। पहली तो यह कि उसने 'हिन्दुत्व' की असलियत और इरादों को संविधान के सन्दर्भ में समझने की कोशिश नहीं की। दूसरी यह कि उसने हिन्दू धर्म की मनोहारी व्याख्या करने का जो प्रयास किया है, उससे हिन्दू समाज की वर्ण व्यवस्था, छुआछूत की समस्या और उसकी अन्य संकीर्णताओं पर पर्दा पड़ता है। सर्वोच्च न्यायालय को या तो हिन्दू धर्म की व्याख्या करने का प्रयास नहीं करना था या फिर उस व्याख्या में उस समाज के आलोचकों को भी शामिल करते हुए उसके सभी पक्षों को रखना था। उसे राधाकृष्णन और मोनियर विलियम्स के अलावा महात्मा ज्योतिबा राव फुले, डॉ. भीमराब आम्बेडकर, रामस्वामी नायकर और डॉक्टर राम मनोहर लोहिया की भी हिन्दू समाज और उसके दर्शन संबंधी टिप्पणियों को शामिल करना चाहिए था। यानी हिन्दू धर्म का अर्थ सिर्फ उनसे नहीं पूछा जाना चाहिए जो उस धर्म में पूज्य और विशेषाधिकार सम्पन्न रहे हैं। बल्कि उसका अर्थ उससे भी पूछा जाना चाहिए जो उस धर्म में होते हुए भी उसमें नहीं था या जिसने उस धर्म के दर्शन से ले कर व्यावहारिक स्थिति तक अपमान ही झेला है।

एक लिहाज से देखा जाये तो सर्वोच्च न्यायालय ने इस फैसले में जहाँ चुनाव में धर्म के अनुचित इस्तेमाल पर रोक लगाने की कोशिश की है, वहीं उसका अनुचित इस्तेमाल करनेवालों का हौसला भी बुलन्द किया है। यानी उसने अपने 'स्टेयर डिसाइसिस' को 'आबीडर डिक्टा' से खारिज कर दिया। लेकिन न्यायमूर्ति वर्मा ने कुलतार सिंह बनाम मुख्तियार के मुकदमे का हवाला देते हुए यह भी कहा

है, 'सब जानते हैं कि इस देश में कुछ पार्टियाँ हैं जो अलग-अलग राजनीतिक और आर्थिक विचारधाराओं को मानती हैं, लेकिन उनकी सदस्यता या तो किसी विशेष समुदाय या धार्मिक समुदाय तक सीमित है या उनका बोलबाला है। जब तक कानून ऐसी पार्टियों पर पाबन्दी लगाता, बल्कि उन्हें चुनाव और संसदीय प्रक्रिया में भाग लेने के लिए मान्यता देता है तब तक यह याद रखना जरूरी है कि ऐसी पार्टियों के उम्मीदवारों की अपील धर्म, जाति, नस्ल, समुदाय और भाषा के असर और प्रभाववाली मानी जा सकती है।' इसलिए उन्होंने सचेत किया है कि, 'उस मामले में अदालतों में अपील में इस्तेमाल किये गये शब्दों के अर्थ में उचित और विवेकसम्मत से ज्यादा कुछ पढ़ने की कोशिश नहीं करनी चाहिए।'

यानी जब तक अकाली दल और मुस्लिम लीग जैसी पार्टियाँ हैं, तब तक धर्म का चुनाव में दुरुपयोग होता रहेगा। बस उस पर सीमित रोक लगायी जाती रहेगी। क्या उनकी यह व्याख्या भारतीय जनता पार्टी पर भी लागू होती है ? अगर 'हिन्दुत्व' को भारतीयता बतानेवाली उनकी व्याख्या न होती, तो बात अकाली दल और मुस्लिम लीग की तरह भाजपा पर भी लागू होती। लेकिन उन्होंने तो हिन्दुत्व को भारतीयता बता दिया है। इसलिए वह उनके लिहाज से न तो राजनीतिक रूप से संकीर्णता की परिभाषा में आता है न ही धार्मिक रूप से। बहुत संभव है, सर्वोच्च न्यायालय की यह व्याख्या कोई बड़ा पीठ जल्दी ही किसी फैसले में पलट भी दे। लेकिन फिलहाल 'हिन्दुत्व' को भारतीयता बता कर अदालत ने उन लोगों का हौसला बढ़ा दिया जो हिन्दू समाज को कट्टरता का पाठ पढ़ाने में लगे हैं।

इसका मतलब यह नहीं है कि हिन्दू धर्म सर्वश्रेष्ठ है और उसे शुद्ध रूप से स्वीकार कर लेने पर सामाजिक भेदभाव, विषमता और वैमनस्य दूर हो जायेंगे। इस सिलसिले में यह माननेवाले 'हिन्दुत्व' की शक्तियों की ही मदद करते हैं कि हमारा धर्म दुनिया का सर्वश्रेष्ठ है और लोकतंत्र के सारे सिद्धान्त और मौलिक अधिकार उसी से निकले हैं। ऐसा कहनेवाले यह भूल जाते हैं कि उसी के भीतर से क्रूर वर्ण व्यवस्था निकली है और उसी से वर्चस्ववाद भी। उसी से संघ परिवार भी निकला है। इसका मतलब यह नहीं है कि हिन्दू दर्शन की महान उपलब्धियों और उसमें जन्म लेनेवाले संत-महात्माओं का कोई महत्व नहीं है। लेकिन उसमें कथनी और करनी का भारी अन्तर भी रहा है। वहाँ 'यथा पिंडे तथा ब्रह्मांड' और 'ब्रह्म सत्यं जगन्मिथ्या' की अवधारणा रही है तो मानव समाज में भी भारी भेदभाव रहा है। उसमें जन्मजात और जातिगत श्रेष्ठता के भाव ने नकारात्मक भूमिका निभायी है। उसने एक तरफ समाज की बहुसंख्य प्रतिभाओं को कुंठित किया और दूसरी तरफ समाज को गुलामी की जंजीरों में भी जकड़ा। 'ब्रह्म सत्यं जगन्मिथ्या' के अद्वैतवादी दर्शन के महान भाष्यकार शंकराचार्य से जब वर्ण व्यवस्था के भेदभावपूर्ण संबंधों के बारे में पूछा गया, तो उनका जवाब था 'अनिर्वचनीय'!

इसलिए आज हिन्दू धर्म को अगर किसी अभियान, रथयात्रा या तीर्थयात्रा की जरूरत है, तो वह है कथनी और करनी का भेद मिटाने की आध्यात्मिक और सामाजिक यात्रा। लेकिन 'हिन्दुत्व' की सभी यात्राएँ उसके विपरीत दिशा में हो रही हैं। वह समानता, स्वतंत्रता और बंधुत्व के लोकतांत्रिक सिद्धान्तों को आत्मसात करने की बजाय असमानता, असंतुलन और गरीबी बढ़ानेवाले अंतर्राष्ट्रीय पूँजीवाद से समझौता कर रहा है। क्या पूँजीवाद का दूसरा चरण अपनी मूल्यविहीनता की वजह से उसे इतना रास आ रहा है ? या हिन्दू समाज का असमानतावाला ढाँचा पूँजीवाद को ज्यादा अनुकूल लग रहा है ? 'हिन्दुत्व' और 'ग्लोबीकरण' के रिश्ते तो शोध का विषय हैं। पर उसने इस तरह के गँठजोड़ों से ताकत जरूर हासिल की है। लेकिन जब 'ग्लोबीकरण' की मौजूदा अवधारणा का अनर्थकारी चरित्र सामने आयेगा, तो क्या संघ परिवार अपनी काली टोपी के नीचे से स्वदेशी विचारधारा निकाल पायेगा ?

भाजपा के विरोधियों से

किशन पटनायक

भाजपा का विरोध मोटे तौर पर दो तरह के लोग कर रहे हैं। जो लोग दलीय राजनीति के अन्दर हैं, वे अपने-अपने दलों की खेमेबन्दी के अनुसार वोट देते हैं तो वे लोग भाजपा-शिव सेना खेमे के बाहर हैं, वे भाजपा के विरुद्ध मतदान करेंगे ही, उनका भाजपा विरोध कहीं-कहीं नीतिगत भी हो सकता है, लेकिन मुख्य रूप से यह खेमेबन्दी का परिणाम है। जॉर्ज फर्नांडिस से यह बात स्पष्ट हो जायेगी, क्योंकि जॉर्ज उस खेमेबन्दी के अन्दर होना चाहते हैं, वे भाजपा-समर्थक हैं; नीतिगत रूप से जो जॉर्ज हैं, वही शरद यादव या वी. पी. सिंह हैं।

भाजपा विरोधियों का अन्य दायरा उन लोगों को ले कर है जो व्यक्ति के तौर पर कुछ सामाजिक विचारों को और मूल्यों को मानते हैं और उन विचारों और मूल्यों के नाते वे भाजपा का विरोध करते हैं तथा भाजपा-विरोधी खेमे और उस खेमे के उम्मीदवारों का समर्थन करते हैं। ये विचार और मूल्य क्या हैं, जिन्हें मानने पर भाजपा का विरोध करना पड़ता है ? धर्मनिरपेक्षता, सामाजिक न्याय, राष्ट्रीयता, फासीवाद विरोध या जनतंत्र, समाजवाद, विकेन्द्रीकरण जैसे मूल्यों के लिए प्रतिबद्ध व्यक्ति अवश्य भाजपा का विरोध करेगा, क्योंकि भाजपा का लक्ष्य है एक ब्राह्मणवादी समाज व्यवस्था के साथ-साथ एक फासीवादी राज्य व्यवस्था की स्थापना। गनीमत है कि आम जनता के स्तर पर जो सचेत नागरिक हैं, वे सारे के सारे इस प्रकार की व्यवस्था के खिलाफ हैं। उनके अदृश्य दबाव के फलस्वरूप भारत के बुद्धिजीवियों में भी अधिकांश इस प्रकार के सोच के विरोधी हैं, उनके व्यक्ति जीवन के लक्षण कुछ भी हों। तो ये लोग यानी यह बुद्धिजीवी समाज (जो अपने को जनतांत्रिक और धर्मनिरपेक्ष मानता है) किस राजनीति का समर्थन कर रहा है और करेगा ? ऐसा तो नहीं होगा कि उनके सोच और उनके व्यक्ति जीवन की प्रवृत्तियों के बीच अंतर्विरोध के कारण उनका राजनीतिक समर्थन या विरोध ऐसा हो जायेगा कि अंततोगत्वा उससे फासीवाद को ही लाभ मिलेगा ?

यह एक पेचीदा सवाल है। कारण, धर्मनिरपेक्षता, जनतांत्रिक मूल्य, सामाजिक न्याय, समाजवाद, विकेंद्रीकरण या राष्ट्रीय स्वाभिमान जैसे मूल्यों पर आधारित कोई भी राजनीतिक दल इस वक्त प्रभावी नहीं है। फिर भी राष्ट्रीय मोर्चा-वाम मोर्चा के खेमे के राजनेताओं के अतीत की पृष्ठभूमि के कारण उस खेमे के नारों और प्रचारित शब्दावलियों के कारण यह भ्रम पैदा होता है कि अगर कोई जनतांत्रिक-प्रगतिशील राजनीतिक खेमा है, तो वह रामो-वामो है। जनतन्त्र, समाजवाद, सामाजिक न्याय, छोटे उद्योग, धर्मनिरपेक्षता फासीवाद-विरोध, नर-नारी समता आदि की बात करनेवाले लोग यहाँ सबसे नजदीक लगते हैं। कुलदीप नैयर और रजनी कोठारी से ले कर मधु किश्वर, प्रफुल्ल बिदवई, असगर अली और हमारे जैसे लोग जिन विचारों को प्रचारित करते रहते हैं, उन विचारों के बल पर देश के शिक्षित जनों का एक बड़ा तबका 1977 के बाद से मोटे तौर पर रामो-वामो का समर्थक रहा है। आज यह समूह रामो-वामो की आलोचना करता है, उसकी गलतियों पर तीखी टिप्पणी करता है, लेकिन रामो-वामो से अभी भी चिपका हुआ है। समय था इस समूह का एक अंश हेगड़े की बहुत बड़ाई करता था या चन्द्रशेखर को या ज्योति बसु को या रामराव को मुक्तिदाता के रूप में भी देखता था। अब यह संभव नहीं है कि रामो-वामो की नीतियों या उसके नेतृत्व के चरित्र आदि के विषय को ले कर रामो-वामो या उसके नेताओं की कोई बड़ाई की जा सके। इसलिए रामो-वामो के प्रति बुद्धिजीवियों का समर्थन सिर्फ एक ही बिन्दु पर केन्द्रित हो रहा है। धर्मनिरपेक्षता उर्फ भाजपा-विरोध। भाजपा के बढ़ते प्रभाव से उनको परेशानी हो रही है। केन्द्र में भाजपा सरकार की कल्पना से वे भयभीत हो रहे हैं, इसलिए उनका एकमात्र राजनीतिक मुद्दा है धर्म निरपेक्षता या भाजपा-विरोध। कुछ लोगों के लिए यह एक धर्मयुद्ध है, जिसमें बाकी सारे अधर्म को बरदाश्त कर लिया जाये। कुछ भी हो जाये, लेकिन भाजपा को दिल्ली की गद्दी पर नहीं बैठने देना है। धर्मनिरपेक्षतावादी बुद्धिजीवियों की यह मानसिक व्याधि रामो-वामो के नेताओं के लिए सुनहरा मौका है। अन्य सारे मापदंडों पर घटिया साबित होने के बावजूद वे धर्मनिरपेक्षता के रक्षक के रूप में हमारे समर्थनो के हकदार हो जाते हैं। कारण, वे भाजपा का विरोध कर रहे हैं। उनकी राजनीतिक श्रेष्ठता इसी पर टिकी हुई है—भाजपा-विरोधी नारे पर।

क्या चुनाव में भाजपा का विरोध करना एक महान राजनीतिक कर्म है ? दिक्कत यह है कि कांग्रेस या रामो-वामो के भाजपा-विरोध में विचार या दृष्टि की गंभीरता नहीं है, सिर्फ एक आदत है और एक तात्कालिक राजनीतिक कौशल है। रामो-वामो में बहुत सारे लोग हैं, जो जॉर्ज फर्नांडिस की तुलना में कम प्रगतिशील हैं। जॉर्ज फर्नांडिस अपनी विचारशून्यता और दृष्टिहीनता के कारण आज भाजपा को मजबूत बनाने में लगे हुए हैं। राष्ट्रीय मोर्चा के बहुत सारे नेता जॉर्ज से भी

दुर्बल चरित्र के हैं और वे कुछ स्थितियों में भाजपा-समर्थक बन सकते हैं, बुद्धिजीवियों का जो समूह रामो-वामो से चिपका हुआ है, उसे गौर करके सोचना है कि किस हथियार से वह फासीवाद का मुकाबला करने जा रहा है। रामो-वामो को राजनीतिक समर्थन देने का मतलब टेढ़े ढंग से कांग्रेस या भाजपा का समर्थन हो सकता है। यह एक गलत आत्मसंतोष है कि हम रामो-वामो का समर्थन करें और सोचें कि हम भाजपा को नष्ट कर रहे हैं।

चुनाव क्षेत्र की वास्तविकताएँ ऐसी हैं कि चुनाव आने पर हमें भी अधिकांश स्थानों पर रामो-वामो के उम्मीदवारों का समर्थन करना पड़ेगा। लेकिन हमें मानसिक तौर पर क्षुब्ध होना चाहिए कि हम जो कर रहे हैं, उससे भाजपा का नाश नहीं होनेवाला है। हमें कुछ ऐसी राजनीति की तलाश करनी पड़ेगी जो सचमुच भाजपा की शक्ति को जड़ से कमजोर करेगी। इस वक्त भाजपा न इतनी मजबूत है कि बहुत जल्द उसकी एक अपनी सरकार केन्द्र में स्थापित हो जायेगी और न भाजपा इतनी कमजोर है कि एक बार उसे रोक देने से हमेशा के लिए उसकी रीढ़ टूट जायेगी। किन स्थितियों में और किन तत्त्वों को साथ ले कर भाजपा की अग्रगति हो रही है और आगे भी होगी, इसी को समझना राजनीतिक दूरदृष्टि है।

अक्सर यह बात उठती है कि अतीत में गैरकांग्रेसवाद और जे. पी. आंदोलन में भाजपा को अपने साथ ले कर धर्मनिरपेक्षतावादी दलों ने गलती की। राजनीतिक अज्ञान से ही इस तरह की टिप्पणी की जाती है। एक दलीय जनतांत्रिक व्यवस्था में किसी भी विपक्षी दल को आगे बढ़ने के लिए अन्य दलों का भी विभिन्न स्तरों पर सहयोग लेना पड़ता है। यह एक खेल और दाँवपेचवाला खेल होता है। जो अपना जनाधार बढ़ा सकेगा, चारित्रिक विश्वसनीयता को बना कर रख पायेगा और सहयोग लेने-न लेने का समय तय कर पायेगा, वह आगे बढ़ पायेगा। 1977 से अभी तक के दौर में भाजपा ने अपनी विश्वसनीयता और जनाधार को बढ़ाया है, रामो-वामो के दल अपने जनाधार को घटा कर खुद अपने को तीसरी शक्ति मानने लगे हैं। अगर आगे भी यह दौर रहेगा यानी रामो-वामो की विश्वसनीयता घटती जायेगी, तो 1996 में उन्हें कितना भी वोट मिले, उनकी अप्रियता का फायदा भाजपा जैसी शक्तियों को होगा। कहीं-कहीं शिव सेना, जयललिता या चंद्रबाबू नायडू ऐसी शक्तिओं को भी फायदा होगा। शिव सेना से ले कर चंद्रबाबू तक का चरित्र है गैरजनतांत्रिकता और विचारशून्यता। केन्द्र में किसी भी सरकार का समर्थन करने में उन्हें राष्ट्रहित या आदर्शों या मूल्यों की चिन्ता करनी नहीं पड़ेगी।

भाजपा को उस घड़ी का इंतजार है, जब रामो-वामो की अविश्वसनीयता कांग्रेस जैसी हो जायेगी। तब प्रगतिशील राजनीति की सम्पूर्ण शून्यता आ जायेगी। अगर यह स्थिति बनने वाली है, तो 1996 में भाजपा सरकार न बना सके तब भी भाजपा के लिए यह आखिरी पराजय नहीं होगी। जहाँ-जहाँ आज कांग्रेस या

रामो-वामो का जनाधार बचा हुआ है, उन स्थानों पर कुछ ऐसी शक्तियाँ पनपने लगेंगी जो देश और जनतंत्र के लिए हानिकारक, लेकिन भाजपा की जययात्रा के लिए सहायक हो सकती हैं। अर्ध-फासीवादी, अति क्षेत्रीयतावादी, अति जातिवादी राजनीतिक शक्तियों का उदय होगा। उन्हीं में से कुछ शक्तियों से सहयोग करके ही भाजपा की सरकार केन्द्र में बन सकती है। जिस तरह महाराष्ट्र में शिव सेना का सहयोग ले कर भाजपा को सत्ता मिली है, उसी तरह। (स्मरण होना चाहिए कि शिव सेना का सामाजिक, राजनीतिक चरित्र भाजपा से भिन्न है।)

भाजपा इन शक्तियों का उपयोग कर सकेगी, क्योंकि उसके कुछ गुण हैं जो दूसरों में खत्म हो रहे हैं। उसमें अपेक्षाकृत ज्यादा धीरज है और दीर्घकालीन लक्ष्य के लिए बड़े पदों पर दूसरों को बैठा कर खुद नियंत्रणकारी बिन्दु पर रहना वह जानती है भ्रष्टाचार, अपराधीकरण, दल बदल, गुटबाजी आदि रामो-वामो की तुलना में कम हैं। वह छद्‌म स्वदेशी और छद्‌म राष्ट्रवाद का उपयोग कर लेती है। कश्मीर के बारे में सिर्फ उसकी एक स्पष्ट नीति है, जो दीवारों पर लिखी जा सकती है।

भाजपा की कमजोरियाँ भी महत्वपूर्ण हैं। उसका भौगोलिक आधार सीमित है। उसका सामाजिक आधार भी सीमित है। गरीबों को संगठित करना उसका कभी भी मुख्य कार्यक्रम नहीं हो सकता है। ऊपर के दो कारणों से देहातों में उसका प्रवेश सतही है। यानी भारत की आम जनता के लिए भाजपा आखिरी पसन्द है। जब तक सामाजिक-आर्थिक समता तथा राष्ट्रीयता पर आधारित राजनीतिक शक्तियाँ विश्वसनीय ढंग से काम कर रही हैं, तब तक भाजपा को कोई मौका नहीं है। इसलिए भाजपा को इंतजार है कि रामो-वामो की विश्वनीयता पूरी तरह खत्म हो। अगले चुनाव के बाद रामो-वामो का जो हश्र होने जा रहा है, वह भाजपा के लिए सुनहरा मौका हो सकता है अपना जनाधार बढ़ाने का। यानी भाजपा का असली मौका 1996 की लोक सभा में नहीं है, बल्कि 1996 की सरकार बन जाने के बाद जो राजनीतिक स्थितियाँ पैदा होंगी, उन्हीं में है। उन स्थितियों को भाजपा का नेतृत्व कैसा मोड़ दे पायेगा, उसी पर उसका भविष्य निर्भर करेगा।

इसलिए धर्मनिरपेक्षतावादी या भाजपा-विरोधी बुद्धिजीवियों को भी 1996 के चुनाव के बाद के परिदृश्य के बारे में सचेत और चिंतित होना पड़ेगा। क्या अपराधीकरण और दलबदल बढ़ेगा ? निश्चय ही रामो-वामो के गुटों में अपराधीकरण और दलबदल अधिक होगा। राजनीतिक संस्कृति का तीव्र अधःपतन होगा। अपराधीकरण बढ़ा कर रामो-वामो के कुछ घटकों को फायदा भी होगा। लेकिन अंततोगत्वा इससे फासीवादी ताकतें मजबूत होंगी। सामाजिक न्याय के नाम पर जाति विनाश के बजाय अगर जातिवादी राजनीति ही बढ़ेगी, तो भविष्य में पिछड़ों की शक्ति का विभाजन होगा। एक-एक जाति का एक-एक दल भी बनेगा

या दो-चार जातियों को मिला कर एक दल। उत्तर भारत में ऐसा एक दल बनने की शुरुआत हो चुकी है। पिछड़ी शक्ति के विभाजन का फायदा सीधे भाजपा को मिलेगा।

भविष्य की सम्भावनाओं को नजरअंदाज कर अगर धर्मनिरपेक्षतावादी बुद्धिजीवी केवल भाजपा-विरोध की राजनीति से संतुष्ट होने जा रहे हैं, तो उनकी राजनीति उन बहुत सारे मुसलमान नागरिकों की जैसी हो रही है, जो चाहते हैं कि सारे भाजपा विरोधियों का एक राजनीतिक खेमा बने। उनके राजनीतिक नेताओं ने उनकी ऐसी मानसिकता बना दी है कि वे सोचते हैं कि भाजपा का विरोध ही एकमात्र राजनीतिक प्रश्न है। धर्मनिरपेक्षतावादी, समाजवादी और जनतंत्रवादी बुद्धिजीवियों की दृष्टि भी उसी तरह की बनती जा रही है।

इस संकीर्ण सोच से उबरने का मतलब है रामो-वामो के विकल्प की तलाश करना। मुखर हो कर उसकी तलाश करनी पड़ेगी, ताकि रामो-वामो के कार्यकर्ता समूहों में जो विवेकशील हैं और भविष्य के संकट को समझ रहे हैं, वे आगामी चुनाव के तत्काल बाद एक नयी राजनीतिक शक्ति के निर्माण में शामिल हो सकें। भाजपा को चुनाव में नहीं, समाज और राजनीति में पराजित करने की शक्तियों को उजागर करना है।

लेखक परिचय

गीता पुरी : नियमित राजनीतिक टिप्पणीकार। दयाल सिंह कॉलेज में राजनीति विज्ञान की रीडर। 3, करोड़ीमल कॉलेज, स्टाफ फ्लैट्स, दिल्ली विश्वविद्यालय, दिल्ली-110007

सच्चिदानन्द सिन्हा : सम्मानित समाजवादी विचारक तथा अनेक महत्वपूर्ण पुस्तकों के लेखक। लगभग चार दशकों से भारतीय किसान और मजदूर आंदोलन में सक्रिय। मनिका, मुजफ्फरपुर-843119

राजकिशोर : इस पुस्तक शृंखला के सम्पादक। 'रविवार', 'परिवर्तन' और 'नवभारत टाइम्स', नयी दिल्ली के बाद अब स्वतंत्र लेखन तथा पत्रकारिता। कई चर्चित पुस्तकों के लेखक। ताजा कृति : हिन्दी लेखक और उसका समाज। सी 53, एक्सप्रेस अपार्टमेंट्स, दिल्ली-110096

प्रभा दीक्षित : अपने मौलिक तथा प्रखर सामाजिक, राजनीतिक विश्लेषण के लिए प्रख्यात। मध्ययुगीन भारत के इतिहास पर शोध। मिरांडा हाउस में इतिहास की रीडर। 1/1, मिरांडा हाउस, टीचर्स फ्लैट, दिल्ली विश्वविद्यालय, दिल्ली,-110007

कुँवर प्रसून : प्रबुद्ध टिप्पणीकार एवं सामाजिक कार्यकर्ता। चिपको आंदोलन में सक्रिय भूमिका। टिहरी बाँध विरोधी आंदोलन के सक्रिय कार्यकर्ता। जाजल, टिहरी गढ़वाल -249147

प्रेम सिंह : उदीयमान आलोचक एवं कवि। अज्ञेय एवं निर्मल वर्मा पर महत्वपूर्ण पुस्तकों का सम्पादन। भारतीय उच्च अध्ययन संस्थान, शिमला के फेलो रह चुके हैं। देशबंधु कॉलेज में हिन्दी के अध्यापक। 105, सूर्य निकेतन, दिल्ली-110092

प्रमोद कुमार : राजनीतिक टिप्पणीकार। फिलीपीन में अमेरिकी उपनिवेशवाद के